指数基金投资

从入门到精通

不在此山中◎著

中国铁道出版社有限公司
CHINA RAILWAY PUBLISHING HOUSE CO., LTD.

内 容 简 介

余额宝收益太低，银行理财赚得少还不保本，投资股市又怕亏钱，普通人要实现财富的保值、增值，指数基金是不错的选择。

本书用浅显易懂的语言介绍了什么是指数基金，为何投指数基金，如何投指数基金，在讲解理论的同时更注重实战，解决了投资中“买什么、何时买、何时卖”的关键性问题。

新手可以通过本书快速上手指数基金投资，老手则可以借鉴本书建立稳健的投资体系。

图书在版编目（CIP）数据

指数基金投资从入门到精通 / 不在此山中著 . —北京：中国铁道出版社有限公司，2021.6
ISBN 978-7-113-27698-0

Ⅰ. ①指… Ⅱ. ①不… Ⅲ. ①指数 - 基金 - 投资 Ⅳ. ① F830.59

中国版本图书馆 CIP 数据核字（2021）第 036974 号

书　　名：指数基金投资从入门到精通
ZHISHU JIJIN TOUZI CONG RUMEN DAO JINGTONG
作　　者：不在此山中

责任编辑：张亚慧　**编辑部电话：**（010）51873035　**邮箱：**lampard@vip.163.com
编辑助理：张秀文
封面设计：宿　萌
责任校对：孙　玫
责任印制：赵星辰

出版发行：中国铁道出版社有限公司（100054，北京市西城区右安门西街 8 号）
印　　刷：北京铭成印刷有限公司
版　　次：2021 年 6 月第 1 版　2021 年 6 月第 1 次印刷
开　　本：700 mm×1 000 mm 1/16　**印张：**17　**字数：**264 千
书　　号：ISBN 978-7-113-27698-0
定　　价：69.00 元

前　言

时光如白驹过隙，自2006年入市，已在股海中沉浮15年。回头看，虽财富有所积累，但更多的收获还在于投资心态的转变以及投资体系的建立。

经历了股海中如此多的波澜起伏，阅尽股市百态之后，笔者逐渐成为价值投资的坚定拥护者；在心态上，则越发像一个“惯看秋月春风”的江上渔樵。

遥想当年，初涉股市，一知半解，或许用懵懂无知更为恰当，揣着兜里的细碎银两，一头扎进浩浩荡荡的牛市，当了一次“风口上的猪”。如今看来，并非运气好，只不过是绝大多数散户都在牛市入场。

在当时高喊“沪指冲破10000点”的大牛市中，随便买入一只股票似乎都是正确的。现在看来无异于“猴子扔飞镖”的操作，当时却沾沾自喜，自以为通过对均线、MACD、布林线、波浪理论、头肩顶等一系列技术指标及价格形态的分析窥得了投资真谛。

记得那时，一下班就打开软件研究股票，不可谓不勤奋。在操作上，与大部分人亏钱招数则完全一致：频繁交易、追涨杀跌。结果正应了那句：方向错了，努力只会离目标越来越远。

将牛市当能力一度让笔者对技术分析深信不疑，然而，这大概是股市最大的错觉之一。霍金说：“知识最大的敌人不是无知，而是已经掌握知识的幻觉。”大盘自摸到6124的历史最高点后一路杀跌，过往的盈利逐渐缩水。跌到3000点左右，恐慌清仓、退出股市。账户也从浮盈变成了实亏。凭运气赚来的钱，最终凭实力亏了回去，好在当时刚毕业，本金不多。后来一次搬家，无意中看到打出的2006年、2007年时的股票交割单，长长厚厚的一沓，绝对是券商眼中的优质客户。

痛定思痛，放弃了技术分析，在迷惘中接触到价值投资理念，阅读了大量相关著作。2009年，再次进入股市，在投资风格上已趋于稳健，心态上也日渐平和，没有了刚入市时的“迷之自信”，总体思路是优质、分散、长持。也是在那时，慢慢开启了指数化投资之路，后来随着指数基金的日渐丰富，指数基金成了主要投资品种。

2014年，股市又逐渐开启了一波牛市，2015年上证指数涨到了5178点，虽然在左侧止盈，没能抓住最后的疯狂，但是赚到了该赚的部分，丝毫不感到遗憾。

“吃鱼吃中段”，股市的底和顶永远是恐惧和贪婪的极端交汇点，笔者也没有完美摸底逃顶的运气和能力。在市场超出合理估值区间，泡沫越吹越大时，退出了权益类仓位，开始转而投向当时折价较多的分级A，同时做了一些分级基金的套利。虽然自2015年的高点后，股市开始大幅杀跌，甚至出现了后来的熔断，由于主仓位进行了避险调换，这一年，资产不仅没有亏蚀，反而有不错的增长。

从追涨杀跌到价值投资，一路走来，感慨良多。深感没有切实完整地经历过牛熊更迭的人，无法体会到独立的思考、成熟的理念和稳定的情绪对投资来说是何等重要。

投资是一场修行，也是一场人生锤炼。没有成熟的心性，就渡不过这股海，没有正确的体系做双桨，就登不上彼岸。十多年来，笔者一直静心读书，涉猎经济学、金融学、心理学、统计学、社会学、系统科学等多门学科，还包括很多投资大师的经典著作，先后阅读过百余本相关书籍，经过反复地思考与实践，慢慢形成了自己的投资体系。随着资产有了一定的积累，2018年开启了职业投资生涯，同时开通了个人微信公众号，和读者分享自己的投资理念和操作思路。

笔者先后在网络上发表了几十万字关于指数基金投资的内容，为了让知识更有层次、更成体系地呈现，笔者决定开始写作本书，以帮助广大普通投资者找到适合自己的投资之路。

指数基金是巴菲特在公开场合推荐过的唯一品种。他多次表示：“通过定期投资指数基金，一个什么也不懂的业余投资者往往能够战胜大部分专业投资者。”2014年他还立下遗嘱：待他过世之后，其名下90%的现金将让托管人用来购买指数基金。

成功的投资并不需要超出众人的智商，需要的是正确的理念、理性和耐心。在当今社会，尤其在股市中不乏聪明人，但现实中“一年三倍易，三年一倍难”。指数基金投资，在笔者看来就是抱朴守拙、大智若愚。

本书用浅显易懂的语言，总结了笔者多年的投资经验，深入浅出地介绍了适合普通人的指数基金投资方法。为便于理解，书中使用了很多简单、直观的示例和图表，在讲解基础理论的同时，更注重内容的实战性。新手可以通过本书入门，迅速上手指数基金投资，避开股市投资中的各种“坑”；老手可以借鉴本书，建立起自己的指数基金投资体系，实现稳定盈利。

主要内容：

第一章介绍了投资理财的重要性，分析了散户“七亏二平一赚”的原因，并说明了为何普通人更适合投资指数基金。

第二章介绍了基金净值、场内场外、基金分红、基金转换、基金清盘等基金投资基础知识。

第三章介绍了指数的基本概念及分类，并较为详细地介绍了市场上常见的宽基、行业/主题、策略指数及相应的基金。

第四章介绍了指数基金的基础知识，包括指数基金的形式、投资指数基金的费用、指数的风格、如何选择跟踪同一只指数基金等。

第五章介绍了投资指数基金的收益来源、风险以及提升指数基金投资收益的几种方法。

第六章介绍了指数的估值方法。从最简单的市盈率、市净率等估值指标讲起，分析其优点和局限性，进而说明如何对指数进行估值。

第七章介绍了常见的指数基金投资方法——定投。分析了定投的优点和缺点，介绍了定期定额、价值平均策略、按估值定投等方法，最后阐明了如何止盈的问题。

第八章介绍了指数基金的其他投资策略，包括股债平衡策略、网格策略、“二八轮动”策略、核心—卫星策略等。

第九章介绍了简单的资产配置理念和操作步骤，分享了债券基金、货币基金、商品等大类资产的配置方法及注意事项。

第十章和读者分享了入市十五年来的一些投资感悟。

上述便是笔者对指数基金投资的一些浅见，创作本书，笔者获得了很多业内朋友的支持和帮助，在此表示感谢。同时，感谢出版社的老师为了本书早日问世，不辞辛劳地编辑、排版；感谢这几年来一路支持我的粉丝，正是你们的支持才让我一直坚持写下去；感谢家人的理解和默默付出。

相信通过阅读本书，读者将会对指数基金投资有着更深的认知。即使读者不懂宏观经济走向、不会做财务报表分析，也可以通过长期持有优质的指数基金，分享经济的发展，打造属于自己的财富方舟。

最后，笔者将在微信公众号“不在此山中”持续更新相关内容，欢迎大家关注、交流，我们一起探讨，共同进步。

不在此山中

2021年3月

目 录

第一章 为何普通人更适合投资指数基金 / 1

一、投资理财是人生的必修课 / 2

二、炒股为什么“七亏二平一赚” / 5

三、为何基金赚钱，基民却赔钱 / 8

四、基金投资：主动还是被动 / 12

五、为什么推荐普通人投资指数基金 / 15

第二章 基金投资入门 / 19

一、基金净值怎么看 / 20

二、场内场外那些事儿 / 22

三、基金名称后的 ABC 是什么意思 / 25

四、基金分红越多越好吗 / 27

五、省钱又省时的基金转换 / 30

六、基金清盘不要慌 / 32

七、基金“买旧不买新” / 34

第三章 常见指数及相应基金 / 37

一、指数的基本概念 / 38

二、指数的分类 / 40

三、宽基指数 / 45

四、行业 / 主题指数 / 56

五、策略指数 / 77

六、复合指数 / 86

七、QDII 股票指数 / 88

八、分析指数 / 98
九、指数的行业属性 / 101
十、指数的加权方式 / 103

第四章　指数基金的基础知识　/　107
一、指数基金的 5 种形式 / 108
二、指数基金投资费用全知道 / 112
三、跟踪同一只指数的基金该如何选择 / 116
四、价格指数和全收益指数 / 118
五、基金风格怎么判断 / 120

第五章　提高指数基金的投资收益　/　124
一、计算投资收益率 / 125
二、指数基金的收益从何而来 / 128
三、提高指数基金投资收益的 3 种方法 / 131
四、投资指数基金的风险 / 135
五、指数业绩增长的认知误区 / 139

第六章　指数的估值　/　142
一、什么是绝对估值法 / 143
二、常见的估值指标 / 147
三、市盈率 / 147
四、市净率 / 150
五、市销率 / 152
六、市现率 / 153
七、股债收益比 / 153
八、估值指标的历史百分位 / 155
九、如何对指数进行估值 / 157
十、指数的估值历史百分位 / 160
十一、低估值价值股更安全 / 161

十二、低估值不等于低估，高估值不等于高估 / 164
十三、估值判断的辅助指标 / 167
十四、在投资中需要理解的关键指标——ROE / 171

第七章 指数基金定投 / 174
一、什么是定投 / 175
二、基金定投的优点 / 177
三、基金定投的缺点 / 179
四、基金定投的注意事项 / 180
五、“微笑曲线”最美 / 183
六、指数基金定投方法之——定期定额 / 185
七、指数基金定投方法之——价值平均策略 / 187
八、指数基金定投方法之——基于估值的定投 / 190
九、投资指数基金如何止盈 / 193

第八章 指数基金的其他投资策略 / 197
一、简单的股债平衡策略 / 198
二、基于估值的股债平衡策略 / 201
三、网格策略 / 203
四、“二八轮动”策略 / 207
五、核心—卫星策略 / 211

第九章 资产配置 / 214
一、免费的午餐：分散投资 / 215
二、常见大类资产间的相关性 / 220
三、资产配置的 5 个步骤 / 223
四、配置债券基金 / 227
五、货币基金投资知识 / 230
六、投资黄金 / 232
七、商品期货 ETF 投资 / 233

第十章　建立正确的投资理念　/　235

一、普通投资者怎样才能在股市中赚到钱 / 236

二、个人投资注重绝对回报 / 239

三、长期投资，应带着“非牛思维” / 241

四、过度自信，投资的大敌 / 243

五、防守是最好的进攻 / 245

六、慢即是快，做时间的朋友 / 247

七、警惕幸存者偏差 / 251

八、什么样的交易能赚钱 / 254

九、跳舞的鸽子 / 257

第一章

为何普通人更适合投资指数基金

俗话说“你不理财，财不理你”，投资理财是人生的必修课，但大部分人在股票投资中都是以亏损收场，投资基金的基民同样亏多赢少。本章分析了股民、基民赔钱的原因，并指出指数基金是最适合普通人的投资标的之一。

一、投资理财是人生的必修课

当我们拥有可自主支配的资金时，便不可避免地涉及理财问题。对大部分人来说，这个时间最早可追溯到大学入学，拿到父母给的生活费时。获得一笔可以自主支配的资金，首先要规划着量入为出，如果有结余，就可以存起来。

每个人在人生道路上都必须要面对投资理财的问题。小到每天的吃、穿、用、行，大到买房、买车，以及平时购买的银行理财产品、保险、股票、基金等金融产品。可以说，学会投资理财是人生的必修课。

投资理财的目的是通过对资金有效地管理和运用，以期带来更大的价值和效用，在保持理想生活状态的基础上，实现家庭财富的保值、增值。想要实现这样的人生目标，要求我们必须要具备一定的投资知识，掌握一门适合自己的投资方法。现实中，我们理财规划的目标可归结为如下两个层次。

跑赢通货膨胀

从定义上来看，通货膨胀是指流通中的货币数量超过了社会经济运行实际需要的货币量，从而导致货币贬值和物价水平全面而持续上涨的现象，即钱不值钱了。在实际中，常用居民消费价格指数（CPI）来反映通货膨胀的程度。

根据通货膨胀的严重程度，可划分为爬行的、温和的、严重的、飞奔的和恶性的5类。物价上涨比例在1%～3%之间，属于爬行的通货膨胀；在3%～6%之间，属于温和的通货膨胀；在6%～9%之间，属于严重的通货膨胀；达到两位数以上时，属于飞奔的通货膨胀；超过50%时，就属于恶性的通货膨胀。

说起通货膨胀，不得不提一个国家——委内瑞拉，它是一个位于南美洲北部、人口只有3 000多万的国家，也是世界上石油储备最丰富的国家之一。委内瑞拉经济上严重依赖石油出口，经济结构非常单一。由于国际油价持续低迷，导致本币贬值，委内瑞拉过去几年的通货膨胀达到了极其严重的程度。最严重的时候，甚至印不起钞票，因为印钱的纸张比钞票的价值还高，去超市买生活用品，人们不得不推着一推车的钱。

随着经济的发展，货币发行量的不断攀升，钱不断贬值是大势所趋。在普通老百姓的认知里，通货膨胀如“岁月神偷”，让我们的钱袋子慢慢缩水，实际上也不能片面地认为通货膨胀就是坏事，有经济学家认为，适度的通货膨胀可以刺激人们把钱用来消费和投资，从而拉动生产，刺激经济增长。

过去十年，我国居民消费价格指数年增长幅度一直在3%附近，如果不希望辛苦积攒的财富被通货膨胀一点点吞噬，那么我们至少要让财富增值的速度等于或超过通货膨胀率。

财富增值

跑赢通货膨胀是投资理财的第一目标，也是最低目标。对大部分投资者而言，并不会满足于跑赢通货膨胀，确保财富不贬值后，更希望实现财富的增值。

在这里，笔者总结了目前市场上大部分人可以参与的投资产品，并按风险高低做了简单的分类，如表1—1所示。

表1—1　常见的可投资品种

风险等级	投资标的	特　　点
低风险	定期存款	安全性高，50 万元以内受存款保险制度的保障，流动性与时间挂钩
	国债	中央政府为筹集财政资金发行的一种政府债券，安全性最高
	货币基金	主要投资于国债、央行票据、商业票据、银行定期存单、政府短期债券、企业债券（信用等级较高）、同业存款等短期有价证券。安全性高，流动性好
	银行理财	银行理财产品一般是由商业银行和正规金融机构发行的产品，总体安全性较好。根据理财新规，理财产品已向净值化管理过渡，不承诺保本
	债券型基金	主要投资于国债、企业债等固定收益类债券，长期年化收益在 6% ~ 8% 之间
中风险	指数基金定投	通过定期定额或定期不定额的方式分批买入，平滑成本，获取指数基金的平均收益
	信托	资金门槛高，一般 100 万元起投，投资范围广，有工商业企业、基础产业、证券投资等，投资时要特别注意其投资的方向和范围。根据理财新规，信托产品逐步打破刚兑，风险有所提高
高风险	股票型、偏股型基金	资金门槛低，风险高，需要具有慧眼识珠的能力，通过对基金经理的投资理念、逻辑、风格等长期跟踪和分析，选出长期业绩优秀且稳定的基金产品
	私募股权基金	资金门槛高，一般 100 万元起投。方向有创业项目、房地产、股票等
	个股投资	资金门槛低，对专业性要求高，没有专业系统地学习、长期实践以及对市场的深刻洞察，很难获得稳定回报
	商品基金	资金门槛低，主要投资方向有黄金、原油等大宗商品，商品价格波动大，风险较高

从投资对象来看，投资者可以投资的大类资产主要有股、债、商品等。

长期来看，这些投资品种的收益如何呢？以证券市场更为悠久的美国市场为例。图1—1所示为西格尔教授对美国1801年至2005年各类资产长期收益的对比。

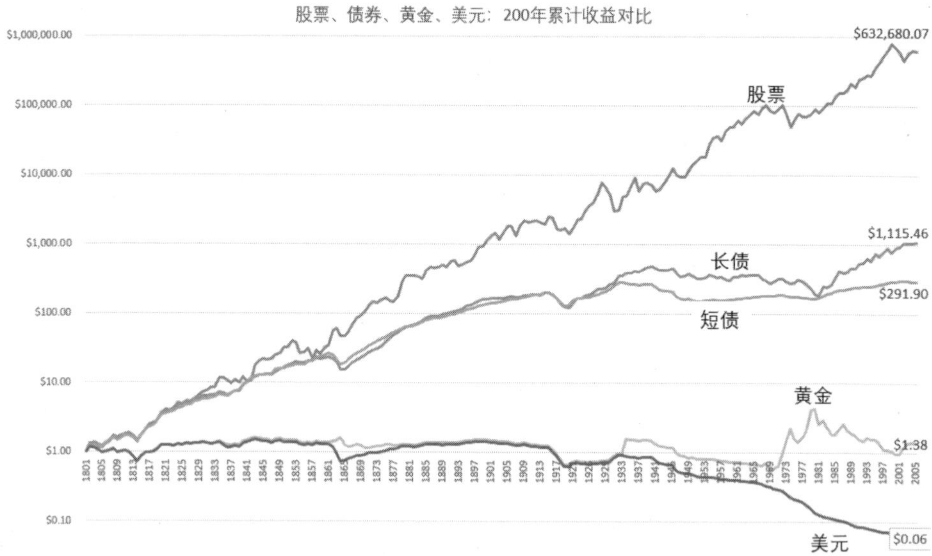

图1—1　美国1801年至2005年各类资产收益走势图

从图1—1中可以看出，从1801年分别持有1美元的股票、长债、短债、黄金和现金，到2005年，1美元只剩下原来价值的6%，黄金基本保值，股票价值则增长到632 680美元。

200多年的历史中，投资股票的总回报率远远超过了债券、黄金，同时也大幅跑赢了CPI，而在这200多年里，人类的发展并不太平，先后发生过第一、二次世界大战，1929年的经济危机，1973年的石油危机，1987年的“黑色星期一”，1997年的亚洲金融风暴以及2000年左右的互联网泡沫等，期间，美国股市都遭遇了巨大的冲击，但是，只要人类社会不断进步、世界经济总体向上，股票市场就会大概率继续战胜其他市场，成为回报率最高的投资品种。

我国的股市诞生较晚。以市场上最有代表性的指数——沪深300指数为例，从指数的基期2004年12月31日算起，至2019年12月31日的15年间，沪深300的年化收益大约在11.6%，而同期债券基金整体年化收益在6%~8%之间。

黄金和石油等大宗商品属于没有孳息的品种。发行股票的公司会生产产品和提供服务，创造利润并进行分红；房产有租金收入；债券有利息收入，而商品却是“不会下蛋的鹅”，除非可以将该商品出租，否则它无法产生现金流。因此，商品并不具备长期投资的价值。当然，任何长期存在的投资品都有其自身的价值，比如，黄金可以作为避险工具，还可以作为资产配置的品种，降低投资组合的波动性。

通过上述介绍可以看出，对大部分投资者而言，如果想获得财富的增值，那么参与股权市场非常必要，而投资的关键就在于找到一个适合自己的、可以获得长期稳定回报的投资方式。从沪深300这个股市中最常见的指数来看，长期投资收益率达到10%以上是可期的。当然，股市的收益率最高，相应的风险也很大，该收益并非指每年都能获得这样的投资回报，而是从长期的视角来看，本书所推崇的长期持有指数基金、适当的资产配置就可以达到这样的收益预期，这也是笔者认为最适合普通投资者的投资方式。

二、炒股为什么“七亏二平一赚”

前面提到，要想提高投资收益，就必须参与股权市场，但是投身于股市的投资者大都听过“七亏二平一赚”这句话，问问身边投资股市的同事或朋友，大致也可以得出这个结论。在相当一部分人的认知里，股市就像一个“赌场”，大部分人以亏损收场。为什么绝大部分散户在股市中很难赚到钱呢？经过长年的观察和思考，笔者总结了如下几个原因。

追涨杀跌、频繁操作

无论基于数据统计还是投资经验，追逐热点、频繁操作都是大部分散户亏损的主要原因。大部分散户在买入一只股票之前，并没有认真做功课，在持有过程中常常患得患失。他们通常喜欢炒概念、追热门，希望通过短期频繁操作赚快钱，而由于资金的炒作，很多热门股的估值往往高高在上，或者有的热点只是一日游，追涨的结果大多只是当了一回“接盘侠”。

炒风口，如果节奏踏准，那么确实可以获得不错的收益，但是这种收益的获取除了运气的加持，更多的还要靠丰富的实战经验和投资技巧，而绝大部分普通投资者并不具备这样的水准。他们通常很难踏准节奏，看到股票上涨了就冲动买入，看到股票下跌了又害怕亏损、赶紧卖出，而现实经常是一买就跌，一卖就涨。

实际上，即便是那些习惯短炒的游资，他们也不是次次都能成功，一个成功的短炒过程需要对热点的准确把握，需要大盘的配合、小散资金的跟进、及时的拉高出货等，任何一个环节出错，都可能让操作失败。

众所周知，高抛低吸才能赚钱，而现实往往是买在了山岗，卖在了地板。没有一套完整的投资体系，没有事先制订好的交易计划，在市场情绪支配下交易，股市高位时，被盈利冲昏了头脑，追涨买入，放大仓位，股市低位时，又在恐慌和绝望中割肉离场，这是许多人亏钱的惯常路径。

听信各种“内幕消息”

大部分普通投资者初入股市是在牛市期间，在赚钱效应的吸引下进场的，并没有提前做好知识准备。如果把股市比作考场，那么他们中很多人是在“裸考”。不懂宏观经济、不懂行业发展、不懂商业模式、不懂财务分析……怎么办？听专家的、听“大V”的、听周围“炒股高手”的，但市场上各路专家、大师鱼龙混杂，有浑水摸鱼、消费粉丝的，有替人代言、拉人抬轿的。当然，这其中不乏一些真正有水平的高手，然而，自己如果没有一定的投资知识作为基础，就无法判断哪些专家的意见是在指导，哪些是在误导，有的甚至混淆视听，制造舆论，拉人接盘。

拿不住，略有盈利就兑现

华尔街流传一句投资格言，即“截断亏损，让利润奔跑”。一部分投资者，买入后股票上涨了，获得了一点盈利，便着急落袋为安。在投资中有一种效应叫作“处置效应”，即投资者倾向于卖掉浮盈的股票而保留亏损的股票。事实上，该不该卖、什么时候卖，应该基于投资逻辑、交易计划，比如，估值高了、基本面变坏了等，和买入成本、赚不赚钱并没有关系，而大部分投资者卖出的理由恰恰就是有了浮盈。因为有了浮盈卖出，可能会错过未来的大行情。同样，因为亏损继续持有，也可能面对更大的亏损。

这种“处置效应”的存在源于人的“亏损厌恶”心理，心理学研究表明，亏损给投资人带来的痛苦，差不多是盈利带来的快乐的两倍。因此，人们通常不愿意卖出亏损的个股，因为卖出了，“浮”亏就变成了“实”亏。

正是由于“处置效应”和“亏损厌恶”的存在，投资者大多长期拿着亏损的股票，盈利的股票小赚便急于兑现，最终陷入“大亏小赚”的怪圈。实际上，陷入如此怪圈的根源，还是因为大部分散户没有交易计划，缺乏对股票价值的认知，无法判断股票价位的“高”和“低”。

认知偏差

在有人买的同时必定有人在卖，买有买的理由，卖也有卖的逻辑。所谓“兼听则明，偏听则暗”，然而，从人性的角度来讲，当买入一只股票时，人们便倾向于接受支持该股票会上涨的各种资讯和理由，以此给自己上涨的暗示，形成认知偏差。如果买入后恰好遇到上涨，更是印证了自己的判断。此时，投资者自信心便开始膨胀。殊不知，这种对短期方向的正确判断，很可能只是一时运气，并非自己独具慧眼或策略奏效，而这种虚妄的自信容易导致后续的操作更加激进，仓位更重，为将来的亏损埋下种子。

牛市不乏创富神话，那些或真或假的、带着幸存者偏差的创富故事激励着每一个初入股市的人。通常情况下，股市新手带着快速致富的梦想入市，对于年化百分之十几的收益，都是看不上眼的。殊不知，业内最牛基金经理彼得·林奇在其执掌麦哲伦基金的13年内，年化收益率约29%，这已经是基金界的神话了。

缺乏资产配置的理念

投资本质上是通过资产价值之间的对比，寻找价值洼地，以获取长期满意的投资回报。投资应该是基于价值，应该是多元化的，可以投资的品种有很多，比如，货币基金、银行理财、股票、债券、可转债、大宗商品等。

世界上最大的对冲基金之一——桥水基金，其全天候组合策略就是通过一定的方法配置股票、债券、大宗商品等低相关性的资产，降低组合波动，获得相对稳定的回报。当然，这里并不是说集中不好，以巴菲特巨大的资金体量，他的投资风格依然倾向于集中投资，但他却建议普通投资者投资更为分散的指数基金。集中投资需要对投资对象有着非常深入的认知，笔者认为，建立自己的投资组合，适度分散才是适合绝大部分人的投资之道。

在实际投资中，为了获取较高的盈利，有的股民不惜铤而走险，重仓某一只股票，筹码过于集中，这种情况一旦遇到“黑天鹅”事件，就会损失惨重。那些曾经持有长生生物、康美药业、康得新、暴风科技、乐视网的投资者，如果是重仓持有，那么大概率已黯然离场。

相反，也有些股民买入很多只股票，试图通过个股的分散来达到降低风险的目的，但是大部分散户资金量较小，如果过于分散，就会增加管理难度，也很难获得超额收益。甚至有的人不懂得如何分散投资，同时买进了建行、招行、宁波银行。同属一个行业的股票，往往有着相同的行业风险，这样的分散效果便大打折扣。因此，正确的资产配置理念和方法对于投资尤为重要，关于这一点，本书的后续章节会做进一步阐述。

投资是一场修行。做任何一件事情，努力了不一定成功，但不努力就一定不会成功，虽说大道至简，但寻找大道的过程却无法“简”，它是一个漫长而曲折的过程。想成为一名专业的投资者，需要对宏/微观经济学、金融学、财务管理学、统计学、心理学等各方面知识广泛涉猎，需要阅读大量的投资类书籍，对真正的投资大师的交易理念、交易策略进行系统性学习，然后不断实践、纠错、沉淀、提升等，最终建立起适合自己的投资体系。而大部分普通投资者，有着自己的本职工作，没有更多的时间和精力来深研个股。因此，笔者更推崇投资者借道基金来参与证券市场的投资。

三、为何基金赚钱，基民却赔钱

本部分主要介绍基金赚钱、基民却赔钱的原因，知道了这些原因，投资者就可以积极地采取一些措施，避免自己陷入这样的投资误区。据统计，过去20年偏股型基金平均年化收益率超过了10%，然而身边大部分基民的感受却是截然相反，他们中很多人都是亏损出局。基金赚钱、基民却亏损，为什么会出现这种情况？总结下来，主要有如下两点原因。

高位入场

关于追涨的故事，每天都在上演。举一个例子，假设一只基金一开始规模为1亿元，此时基金净值为1元，几个月之后，该基金净值上涨了100%，净值为2元，变成了一只大牛基，在各种媒体的宣传之下，该基金成了明星基金，很多投资者开始申购，规模一下子上涨到了70亿元，其中有2亿元是最开始的1亿元净值增长而来，那么剩下的68亿元是哪来的？答案是基民追涨买入的。

假设到了年底，这只基金的净值从高处下跌了20%，即由2元跌到了1.6元，此时，该只基金全年业绩是从1元到1.6元，上涨了60%。然而，大多数投资该基金的基民却是亏损的，因为上涨是从1亿元规模开始涨，而下跌却是从70亿元规模向下跌。

为什么基民爱追高？这是人之天性。短期高收益吸引关注的目光，当身边的人买基金赚了大钱，自己便开始蠢蠢欲动。关于这一点，从基金新发行的规模也可以看出。股票型基金和混合型基金往往在牛市中密集发行，而行情低迷时却相反。根据中国证券投资基金业协会官网，2010至2019年股票型基金和混合型基金发行数量与份额如图1—2所示。

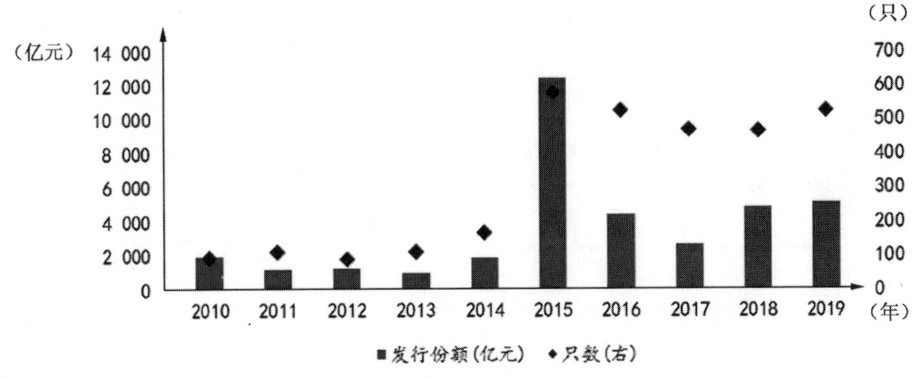

图1—2 2010年至2019年股票型基金和混合型基金发行数量与份额

来源：中国证券投资基金业协会网站

可见，在市场火热时，不仅新基金的数量会增加，发行的规模也会跟着大幅增加。基金的发行数量和份额基本与股市行情呈正相关关系，而基民对基金的投资明显呈现出“熊市无人问津，牛市跑步入场”的特征。回想起笔者2007年第一次在银行买基金也是如此，那时互联网还没有这么发达，银行每天会把热门基金写在一块小黑板上，几乎每天一大早就有很多人在门口排队买基金。

在基金界有一句话：“好卖不好做，好做不好卖。”因为基金公司的盈利主要来自管理费，而基金的管理费与规模挂钩，而非与业绩挂钩。因此，基金公司想赚管理费就必须要做大规模。

在大牛市中基金“好卖不好做”。在大牛市中，基民购买基金的热情高涨，规模很容易做大。然而发行容易，在牛市中进行投资，却非易事。此时建仓，相当于追高，前期的火爆已经部分透支了未来上涨的空间，如果不建仓就可能跑输大盘，导致基民的赎回。

熊市中基金则是“好做却不好卖”。在熊市中，很多股票由于连续下跌，已经具备了非常不错的性价比，是基金建仓的好时机，然而此时的市场交投清淡，基民情绪低，对后市持悲观态度，更多的反而是赎回操作，基金经理为了应对赎回，只能被动减仓。

此外，大部分基民买基金时，主要参照基金排行榜，买入的基金多半是近段时间的热点或短期排名靠前的基金。一些基金销售平台，也倾向于向投资者推荐近期的热点基金。这和炒股的道理其实是类似的。这些进入公众视野的热点基金往往估值较高，后期追入的基民如果没有及时撤出，就可能沦为最后的接盘者。

实际上，投资者要想在投资中赚钱，应该遵循“人多的地方不去”，能够真正让人赚到钱的投资品种，从来都不是靠抢的。

频繁换基

由于大部分基民买基金都是在赚钱效应带动下进场，买的基金大都是近期的热点品种，消费走强买消费，5G热门买5G。

不少基民的投资路径是这样的：买入风头正劲的A基金，持有了一段时间收益不理想，为什么我不买时涨了这么多，我一买就跌了？于是卖出，换入有着热门概念的B基金，拿了几周，小赚或小亏，热点又轮换到了别的板块，于是再换入C基金……这样来回切换，到头来没赚什么钱，手续费却交出去不少。

更有甚者持有还不足7天，这里需要提醒投资者的是，如果采用场外申赎的方式购买基金，持有时间不超过7个自然日的，就要缴纳1.5%的惩罚性税率。一年如果这么短赎几次，那么对投资收益将是极大的损耗。

根据《2018年度基金个人投资者投资情况调查问卷分析报告》（以下简称《分析报告》），接近50%的基民，持有基金的时间不会超过1年。持有1~3年的基民占比为32.5%，持有3年以上的基民占比不到20%。基金个人投资者持有单只基金的平均时间如图1—3所示。

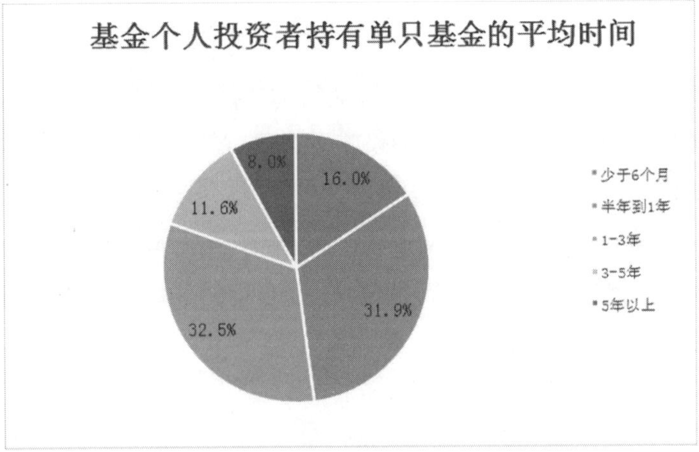

图1—3　基金个人投资者持有单只基金的平均时间

这种频繁交易和投资者的过度自信是分不开的，根据《分析报告》，有89.1%的投资者认为自己的金融知识水平高于或者处于同龄人的平均水平，只有10.9%的人认为自己低于或远低于同龄人。基金个人投资者金融知识水平自评如图1—4所示。

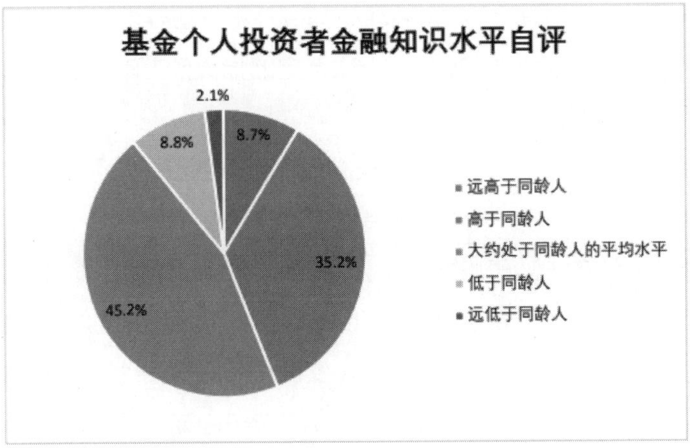

图1—4　基金个人投资者金融知识水平自评

高位追涨、短线交易、频繁换基等导致基民亏损的主要操作，其背后的根本原因还是在于大部分人在买入之前，并没有下功夫去研究基金，并未提前制定一个完整的交易规则，买卖较为随意。对主动型基金而言，投资者至少要知道其投资风格、基金经理的历史收益、基金的历史业绩、人员变动情况、基金的投研团队、有无道德风险等，并且判断其当下的高收益是由于踩中了热点，还是源于其一贯的优秀管理能力。

对于指数基金，要研究其编制方式、历史业绩表现、跟踪误差、估值情况等。尽量在估值低的时候买入，高估时少投或者止盈，避免出现追高、频繁交易等不理性的投资行为。

本书的主题是指数基金。针对这些问题，后续会陆续介绍：该如何分析及选择指数基金？如何对指数基金进行估值，让投资免于高位接盘？如何让自己拿得住，而不做短期的频繁操作？

四、基金投资：主动还是被动

基金有很多种分类，按投资标的大致可分为：股票型基金、混合型基金、债券型基金、货币型基金等；按管理方式的不同，可分为主动型基金和被动型基金。

主动型基金是指基金经理通过选股和选时等方法，试图取得超越基准组合表现的基金。与主动型基金不同，被动型基金并不主动寻求超越市场的表现，而是试图复制指数的表现。被动型基金选取特定的指数作为跟踪的对象，因此通常又被称为“指数基金”。

被动型基金相较于主动型基金主要有如下两个优点：

一是策略透明。指数基金被动追踪某特定指数。指数是指从样本空间中，按某种编制规则选出的一篮子股票的集合，其编制规则、详细持仓等信息都会在相应的网站上公布并及时更新。投资者可以随时对指数成分股的盈利、估值等情况进行综合评判，低估时买入，高估时卖出，实现低买高卖。

当前，市场上指数基金跟踪的指数主要来源于中证指数有限公司、深圳证券信息有限公司（国证指数）、恒生指数服务有限公司、标普道琼斯指数公司等。由这些公司编制和发布指数，基金公司发行指数基金产品，复制和跟踪这些指数。比如，沪深300指数就是由中证指数公司发布，其编制方式是由上海和深圳证券市场中市值大、流动性好的300只股票组成，而易方达沪深300ETF（510310）的发行就是为了跟踪沪深300指数的表现。

相较而言，主动型基金的收益主要来源于基金经理的选股和择时，这是基金经理对外宣称能获得超越市场表现的秘密，具体策略当然不便公开。通常情况下，投资者只能看到基金上一个季度末的持仓，具有滞后性，并且因其持仓、调仓策略都不透明，很难掌握其持仓的最新情况。

二是费率低廉。购买指数基金费率比主动基金低。一般来说，指数基金管理费率中位数为0.5%，而偏股主动基金管理费率中位数达1.5%。看似1%的费率差异，在长期复利的影响下，不可小觑。著名的指数基金之父、先锋领航的创始人约翰·博格尔对于“低成本”尤为看重，他一直奉行的投资原则便是用最低的成本去投资市场，建议广大投资者投资低成本的指数基金。

在美国这样的成熟市场，由于是机构博弈，大部分公募基金跑不赢代表着市场的指数。关于主动基金和指数基金的“PK”，最著名的案例要数巴菲特和基金经理的“十年赌约”。

2007年，巴菲特以50万美元作为赌注立下一个赌约：对冲基金的基金经理选择任何基金组合，十年的收益都不会超过标普500指数基金的收益。来自Protege Partners资产管理公司的一名职业投资经理人泰德·西德斯接下了这个赌局，选择了5种对冲基金组成的组合与标普500指数基金对赌。十年过去，2017年12月31日，标普500指数基金以125.8%的十年累计回报毫无悬念地击败了对冲基金组合。在2008年次贷危机中，这几只对冲基金的表现都强于标普500，可在这之后，随着美国经济和股市的复苏，该基金组合再没能超过标普500指数基金。

在A股，散户交易频繁，贡献了市场7成以上的成交量，处于知识、信息、技术等相对弱势的散户让公募基金经理战胜市场成为可能。因此，在基金市场上，主动型基金确实可以获得不错的收益，但是主动型基金也有其几乎无法克服的缺点。

首先，主动型基金的内部考核和外部排名具有很强的短视性。在行情好的时候担心跑输市场，往往加大风险偏好，而在行情不好、出现价值洼地时，他们反而降低仓位，以减少回撤，希望以此提高在同类基金中的排名。

投资应该是长期行为，股权投资至少以3～5年作为一个周期，而考核、排名却倾向于短期。这种长短期的错配，导致主动基金管理者的患得患失，进而影响操作水准。

其次，基金的操作受到基民申赎的影响。很多“涉市不深”的投资者往往都是在行情低迷时不敢入场，甚至赎回，而在行情火爆时，拦都拦不住。基金管理者面临着基金赎回和清盘的压力，一旦回撤太大，即使该基金经理对自己的持仓满怀信心，情绪稳定，但是，投资者在看到回撤幅度较大时，还是会因损失厌恶而选择赎回。此时，基金经理为了应对赎回只能被动卖出持仓中性价比很高的股票。

正因为有内部考核、外部排名、投资者赎回等各种压力，想做到知行合一往往很难。基金经理可能为了确定性而放弃风险相对较高但回报较好的机会。宣称价值投资的基金经理不会因买贵州茅台下跌而受到投资人的抱怨，却会因买了一只名不见经传的小股票而备受质疑。

此外，在单边上涨行情中，指数基金的表现要好于主动的股票型基金。因为指数基金的股票仓位更高（高达90%～95%），而主动基金由于仓位管理等原因，在牛市中很难跑赢九成以上仓位跟随市场的被动基金。

选择主动型基金某种程度上就是选择基金经理，但基金经理跳槽往往非常频繁，离职创业的也不在少数，一旦遇到基金经理跳槽或离职，就会给基金未来的收益增加不确定性。

最后，由于主动型基金策略和持仓不透明，暗箱操作的空间较大，在监管力度不够的地方，还可能出现利益输送、内幕交易、老鼠仓等损害投资者利益的行为。

从投资管理的角度来看，主动型基金对投资者来说是被动的，收益主要依赖于基金经理的操作，投资收益基本上取决于自己挑选基金经理和基金产品的眼光，在持仓过程中，也没有进行仓位管理和估值判断。相比之下，被动型基金的投资者，却可以根据指数估值情况调节仓位来主动管理。这就是所谓的“主动基金被动化、被动基金主动化”。

那么，在投资中，投资者应该选择主动型基金还是被动型基金呢？笔者的看法是因人而异。

对没有时间和精力研究投资的人来说，把资金交由主动型基金经理管理，省时省力，不失为一种较好的选择。但是，前提是你要具备提前识别基金经理和基金未来表现的能力，并且对买卖时间做出大致的判断。如果在不该赎回的时候恐慌赎回，在大牛市顶部区域追进去，即使这个主动型基金净值长期来看是上涨的，投资者也会因在错误的时间买卖而亏损。另外，要注意考量基金经理的长期表现是否稳定而优秀。短期业绩好，有可能仅仅是因为踏对了市场风格，长期战胜市场，方显真本事。

相反，如果你认为随着A股市场的日趋成熟，市场有效性的逐步提升，主动型基金很难长期战胜市场，或者觉得自己并没有慧眼识珠的能力，那么可以选择投资指数基金，分享中国经济的成长。

五、为什么推荐普通人投资指数基金

前面提到，散户在股市中大都以亏损收场，那么有没有一种方法，既可以分享经济的成长，又不需要深研个股、精通财报并且还可以获得不错的长期收益呢？有，那就是指数基金。以市场上最为常见的沪深300为例，过去十几年，沪深300的收益率在年化10%~15%之间。此外，A股牛长熊短，如果配合着估值，低买高卖，那么甚至可以获得超过15%的年化回报。

巴菲特从没有在公开场合推荐过股票，却多次在公开场合推荐普通投资者投资标普500指数基金。指数基金究竟有何魅力，让巴菲特如此推崇？实际上，除了前面提到的策略透明、费用低廉、可以避免个股“黑天鹅”的风险等诸多优点，笔者建议普通投资者投资指数基金还基于如下几点原因。

指数基金投资更适合工薪阶层

A股的普通投资者绝大部分都有自己的本职工作，平时并没有大量的时间用于研究投资和跟踪市场，并且普通投资者大多没有足够的专业知识。股市投资门槛低，说的是资金门槛，最低一手就可以买，但绝非知识门槛。对没有时间研究个股，进行财报分析、商业模式分析、行业研究的工薪族而言，指数基金投资省时、省力。

有投资者可能会发出疑问，不去精选个股，不读财报，只是买入装进一篮子股票的指数，会不会降低收益？还是以市场上跟踪基金最多的沪深300指数为例，从2004年12月31日的1 000点，至2019年12月31日的5 227.73点，历时15年，沪深300全收益指数年化收益为11.66%。这个收益不用高抛低吸，就稳稳拿着沪深300指数基金，分红继续买入即可得到。如果买入一些优质的行业或策略指数基金，还可以获得更高的收益。以中证消费为例，其全收益指数从2004年12月31日的1 000点，至2019年12月31日的19 419.8点，上涨超过19倍，年化回报高达21.87%。

指数基金相对容易估值

估值是投资的锚，对投资的意义不言而喻，在笔者看来是“无估值、不投资”。不知道如何给企业估值，不知道股票大概值多少钱，通常是追涨杀跌、跌了恐惧清仓、涨一点就急于兑现的根源所在。

低买高卖、人人皆知，但是大部分人并不知道何为“高”，何为“低”，高和低是相对于资产的内在价值而言的，而非价格。再优质的资产，买贵了（高估时介入），未来的收益率也不会好。

指数的编制方式、持仓是透明的。比如，上证50指数，就是由沪市A股中规模大、流动性好的最具代表性的50只股票组成的，而买入跟踪上证50的指数基金就相当于买入了这50只股票的组合。相对于主动型基金，指数持仓的高透明度及信息发布的及时性，让投资者对指数进行估值成为可能。此外，单只股票的影响因素及变数较多，公司基本面的变化较大，估值往往并不可靠，而指数由于是一篮子股票的组合，其估值相对而言要稳定、可靠得多。

当前，普通投资者很容易从多个渠道获取指数的估值信息，通过对比类似指数或该指数的历史估值信息，能够对当下的估值情况做出大致的判断，有利于投资者做出理性决策、避免情绪化操作。

指数基金投资让投资者“拿得住”

投资者大概都听过一句话：“闪电在时，你要在场。”长期留在市场中是获利的前提。对大部分投资者而言，在A股这样一个熊长牛短、波动巨大的市场中，“拿得住”并非易事，然而只有拿得住，坚持到价值兑现，才有赚钱的可能性。

众所周知，在投资中需要：在别人贪婪时恐惧，在别人恐惧时贪婪。然而，投资知易行难，真到了“至暗时刻”，又有几个人能做到“坚守初心”？如果拿着的是个股，那么无论当初买入时多么看好，一旦开启漫长下跌，各种负面消息随之显现，在业绩下滑、价格下跌、负面消息的轮番轰炸下，投资者通常从坚信逐渐变成怀疑，最后在懊恼中割肉离场。

由于指数是一篮子股票的集合，排除了个股“黑天鹅”的影响，持有心态会完全不同。配合着低估时进场，即使股市下跌，投资者也敢于越跌越买，以此不断摊低成本、积累更多的便宜筹码，未来一旦市场回暖，代表市场的指数就会跟着上涨，避免“赚了指数不赚钱”的情况。

指数基金为同时拥有一篮子优质股提供了工具

长期来看，驱动股价上涨的主要因素是公司业绩和股票估值，而业绩增长是股价上行的核心驱动因素。然而，白马虽好，却不便宜，以贵州茅台为例，即使2018年跌至500元每股，仅持有一手茅台也需要5万元，如果再配以其他股票，对资金量的需求会更高。即便资金足够，买入了一篮子股票，达到了分散的要求，“处置效应”也可能会导致投资者过早卖掉赚钱的个股，继续持有赔钱的股票。因此，投资者就算骑上了白马，面对浮盈、面对市场的反复震荡，也可能中途被早早“震”下马。此外，自建投资组合也容易导致高价股权重过高，个股风险凸显，不利于分散风险。

指数自带优胜劣汰的能力，那些基本面变差的、暴雷的股票可能会因不再满足编制规则而在下一轮调仓中被调出。此外，对非专业投资者而言，如果分散持有过多的个股，那么往往因缺乏足够的精力和能力，动态跟踪所有持仓股票的基本面、估值等情况，而在错误的时机买入卖出。

知识储备不足、追涨杀跌、频繁交易等，都是导致广大股民投资失败的原因，也是人性弱点在股票市场中的充分体现。投资指数基金，在某种程度上，使这些问题得以巧妙地化解。

当然，如果你拥有足够深而广的能力圈，能够看懂行业发展的逻辑、企业的商业模式和核心竞争力以及深谙个股估值之道，那么完全可以通过个股投资获得超越市场的收益，但这样的投资者在实际中属于凤毛麟角。

因此，笔者认为，对于没有时间和精力专门研究投资的上班族、刚入门的股市小白、在股市中驰骋多年依然无法盈利的老股民，不妨尝试投资指数基金，不要急于赚快钱，不要总想着跑赢市场，先从跟上市场开始。

第二章

基金投资入门

指数基金是一种被动型基金，基金投资的相关知识和规则同样适用于指数基金。本章介绍基金的相关基础知识，为投资指数基金做准备。

一、基金净值怎么看

什么是单位净值？什么是累计净值？单位净值小的基金更便宜、更容易上涨吗？新手在刚接触基金投资的时候，会遇到不少类似这样的问题，也容易存在一些认知误区，下面就来介绍基金净值的相关内容。

基金单位净值也叫基金份额净值，单位净值是每份额基金当日的价格，它是基金净资产除以基金份额得到的结果，即基金单位净值=基金净资产/基金份额。不考虑申赎费率，单位净值也就是投资者申购或赎回基金时每份额基金的价格。

累计净值是基金单位净值与基金成立以来历次累计单位派息金额的总和。由于基金不定期分红，而分红的资金都会从现有的基金净资产中扣除，如果将每次分红扣除的钱都加回来，再加上当前的基金单位净值，那么得到的就是累计净值。在没有发生基金份额折算的情况下，累计净值=单位净值+累计分红金额。

单位净值越小越便宜吗

“单位净值小的基金比较便宜，上涨空间大”，这是基金投资新手很容易出现的认识误区。举例来讲大家就明白了。

小王用1万元买了两只基金，分别为A和B，假设买入时的单位净值分别为1元和2元，则买入的份额分别为1万份A和5000份B。此时，小王拥有的基金A和B的总价值是一样的，均为1万元。

假如一年后，这两只基金都上涨了20%。

则基金A单位净值就变成了1.2元，基金B单位净值变成了2.4元。

此时，这两只基金价值分别为1.2×10000=12000（元），2.4×5000=12000（元）。

因此，此时小王持有的基金A和B的价值还是一样的。

假如一年后，基金A涨了30%，基金B涨了20%。

则基金A单位净值就变成了1.3元，基金B单位净值变成了2.4元。

此时，两只基金的价值分别为1.3×10000=13000（元），2.4×5000=12000（元）。

由于基金A收益率更高，所以，末期价值更高，小王在基金A上赚的钱更多。

从上述例子可以看出，花同样的钱买两只基金，单位净值影响的只是买到的份额，持有基金的盈亏只和持有期间基金的收益率有关，和最初买入时的净值大小并没有什么关系。因此，买基金不同于在市场上买白菜，净值小就更便宜、更划算。

单位净值越大的基金，业绩越好吗

这个观点同样不严谨。单位净值代表的是每份基金的价值，与基金的历史业绩相关，但并不能代表基金的历史业绩。单位净值的大小，除了与基金的历史业绩有关，还受到如下因素的影响。

1.基金成立时间

由于基金最初的单位净值都是1元，不考虑分红因素，A、B两只基金，一个成立5年，一个刚成立1年，那么，即使当下的单位净值都是2元，它们的历史业绩也不可同日而语。

2.基金分红

基金分红后，单位净值要扣除分红的部分。假设A、B两只基金成立时间完全相同，都是刚成立1年，当下的单位净值也相同，都是2元，基金A这一年中有分红，而基金B没有分红，那么，有分红的基金A显然业绩要好于未分红的基金B。

3.基金折算

出于各种原因，有些基金要合并或拆分基金份额，进行基金份额折算。比如，分级基金的上折和下折。又比如，部分指数基金为了让净值和指数点位相匹配进行的折算。这些折算操作使基金的单位净值被人为改变，而且这种单位净值的变化幅度通常很大，但与基金的实际业绩并无关系。

以易方达中证500ETF（510580）为例，2020年4月8日，该只基金的单位净值是5.458元，而累计净值却只有0.841元，不是说，累计净值等于单位净值加累计分红的吗？为何累计净值比单位净值还小呢？

原来，为了使基金单位净值与当日中证500指数点位一致，该基金于2015年

9月9日进行了份额折算。根据该基金公告，基金份额折算比例为0.15409267，折算前基金份额总额为295259000份，折算前基金单位净值为1.0095元；折算后基金份额总额为45496515份，折算后基金单位净值为6.5511元，和中证500指数当日收盘点位6551.01的千分之一基本一致。这实际上相当于对基金份额进行了合并，合并后的单位净值自然会大幅增加。

单位净值不能代表基金的历史业绩，那么，我们如何对比基金的历史表现呢？答案是可以看累计净值。因为不管基金在份额上如何拆分合并，都不会影响累计净值。累计净值的变化能够如实反映基金的业绩变化，如果两只基金成立时间相同，那么累计净值大的基金，历史业绩更好。

最后，在研究基金的过程中，投资者不仅要关注基金的净值情况，还要观察基金的净值波动。打个比方，基金A和B，3年收益率均为50%，A的净值波动剧烈，最大回撤达到30%以上，而B的净值波动小，慢慢积累收益，回撤一直控制在10%以内。投资者显然更喜欢净值波动更小、风险更低的B基金。因为同样的业绩表现，净值波动越小的基金，其投资风格越稳定，业绩的可持续性更好，对基金经理的管理能力要求也更高。此外，对基金投资者来说，净值波动小的基金让投资者的持有体验更好，更容易拿得住。

二、场内场外那些事儿

刚接触指数基金投资的人，经常会听到场内、场外这样的说法。那么，什么是场内、场外？在投资时，该选择场内还是场外？它们各自都有哪些优缺点？下面就来介绍这方面的内容。

这里的"场"是指证券交易所。对我国的股市来说，就是指上海证券交易所和深圳证券交易所。

场内交易，是指在券商开的股票账户中买卖基金。此时，投资者买基金是从证券交易所的其他投资者手上买，成交价格是按照盘中众多投资者买卖形成的交易价格。

场外交易，是从基金公司买基金，可以直接从各家基金公司的官网上买，也可以通过银行、券商、互联网基金销售平台等代销机构购买。从场外渠道买卖基金，我们称之为场外申购和赎回。

场外申购/赎回遵循以下规定：在交易日15:00前申购，按照当日基金净值确认份额；在交易日15:00之后申购，按照下一个交易日基金净值确认份额。赎回同理。因此，基金场外申购/赎回遵循的是“未知价”原则，即投资者在申购和赎回时不知道具体成交的价格是多少。

为方便理解、对比，这里做了一张表格，如表2—1所示。

表2—1　场内场外购买基金的对比

项　目	场　内	场　外
购买对象	其他投资者	基金公司
购买途径	券商开的股票账户	银行、基金公司、互联网基金销售平台等
买卖价格	众多投资者买卖形成的交易价格	交易日结束后计算出的基金净值
交易费用	各券商的交易佣金不同	银行一般不打折、基金公司有时会做活动、基金销售平台申购费一般打 1 折
可购买品种	ETF、LOF 等指数基金、封闭式基金、货币基金等	LOF、ETF 联接等指数基金、股票基金、偏股基金等开放型基金、债券基金、货币基金等
投资门槛	100 份	一般 10 ~ 1 000 元不等，有的平台甚至低至 1 元

那么，投资者应该选择场内还是场外呢？

1.从费用来看

基金费用一般可分为运作费用和交易费用。运作费用一般包括管理费和托管费，这是场内和场外都需要缴的费用。

交易费用，场内需要缴的是交易佣金，比如，万分之二点五，买卖一次万分之五。每家券商的佣金费率不同。场内买卖基金免印花税。

场外则包括申购费、赎回费或销售服务费（C类基金）。以指数基金为例，当前基金销售平台对于申购费大都有1折优惠，申购费打完1折后一般为0.1%到0.15%不等，赎回费视持有基金的时间长短而有所不同。关于指数基金的交易费用，后面会专门用一个章节来进行说明。总体算下来，场内买卖要比场外申赎的费用更便宜。

2.从便利性来看

场内交易必须要开立券商账户，没有开立券商账户的投资者只能通过场外申赎。

对基金定投的投资者而言，选择场外的自动定投会更加省事。现在一些第三方基金销售平台开设了自动定投的功能，可以选择定期定额，也可以选择定期不定额的定投方式，这些定投的扣款金额都是平台提前计算好的，只需保证扣款的银行卡或货币基金有足够的余额即可，平台到期会自动扣款。场内交易则无法实现自动定投，只能人工操作。

从可交易的品种来看，大部分基金都可以场外申购赎回，只有少部分基金才能在场内交易，而且不少场内交易的基金交易量较小，如果买卖金额大，就可能发生成交困难。

此外，在基金买卖的过程中，还需要注意如下两个方面的问题。

一是买入渠道问题。

一般来说，从银行买入基金是不打折的。在一些基金公司的官网，申购费用可能会有一些优惠，但是在基金官网上一般只能申购该基金公司的基金。比如，在南方基金的官网，只能买到南方基金公司的产品。如果想申购多家基金公司发行的产品，那么还是通过互联网基金销售平台。这种第三方基金销售平台就像一个“基金超市”，集合了多家基金公司的产品，让投资者买卖更方便。这样的平台有天天基金、蚂蚁财富、腾讯理财通、蛋卷基金等。

毕竟涉及资金交易，有的投资者可能会有疑虑，在互联网平台买基金能保证安全吗？

首先，基金的销售要有基金销售牌照。某平台有没有基金销售资质，可以去中国证券监督管理委员会的官网上查询。具体查询方法：证监会官网——业务资格——基金业务资格——基金销售资格，在搜索框中搜索代销机构名称的关键字即可进行相关查询。

其次，平台销售基金都是实行第三方资金托管的形式。投资者申购基金的资金并不是在平台那里，而是放在托管机构专门的托管账户上。

因此，在证监会官网上有备案的，具备基金销售资质的互联网基金销售平台上买卖基金，安全性是有保障的。

二是折溢价问题。

在场内购买基金要特别注意基金折溢价问题，什么叫折溢价？场内根据市场供求关系，按撮合价成交，价格处于不断变化中。这样就可能产生场内价格与基金实际净值不一致的情况。场内折价是指场内交易价格低于基金单位净值，溢价则是指场内交易价格高于基金单位净值。

以下几种情况可能导致场内基金发生折溢价，一是场内成交量很低的基金，可能会发生折溢价；二是封闭式基金，通常场内会折价交易；三是QDII基金由于外汇额度所限，在出现场外暂停申购的时候，场内可能出现溢价。新手如果不懂折溢价，在场内大幅溢价时购买，就很不划算。反之，如果在场内大幅折价时买入，就容易获取额外的收益。

此外，在场内交易基金，离市场太近，容易受到市场情绪的影响。场内基金一般数秒钟就报价一次。频繁报价，容易使得购买场内基金的投资者出现类似于股票交易的追涨杀跌、频繁买卖的情况，不利于长线持有。

由上述分析可见，无论场内还是场外，都有利弊，适合投资者自己的才是最好的，投资者可以根据自己的实际情况进行选择。

三、基金名称后的ABC是什么意思

投资者在购买基金的时候，经常会碰到基金后面拖着一个小尾巴，即A、B、C等字母。比如，对于指数基金，我们经常会看到某ETF联接基金A、某ETF联接基金C。这些字母分别代表什么意思呢？关于基金的字母后缀，大体上可分为如下两种情况。

1.货币基金的A类和B类

货币基金A类，投资门槛低，有的平台甚至低至1元。大部分普通投资者买的就是这类货币基金。

货币基金B类，购买门槛一般在500万元以上，专为机构或高净值的客户打造，通常情况下，此类货币基金的服务费率也比较低。

然而，也有些基金公司，为了吸引投资者购买，降低了B类的购入门槛，例如，南方天天利货币B，最低买入金额仅为100元。

2.其他开放式基金的A类和C类

以华夏沪深300ETF联接A(000051）和华夏沪深300ETF联接C(005658)为例来说明这个问题。二者的运作模式完全一样，持有资产、仓位比例都一样，可以看作同一只基金的两个部分，二者的主要区别就在于收费方式的不同。

A类基金采用的是前端收费模式，申购费率为1.2%，在互联网基金销售平台申购费一般打1折，费率为0.12%。这笔费用在申购时一次性缴纳。

华夏沪深300ETF联接A赎回费率如表2—2所示。

表2—2　华夏沪深300ETF联接A赎回费率

持有时间	赎回费率
小于7天	1.50%
大于等于7天，小于1年	0.50%
大于等于1年	0

从表2—2中可以看出，赎回费率根据持有时间来计算。为了鼓励投资者长期持有基金，持有时间越长，费率越低。持有该基金大于等于1年，就免赎回费。

再看C类基金，其特点是免申购费，赎回费的规定则不尽相同，并按日提取销售服务费。

以华夏沪深300ETF联接C(005658)为例，每年要收取0.3%的销售服务费，费用按日计提，比如，如果你持有半年，那么扣除0.15%的销售服务费。赎回费是持有7天及以上免除。

不同基金，费率规定会有所不同。以南方沪深300联接基金C(004342)为例，其每年要收取0.4%的销售服务费，其赎回费率的规定如表2—3所示。

表2—3　南方沪深300联接基金C赎回费率

持有时间	赎回费率
小于7天	1.50%
大于等于7天，小于30天	0.50%
大于等于30天	0

该基金持有时间必须大于等于30天，才可以免除赎回费。

需要提醒的是，无论针对A类还是C类，如果持有时间小于7个自然日，都会被要求缴纳1.5%的惩罚性赎回费率。

所谓的持有7日，是指基金申购确认日，到基金赎回确认日是否满7个自然日

（非工作日），这里是确认日而非申购赎回的交易日，大部分基金确认日为申购赎回交易日的下一个工作日，即T+1日，QDII基金多为T+2日。货币基金不适用于该条惩罚性税率的规定。

那么，在实际投资过程中，投资者应该选择A类还是C类？

还是以华夏沪深300ETF联接基金为例，如果申购费率打1折，持有时间大于7天少于一年，那么：

A类的持有费率为：0.12%+0.5%=0.62%；

C类的持有费率为：不超过0.3%。

选C类划算。

如果持有一年以上：

A类的持有费率为：0.12%+0=0.12%；

C类的持有费率为：超过0.3%。

选A类划算。

因此，一般来说，如果短期持有，那么选择C类更划算；如果长期持有（一般为一年以上），那么选择A类更划算。

另外，作为结构化产品的分级基金，按照收益和风险的不同，分为A类和B类，例如，钢铁A（502024）、钢铁B（502025）。A类基金类似债券，获取合同约定收益，B类基金相当于杠杆基金，风险高，收益也高。根据相关规定，分级基金A、B类快要退出市场了，这里不做详细介绍。

四、基金分红越多越好吗

本部分介绍基金分红的相关内容。关于基金分红，常见的疑问如下：基金分红会增加收益吗？基金分红越多越好吗？在基金投资过程中，应该选择什么样的分红方式？

下面介绍基金分红的定义，基金分红是指基金将净资产中的一部分以红利的形式返还给投资者。投资者可以自由选择现金形式或以红利再投资的形式继续投资到基金中。

听到"分红"两个字，有些基民第一反应是：太好了，发钱了。有的基民甚至赶在分红前买入基金，希望获得分红收益。然而，实际上基金分红并不会提高基金收益，它只不过是将你的钱从左口袋放到右口袋而已。

举例来讲。假如小王手上有一只基金1 000份，当前净值为1元，那么持有基金的价值为1 000元。基金公司公告说要分红，每份额分红0.2元。

分红后，基金的单位净值下降为0.8（1−0.2）元，现在小王持有的基金价值为800（0.8×1000）元以及分红200（0.2×1000）元。

因此，分红只是把分红前的1 000元基金资产拆解成了800元的基金和200元的红利，相应地，基金净值下降了，这有点儿类似于股票分红除权。基金分红是从基金的净资产中划出。这些收益本来就属于投资者，即使没有分红，这部分收益也会体现在净值中，基民并没有因分红而增加收益，分红也并非越多越好。

那么，基金分红对基金的运作有什么影响呢？主要体现在如下两个方面。

一是基金的规模和净值会发生变化。分红是基金净资产的一部分，如果有基民选择现金分红的方式，那么基金现金分红后就会导致规模的下降，净值也会随着分红后除权而下降。

二是分红给股票持仓带来影响。根据《证券投资基金运作管理办法》，一只基金持有一家上市公司的股票，其市值不得超过基金资产净值的10%。分红后基金规模的下降可能导致原来符合投资比例的股票持仓在分红后超过上限，因此，基金经理在卖出股票以备现金分红时，可能会对持仓结构进行同步调整。

实际上，基金分红是有条件的，不是想分就能分的。

首先，基金的当期收益必须先弥补上期亏损，方可进行当期收益分配。其次，基金收益分配后每份基金份额的净值不能低于面值；最后，如果基金当期出现了亏损，那么不进行收益分配。

此外，根据《证券投资基金收益分配条款的审核指引》，证监会首次明确了基金管理公司在设计带有分红条款的基金产品时，应该在基金合同以及招募说明书中，约定每年基金收益分配的最多次数和每次收益分配的最低比例。

以易方达中小盘（110011）为例，在基金招募说明书中约定，在符合有关基金分红条件的前提下，基金收益分配每年最多12次，每次基金收益分配比例不低于可分配收益的10%，基金合同生效不满3个月，收益可不分配。

上述规定主要针对主动型开放式基金。指数基金对于分红的规定则有所不同。以华泰柏瑞沪深300ETF(510300)为例，其《基金合同》关于分红有如下规定。

（1）基金收益分配采用现金方式；

（2）每一基金份额享有同等分配权；

（3）基金管理人每季度定期对基金相对标的指数的超额收益率进行一次评估，基金收益评价日核定的基金累计报酬率超过标的指数同期累计报酬率达到1%以上，方可对超额收益进行分配；

（4）基于本基金的性质和特点，本基金收益分配无须以弥补浮动亏损为前提，收益分配后有可能使还原后基金份额净值低于面值；

（5）基金收益分配比例为收益评价日符合上述基金分红条件的基金超额收益的100%，自基金合同生效日起不满3个月可不进行收益分配，基金收益分配每年至多4次；

（6）法律、法规或监管机构另有规定的从其规定。

可见，根据基金的性质和特点，主动型基金和指数基金的分红规定有着较大不同。其主要原因在于主动型基金和指数基金的红利来源不同，对主要投资权益的主动型基金来说，分红来源主要是基金的盈利，即基金经理买卖股票的差价收益，还有一部分来源于持仓股票的分红，而指数基金的分红来源主要是持仓股票的分红。

总体而言，在遵循国家相关政策法规的前提下，不同基金的分红规定有所不同，具体规定可查看该基金的基金合同中的“收益分配原则”，而是否进行分红，除了需要满足基金合同的规定，最终应该服务于基金投资的需要。主动型基金是为了获得更高的投资收益，而指数基金则是为了更好地跟踪指数。

对主动型基金来说，如果当下市场上有好的投资机会，那么应该将收益留在基金中进行投资；如果当前没有特别好的投资机会，那么不妨进行分红，相当于帮基民做了止盈的操作。

实际上，还有一种比较小众的分红方式，称为“触点分红”。比如，南方优享分红混合A规定：若基金在每季度最后一个工作日基金份额净值高于1.2元，且当日每份基金份额可供分配利润高于0元，则以当日为基金收益分配基准日，且在15个工作日之内进行收益分配。

需要说明的是，虽然基金单位净值的高低，既不能决定基金未来的投资收益，也不能反映该基金过往的盈利情况，但是不少新手基民依然觉得基金净值小就是便宜，所以有些基金会为了迎合这种认知，便于基金销售而进行分红，毕竟分红可以起到降低单位净值的作用。

基金分红有两种方式，一种是现金分红，另一种是分红再投资，在平台上申购基金时，我们也可以看到“现金分红”和“分红再投资”两个选项。如果不做选择，那么默认为现金分红。现金分红就是直接获得现金回报，分红再投资则是将红利直接转化为基金份额，是复利的一种体现。

那么，投资者应该选择什么样的分红方式呢?

一般情况下，就投资指数基金而言，当申购的基金处于低估区域时，应该选择分红再投资，这样不仅可以买入更多的份额，还可以节省现金分红后再投资这部分的申购费用。如果申购的基金处于估值高位，那么可以选择现金分红，落袋为安，这样可以在持有份额不变的情况下，达到赎回投资收益的效果，而且节省了赎回费用。

五、省钱又省时的基金转换

试想，当我们在场外进行基金投资时，如果想换基金该怎么做?通常情况下，我们会先将手上的基金赎回，再申购想买的基金。这前后可能要历时4~5天，降低了资金的使用效率又浪费了时间。有没有一种方法，可以省去先赎回后申购的步骤呢?有，那就是“基金转换”。

下面将重点介绍基金转换的优点、如何转换以及需要注意的问题。

1.基金转换高效省时

关于这一点，将先赎回原基金再申购新基金的常规做法和直接进行基金转换进行对比，则会一目了然。

先赎回再申购：比如，周一15:00前提交赎回申请，最快周三资金到账可用，周三再申购新的基金，周四确认份额，这样一个流程走下来，至少需要4~5个工作日，这里还不包括周末或节假日的时间。

基金转换：周一15:00前申请基金转换，快则当天就确认，慢则次日确认。

虽然不同的基金、不同的申购渠道所花费的时间不完全相同，但总的来说，基金转换比先赎回后申购的方式效率要高很多，缩短了资金空转的时间。

2.基金转换可以节省费用

以将基金A转换成基金B为例。

常规的赎回申购费用：A的赎回费+B的申购费；

基金转换的费用：A的赎回费+B的申购费补差。

什么是申购费补差？

如果A的申购费高于B，则无须补差；

如果A的申购费低于B，就需要补缴一个B减去A的申购费差额。

可见，基金转换功能不但省时、高效，还节省费用。然而，基金转换是有条件的，具体如下。

条件一：这两只开放式基金必须是同一家基金公司的，并且是在同一家代销机构。例如，不能将易方达的基金转换成华夏的，否则没法实现。不同的代销机构代销的产品是不一样的，一个代销平台的基金无法转换成另一个代销平台的基金。

条件二：如果A基金是前端收费模式，那么B基金只能是前端收费模式，才能转换；如果A基金是后端收费模式，那么B基金可以是前端收费模式，也可以是后端收费模式。

条件三：处于封闭期的基金是不能进行转换的。也就是说，在办理转换的过程中，双方必须均处于可赎回和可申购的状态。

实际上，即使是同一家公司的基金，如果要进行转换，也必须登记在同一个TA账户上。TA是transfer agent的首字母，过户代理的意思。

TA系统是进行基金理财产品登记结算业务的系统，业内一般可分为中登和自建。中登是中国证券登记结算公司推出的开放式基金登记结算系统，自建TA是各家基金公司自己建的基金登记结算系统。

一般来说，主动管理的股票型基金和债券型基金大多会登记在自建TA，而可上市交易的LOF基金一般在中登登记。

同一家公司只有登记在同一个TA下的产品才可以转换。如果一个中登，一个自建，就不能转换。

那么，如何查找基金到底登记在哪里呢？可以查询“基金公告”。例如，华夏上证50ETF（510050）的基金公告中载明，登记结算机构为中国证券登记结算责任公司。看到这里，读者不禁要问，转换基金这么复杂吗？

上述只是从普及知识的角度介绍了基金转换的条件。实际上，在具体操作过程中，并不需要去深度了解这些，因为当你做基金转换时，如果该基金可以转换，那么基金销售平台会有一个转换的按钮；不能转换的基金，就没有这个按钮（或者按钮显示是灰色的）。当你点击“转换”按钮时，平台便会自动地将可以转换成的基金筛选出来以供选择。也就是说，能否转换，能转换成哪些基金，基金销售平台实际上已经帮投资者提前设定好了。

此外，现在有些第三方基金销售平台还开通了“超级转换”的功能，以方便不同基金公司的产品互相进行转换。

六、基金清盘不要慌

基金投资者即使没有亲身经历过基金清盘，也一定听说过基金清盘。新手投资者听到“清盘”两个字，可能会联想到P2P跑路，资金血本无归，因而比较紧张。这里可以肯定的是，基金清盘和P2P跑路完全是两码事，基金投资者更不会血本无归。

那么，基金清盘究竟是怎么一回事？如果清盘，那么投资者的基金资产会遭遇巨大损失吗？下面就从基金清盘的定义、原因、危害以及如何应对等方面逐一介绍。

1.何为基金清盘？什么情况下会发生基金清盘

基金清盘是指将基金资产全部变现，将所得资金分给持有人。对基金投资人来说，它更像是强制赎回。常见的基金清盘有如下几个原因：

（1）合同到期。基金成立时，基金合同约定会到期清盘。比如，封闭式基金一般有一个存续期，如果存续期满，不进行延长或转成其他类型的基金，就会进行清盘。

（2）合规清盘。比如，在资管新规的要求下，一些保本型基金要逐步退出历史舞台。此时，尚存的保本型基金便有两种选择，要么转换成其他类型的基金，要么直接到期清盘。

（3）表决清盘。基金持有人召开大会表决，决定清盘。

（4）触发式清盘。

例如，开放式基金在合同生效的存续期内，如果满足以下两个条件之一：

一是基金连续60日基金份额持有人数量达不到200人；

二是连续60日出现基金的资产净值低于5 000万元。

此时就会触发基金清盘的条件，经中国证监会批准后，基金管理人可以将该基金终止。

还有一类基金，称为发起式基金，它是基金管理人及高管作为基金发起人认购一定数额的方式发起设立的基金，该类基金产品发行的初衷是为了鼓励利益捆绑、风险共担。根据规定，发起式基金合同生效满3年后的对应日，若基金资产规模低于2亿元，则基金合同将自动终止，并且只要触发清盘条件就必须进行清盘，不得通过召开基金份额持有人大会的方式来延续。

2.基金清盘有哪些损失

对大部分开放式基金来说，清盘的主要原因是基金出现亏损、遭遇基民的大量赎回，以至于触发清盘条件。由亏损引发赎回造成的清盘，对大部分投资者而言，肯定会有投资上的损失。

从流动性和资金使用效率来看，清盘过程通常需要几个月的时间，一旦启动清算程序，就不支持赎回了。在这段时间内，投资者的基金资产将会被冻结，等到清盘结束了才会将资金返回账户，期间只能拿到活期利息。这不仅降低资金的流动性和使用效率，付出了机会成本，还需要承担清算期间产生的清算费用。

此外，对指数基金投资而言，大熊市往往是建仓的好时机，而此时市场成交低迷，刚好是基金遭遇赎回的高峰期。如果因一时浮亏、遭遇大量赎回而被迫清盘，那么等到资金重回账户，有可能错失了在熊市中买入便宜筹码的机会，降低了资金的使用效率。

3.投资者如何应对基金清盘

基金清盘虽然不会让投资者血本无归，但会极大地降低资金的使用效率。因此，为了避免遇到基金清盘的情况，在指数基金投资的过程中，要尽量回避成立时间较短、低于1亿元的规模过小的基金。

一般来说，在清盘之前基金公司会提前30个工作日发布公告。因此，投资者买入基金后，要及时跟踪基金的规模变化，并关注基金公告，在清盘之前，找一个合适的机会将其赎回。

七、基金“买旧不买新”

基金公司每年都会发售一些新基金，从发行规模来看，股票型基金和偏股型基金的发行规模与股市行情大体上呈正相关关系，即市场越热，基金越爱扎堆发行，投资者越踊跃购买。

很多人都听过基金发行的“百亿魔咒”，它是指单只新发基金的规模达到一百亿元以上，可看成股票市场阶段性顶部的一个征兆。市场火热时，在赚钱效应的带动下，基民的买入热情高涨，基金规模增大，募集的资金用来买股票，推动股价上涨，从而带动基金净值不断上涨，而净值的上涨又吸引基民不断购入，如此形成正循环。因此，市场交投越活跃，基金公司越是趁热打铁，不断发行新基金。

购买新基金的原因大致有两个，一个是跟风买入热门行业、板块、概念的新基金，另一个是冲着明星基金经理的名气而买。

对于新基金的态度，笔者总体倾向于不买。原因主要有如下3个方面：

1.从费用来看，新基金通常高于旧基金

新基金在公开上市交易之前有一个认购期，在认购期内基金公司通过银行、券商、第三方平台等向投资者销售基金产品，募集资金。在认购期内买入基金需缴纳认购费。新基金的认购费率因基金不同而不同，通常最高不超过1.2%，最低为0。一般来说，销售越火爆的基金，认购费用不打折的概率就越大，对于每只基金的具体情况要具体查询。

相比而言，在第三方基金销售平台申购旧基金大都有1折的申购费优惠。因此，如果去认购费率不打折的新基金，从费用来说就不太划算。不过，费用并不是“买旧不买新”的主要原因。

2.从资金流动性来看，新基金不如旧基金

新基金在正式上市之前，主要经历如下两个阶段。

一是认购期。股票型基金和混合型基金认购期一般在1周到1个月不等，具体时间要取决于认购的情况，也有的火爆基金最快一天就募集结束了。为避免基金规模过大影响投资收益，基金会有一个募集规模限制，这个限额并无相关规定，一般为50亿~300亿元，超过限额就需要采取比例配售的方式。例如，2019年3月，傅鹏博的睿远成长价值混合火爆发行，一天就募集结束，并采取比例配售的方式确认份额。这个阶段，投资者只能认购基金，不可以赎回。

二是封闭期。新基金认购结束后，会有一个封闭期。封闭期是为了给基金提供一个相对平稳的建仓时间。这个建仓过程一般不超过3个月，具体建仓时间长短要取决于首发的规模、基金经理对市场的判断以及相应的建仓操作。

一般来说，募集规模越大的基金，建仓越慢。此外，如果处于市场熊市的下降通道中，基金经理的建仓速度就会比较慢，这主要取决于基金经理本人对后市的看法及操作思路。在封闭期内，基金不可以申购赎回。因此，从流动性来看，新基金不如旧基金。

3.从透明度来看，新基金不如旧基金

对于运作时间长的旧基金，经历了长时间的、牛熊更迭的市场考验，可以通过基金的历史持仓、历史业绩及回撤情况来判断基金经理的投资理念、操作风格和水平。如果业绩长期优秀、稳定，就说明该基金经理值得信任。新基金则没有历史数据作为参考，无法获取基金的风格、收益和风险等信息，投资者难以对这只基金做出评估。

如果是任职时间短的基金经理，没有历史业绩可以参考，更是无法判断其操作风格和管理水平。所谓“不懂不做”，除非特别相信该基金经理，否则无论新发的基金如何宣传，都应该持谨慎的态度。

从公募基金的总体发行规模来看，新基金密集发行，大都在大盘行情比较火热的时候，此时买入，由于新基金有一个建仓期，基金仓位比例不高，很可能跟不上大盘的走势。在大盘火热时发基金，募集速度快，规模容易做大，例如2007年和2015年，但是此时发行的基金后面的收益往往不理想。

在行情低迷时，有很多不错的、性价比很高的旧基金已经在市场上运行。另外，此时还有一些折价率很高的封闭式基金存在于市场。折价较高的基金天生具备一定的安全垫，未来一旦市场回暖，就可以收获折价收敛和净值上涨的双重收益，相对于刚发行的新基金也有一定的优势。此外，低迷时发行的新基金，如果申购清淡，规模上不去，长期处于5 000万元以下，那么存在一定的清盘风险。

对指数基金而言，由于新基金的建仓有一个过程，往往难以复制指数，跟踪误差较大。新的指数基金发行后，投资者购买前需要关注一段时间，观察其跟踪指数的情况以及规模发展情况，排除那些跟踪误差大以及长期规模太小的基金。

总之，笔者建议，投资者如果想认购新基金，就必须对基金经理有充分地了解，切记不要在基金公司或代销机构的宣传下冲动买入，更不要在行情过热时跟风买入。

第三章

常见指数及相应基金

我们知道，指数基金就是被动跟踪指数的基金。因此，选择指数基金首先就是要选择指数。那么，什么是指数？指数是如何编制出来的？当前市场上主要有哪些指数？本章将围绕这些问题逐一介绍。

一、指数的基本概念

股票指数由证券交易所或金融服务机构按特定的规则编制，用于反映这些股票的总体价格水平及其变动情况。股票指数中包含的一篮子股票被称为指数成分股。股票指数的不同点位，反映不同时期该指数成分股价格水平的相对高低，股票指数点位的变化反映了指数成分股的总体价格的涨跌情况。

指数的“指”是“指征”“指示”的意思，它是市场的一把标尺。A股市场中有几千只股票，要想知道今天股市的行情如何，不需要知道每只股票的涨跌，看市场的指数涨跌即可。

虽然指数中每一只成分股的涨跌都会影响该指数的整体表现，但是其涨跌对于指数整体涨跌的影响程度是不同的，这主要取决于指数的加权方式。指数的加权方式决定了指数中成分股所占的比例，常见的加权方式有市值加权、等权、策略加权等。关于指数的加权方式，将会在本章专门介绍。

A股市场上最知名的指数要数上证指数，平时说的大盘涨了，大盘跌了，大盘站上了3000点，说的就是上证指数。上证指数，全称是上证综合指数，代码是000001，它是上海证券交易所于1991年7月15日正式发布的，以1990年12月19日为基期，基期值（基点）为100，该指数由在上海证券交易所上市的符合条件的股票与存托凭证组成样本，反映上海证券交易所上市公司的整体表现。

虽然现在很多投资者觉得上证指数不能代表全市场的情况，但是由于发布得早，并且这么多年的习惯使然，上证指数依然是最受关注的指数，用它来表征市场涨跌依然沿用至今。

人们经常听到上证指数、深证成指、创业板指等指数，但是很少有人去探究指数到底是怎么编制出来的，指数中的成分股是如何影响指数的涨跌的。为了便于理解，下面用简单的例子来说明指数是如何编制与计算的。

极端情况下，假设某指数成分股只有一只股票，那么不存在指数编制的问题。指数的涨跌就是这只股票的涨跌。只要指数存在两只或两只以上的成分股，就涉及成分股权重的问题。

假设有一个名叫“家电龙头”的指数，里面只有两只股票：格力电器和美的集团，根据市值进行加权。2020年4月1日，两只股票的市值分别为3000亿元和2000亿元（提示：这里只是假设，不代表真实情况）。那么，5000亿元就是家电龙头指数的总市值。

4月2日，格力涨了10%，市值变成了3300亿元；美的跌了10%，市值变成了1800亿元。那么，总市值变成了5100亿元。则4月2日，家电龙头指数的涨跌幅就是：（5100−5000）/5000=2%。

上述是采用市值加权计算出的指数涨跌幅。由于格力在指数的总市值中占比为60%，因此，其对指数涨跌的影响是60%×10%=6%。美的在指数的总市值中占比为40%，因此，其对指数涨跌的影响是40%×（−10%）=−4%。将二者综合得出，家电龙头指数涨了2%。

虽然美的跌了，但整个指数是上涨的，因为权重更大的格力是上涨的。所以，权重越高的股票，其涨跌对指数的影响越大。

如果换成等权加权那么会是怎样呢？等权，顾名思义，就是权重相等，例如，中证医药100指数，该指数有100只成分股，按照等权方式加权，最初每只成分股的占比就是1%。

回到这个例子，如果采用等权方式加权，那么格力和美的的占比各自为50%，如果格力涨了10%，影响即为5%，美的跌了10%，影响即为（−5%），综合起来，指数不涨不跌。

因此，无论采用何种加权方式，谁权重高，谁对指数涨跌的影响就越大。

在实际编制过程中，为了便于标准化管理和比较，习惯设置一个起始点位，叫基点，基点对应的日期是基期，也就是指数点位起算的日期。

例如，我们设定2020年4月1日为家电龙头指数的基期，1000点为其基点。如果采用市值加权，那么4月2日，家电龙头指数的点位就变成了1000×（1+2%）=1020点。

二、指数的分类

本部分开始介绍指数的分类。根据投资对象划分，指数可分为股票指数、债券指数、商品指数等。从历史收益来看，股票指数的长期收益最高。因此，投资者应该将股票类指数基金作为投资的主力。下面分别介绍股票指数、债券指数和商品指数。

股票指数

股票指数即股票价格指数，是由证券交易所或金融服务机构编制的反映股票市场行情变动的指数。

股票指数，最简单的分类可分为宽基指数和窄基指数，窄基指数就是行业指数或主题指数。区分宽基指数和窄基指数就是看该指数的成分股有没有限定于某个行业或主题。宽基指数不限定行业或主题，反之则为窄基指数。

常见的宽基指数代表有：A股市场的上证50、沪深300、中证500、创业板指等；美股市场的标普500、纳斯达克100；日本股票市场的日经225；德国股票市场的德国DAX30指数等。

常见的窄基指数有：A股的消费类、医药类、信息类等行业类指数以及养老、环保等主题类指数，还有美股的标普信息科技指数等行业指数。

除了按照宽基、窄基进行划分，中证指数有限公司还有另外一种分类，即将指数分为综合、规模、行业、风格、主题、策略六大类。下面分别进行介绍。

1.综合指数

综合指数是指该指数的成分股中包含某市场内所有上市公司的股票，用于反映该市场整体的涨跌情况。例如，上证综指、深证综指、创业板综指就是典型的综合指数。当然，尽管是综合指数，计入指数的成分股还是有一些条件的。

比如，根据上证综指的最新规定，其样本空间由在上海证券交易所上市的股票和红筹企业发行的存托凭证组成，ST、*ST证券除外。样本调整遵循如下规定。自上市以来日均总市值排名在沪市前10位的证券于上市满3个月后计入指数，其他证券于上市满一年后计入指数。方案于2020年7月22日起实施。

“成指”，顾名思义，就是成分股指数，深证成指是由深圳证券市场中市值大、流动性好的前500只股票组成。同样，创业板综指不同于创业板指。创业板综指包含在深圳证券交易所创业板上市的全部股票，而创业板指是由创业板中市值大、流动性好的100只股票组成。

2.规模指数

规模指数是指从市值大小的角度来选择成分股。例如，上证50、沪深300、中证500、中证1000。上证50是超大市值股票的代表；沪深300是大市值股票的代表；中证500是中等市值股票的代表；中证1000则是小市值股票的代表。

3.行业指数

行业指数是按照行业对上市公司进行划分。需要提醒的是，不同的指数编制公司，行业分类标准有所不同，但总体相差不大。

例如，中证指数公司根据上市公司正式公告中不同业务的营业收入作为分类准则，如果仅通过公司主营业务收入无法确定行业分类，那么将同时考察主营业务收入与利润状况。中证指数公司将所有上市公司分为10个一级行业、26个二级行业、72个三级行业和162个四级行业。

恒生行业分类以各上市公司不同业务的营业收入为分类准则，若公司的盈利或资产更能反映业务状况，则亦会将之列入考虑。恒生行业分类由12种行业、31种业务类别，以及94种业务子类别组成。这里的12种行业和中证指数公司的10个一级行业类似。二者的一级行业分类分别如下。

中证指数公司：能源、原材料、工业、可选消费、主要消费、医药卫生、金融地产、信息技术、电信业务和公用事业。

恒生指数公司：能源业、原材料业、工业、非必需性消费、必需性消费、医疗保健业、金融业、地产建筑业、资讯科技业、电信业、公用事业和综合企业。

4.风格指数

风格指数是根据风格来划分市场上的股票，主要分为成长和价值。常见的指数有300价值、300成长、创蓝筹、创成长等。后来为满足投资需要，在此基础上做了进一步的划分，例如，大盘成长、大盘价值、中盘成长、中盘价值、小盘成长和小盘价值。

5.主题指数

主题指数是指围绕某一特定的投资主题开发的指数。例如，养老指数、环保指数、国企指数等。

6.策略指数

策略指数是指除单边做多的市值加权指数外的指数。传统指数的关键点是市值加权和单边做多，策略指数与传统指数的主要区别在于如下两点：一是加权方式。策略指数主要采用非市值加权方式，如基本面加权、波动率加权、等权等；二是多空、杠杆交易。策略指数可以采用多空两种方式，并可以运用杠杆，其他指数只能单边操作。由于A股市场交易规则限制杠杆和做空，常见的策略指数都是单边做多的。比如，红利类指数、低波类指数、基本面类指数等。

股票指数以及相应的指数基金是本书介绍的重点，后续会分章节详细介绍。

债券指数

债券指数是反映债券市场价格总体走势的指数，指数点位变化反映了对应债券组合行情的变动情况。市场上有基金跟踪的债券指数主要有：十年期国债、五年期国债、五年期地方债、城投债等。表3—1所示为规模在1亿元以上的部分债券指数及其跟踪的基金。

表3—1　规模在1亿元以上的部分债券指数及其跟踪的基金

基金代码	基金名称	跟踪指数简称	基金规模（亿元）	基金成立日
511060	海富通上证 5 年期 ETF	上证 5 年期地债	63.03	2019-11-07
511030	平安中债债利差因子 ETF	中债－中高等级公司债利差因子净价（总值）指数	53.18	2018-12-27
159972	鹏华中证 5 年地债 ETF	5 年地债	40.31	2019-08-23
511220	海富通上证城投债 ETF	沪城投债	17.61	2014-11-13
511020	平安中证 5-10 年国债活跃券 ETF	中证平安 5-10 年国债	11.55	2018-12-21
511270	海富通上证 10 年期 ETF	上证 10 年地债	8.30	2018-10-12

续表

基金代码	基金名称	跟踪指数简称	基金规模（亿元）	基金成立日
159988	平安中债-0-5年地方债ETF	中债-0-5年广东省地方政府债全价(总值)指数	6.62	2020-04-29
511010	国泰上证5年期国债ETF	5年国债	5.56	2013-03-05
511050	兴业上证1-5年期地方政府债ETF	上证1-5年地债	4.02	2020-06-18
511260	国泰上证10年期国债ETF	10年期国债	1.89	2017-08-04

截止时间：2020年3月31日

还有一类指数，其风险收益介于债券和股票之间，称为可转债。可转债是可转换债券的简称，可转债的持有人可按照发行时约定的价格将债券转换成公司的普通股票。如果可转债持有人不想转换，那么可以继续持有债券，可以一直持有到偿还期满时收取本金和利息，也可以中途在流通市场上出售变现。可转债利率一般低于普通公司的债券利率。

市场上跟踪可转债的指数主要有中证可转债及可交换债券指数（931078）。该指数样本券由沪深交易所上市的可转换公司债券和可交换公司债券组成，采用市值加权计算，反映沪深交易所可转换公司债券和可交换公司债券的整体表现。目前跟踪该指数的规模较大的基金有博时可转债ETF（511380），成立于2020年3月6日，截至2020年6月30日，规模为5.77亿元。

商品指数

商品指数是反映市场上某类商品价格变动和走势的指数。市场上常见的商品指数主要跟踪黄金、原油、白银等，还有一些跟踪商品期货指数，如豆粕期货、有色金属期货等。

市场上较为常见的跟踪黄金、白银价格的指数基金情况如表3—2所示。

表3—2　市场上较为常见的跟踪黄金、白银价格的指数基金情况

基金代码	基金名称	跟踪指数简称	基金规模（亿元）	基金成立日
518880	华安黄金易ETF	黄金9999	89.15	2013-07-18
159937	博时黄金ETF	黄金9999	57.11	2014-08-13
002611	博时黄金ETF联接C	黄金9999	50.95	2016-05-27

续表

基金代码	基金名称	跟踪指数简称	基金规模（亿元）	基金成立日
000217	华安黄金易 ETF 联接 C	黄金 9999	32.05	2013-08-22
159934	易方达黄金 ETF	黄金 9999	31.18	2013-11-29
000216	华安黄金易 ETF 联接 A	黄金 9999	22.65	2013-08-22
002963	易方达黄金 ETF 联接 C	黄金 9999	12.41	2016-07-01
161226	国投瑞银白银期货 (LOF)	沪银	10.96	2015-08-06
000307	易方达黄金 ETF 联接 A	黄金 9999	10.88	2016-05-26
000930	博时黄金 I	黄金 9999	5.90	2014-12-18
518800	国泰黄金 ETF	黄金 9999	5.61	2013-07-18
002610	博时黄金 ETF 联接 A	黄金 9999	5.17	2016-05-27
000218	国泰黄金 ETF 联接 A	黄金 9999	1.45	2016-04-13

截止时间: 2020年3月31日

市场上较为常见的跟踪原油的指数基金情况如表3—3所示。

表3—3　市场上较为常见的跟踪原油的指数基金情况

基金代码	基金名称	跟踪指数简称 / 业绩比较基准	基金规模（亿元）	基金成立日	类型
162411	华宝标普油气上游股票人民币 A	标普石油天然气上游股票指数	21.91	2011-09-29	LOF
160416	华安标普全球石油指数	标普全球石油净总收益指数	18.37	2012-03-29	LOF
162719	广发道琼斯石油指数人民币 A	道琼斯美国石油开发与生产指数	2.29	2017-02-28	LOF
004243	广发道琼斯石油指数人民币 C	道琼斯美国石油开发与生产指数	0.73	2017-02-28	LOF
501018	南方原油 A	60%WTI 原油价格收益率 + 40%BRENT 原油价格收益率	16.67	2016-06-15	FOF
160723	嘉实原油 (QDII-LOF)	100%WTI 原油价格收益率	12.88	2017-04-20	FOF
006476	南方原油 (QDII-FOF-LOF)C	60%WTI 原油价格收益率 + 40%BRENT 原油价格收益率	5.67	2018-10-08	FOF
163208	诺安油气能源	标普能源行业指数（净收益）	5.52	2011-09-27	FOF
161129	易方达原油 A 类人民币	标普高盛原油商品指数	5.11	2016-12-19	FOF
003321	易方达原油 C 类人民币	标普高盛原油商品指数	2.87	2016-12-19	FOF

截止时间: 2020 年 3 月 31 日

表3-3中，前4只基金为指数基金，剩下的为FOF基金（Fund of Funds），FOF基金是指投资基金的基金。FOF基金不同于指数基金，无跟踪标的。因此，表中的FOF基金列示其业绩比较基准。

市场上较为常见的跟踪商品期货指数的指数基金情况如表3—4所示。

表3—4　市场上较为常见的跟踪商品期货指数的指数基金情况

基金代码	基金名称	跟踪指数简称	基金规模（亿元）	基金成立日
159985	华夏饲料豆粕期货 ETF	大商所豆粕期货价格指数	5.19	2019-09-24
159981	建信易盛能源化工期货 ETF	易盛能化 A	2.01	2019-12-13
159980	大成有色金属期货 ETF	上期有色金属指数	1.90	2019-10-24
007937	华夏饲料豆粕期货 ETF 联接 A	大商所豆粕期货价格指数	1.87	2020-01-13
007911	大成有色金属期货 ETF 联接 C	上期有色金属指数	1.10	2019-10-30
007938	华夏饲料豆粕期货 ETF 联接 C	大商所豆粕期货价格指数	0.61	2020-01-13
007910	大成有色金属期货 ETF 联接 A	上期有色金属指数	0.43	2019-10-30

截止时间：2020年3月31日

下一章节，开始介绍市场上较为常见的或具有一定代表性的股票类指数，指数数据主要来源于中证官网、国证官网等。何为常见？主要是跟踪的基金较多，规模较大。所谓“巧妇难为无米之炊”，一只指数再好，如果没有基金跟踪，投资者也无法进行投资。

根据Choice数据，截至2020年7月1日，全市场的股票类指数基金（不含QDII指数基金）就有近1 000只（A、C单独计算）。其中，1亿元规模以上的就有580只左右。指数及跟踪的基金众多，本书无法一一介绍。书中列示的基金综合考虑了规模以及代表性，仅为部分基金。这里需要说明的是，指数的持仓以及基金的规模等数据均处于动态变化中。

一般来说，宽基指数的跟踪基金最多，市场的关注度也最高。策略和行业指数跟踪的基金相对较少，但是，随着指数化投资越来越盛行，这些年也陆续出现了不少优秀的策略指数和行业指数。

三、宽基指数

对于指数基金的投资者，指数基金就像武器库、工具箱，所谓“工欲善其事、必先利其器”，只有充分了解这些武器的构造，选择“趁手”的、适合自己的品种，并娴熟地使用它，才能打好投资这场“战役”。

由于指数基金是完全复制、被动跟踪指数的基金，所以，想做好指数化投资，对指数的研究是重头戏。从本节开始，将陆续介绍市场上常见的宽基指数、策略指数和行业指数。

市场上最常见的宽基指数有上证50、中证100、沪深300、中证500、创业板指、上证180、深证100、中小板指、中证800等。下面重点介绍几个具有代表性的宽基指数。

上证50指数

上证50指数（代码：000016），于2004年1月2日发布。由沪市A股中规模大、流动性好、最具代表性的50只股票组成，反映上海证券市场最具影响力的一批龙头公司的股票价格表现。

上证50指数的样本空间为沪市A股中的股票，剔除如下两种：一是上市时间不足一个季度的股票，除非该股票的日均总市值排在沪市的前18位；二是暂停上市的股票。

选样方法：对样本空间内的股票按照最近一年总市值、成交金额进行综合排名，选取排名前50位的股票组成样本，但市场表现异常并经专家委员会认定不宜作为样本的股票除外。

有些指数不仅严格按照编制规则选股，还要经过专家委员会的再次筛选，采用规则选股和人工筛选相结合的方式选样。该指数的基日为2003年12月31日，基值为1000，每半年调样一次。截至2020年6月，上证50指数的平均市值是3122亿元，是沪市超大市值股票的代表。

截至2020年7月1日，其前十大权重股及占比如表3—5所示。

表3—5　上证50指数前十大权重股

代　码	简　称	行　业	权　重(%)
601318	中国平安	金融地产	13.4
600519	贵州茅台	主要消费	12.64
600036	招商银行	金融地产	6.04
600276	恒瑞医药	医药卫生	5.69

续表

代　　码	简　　称	行　　业	权　　重(%)
600030	中信证券	金融地产	3.54
601166	兴业银行	金融地产	3.39
600887	伊利股份	主要消费	3.26
601398	工商银行	金融地产	2.94
601888	中国中免	可选消费	2.75
601328	交通银行	金融地产	2.39

从表3—5中可以看出，前十大权重股合计就占了整个指数持仓的50%以上，可见，上证50的成分股较为集中。

上证50指数行业占比如表3—6所示。

表3—6　上证50指数行业占比

行业名称	金融地产	主要消费	工业	医药卫生	可选消费	原材料	公用事业	能源	信息技术	电信业务
占比	50.34%	15.90%	8.29%	8.02%	4.91%	4.87%	0.00%	2.40%	3.00%	2.28%

从行业占比来看，金融地产就占了50%以上，其次是主要消费和工业。在研究行业占比的同时，还要注意市值大的成分股在指数行业中的占比情况，例如，主要消费15.9%，其中贵州茅台占12.64%，伊利股份占3.26%。

可见，上证50指数是沪市大市值蓝筹股的代表，并且行业分布上主要集中在金融地产行业。表3—7所示为部分跟踪上证50指数的基金情况（A、C份额单独列示）。

表3—7　部分跟踪上证50指数的基金情况

证券代码	证券名称	基金规模（亿元）	基金成立日
510050	华夏上证 50ETF	426.17	2004-12-30
510850	工银瑞信上证 50ETF	20.09	2018-12-07
001051	华夏上证 50ETF 联接 A	15.64	2015-03-17
001548	天弘上证 50 指数 A	9.95	2015-07-16
001549	天弘上证 50 指数 C	8.77	2015-07-16
510710	博时上证 50ETF	7.36	2015-05-27
005733	华夏上证 50ETF 联接 C	6.39	2018-03-08
001237	博时上证 50ETF 联接 A	4.44	2015-05-27
502048	易方达上证 50 指数分级	4.06	2015-04-15
006221	工银上证 50ETF 联接 C	2.91	2018-12-25

截止时间：2020 年 3 月 31 日

这里只列出规模居前十的基金。从表3-7中可以看出，指数基金有着非常明显的先发优势，华夏上证50ETF成立时间最早，规模比同类基金大很多。

沪深300指数

沪深300指数是市场上最常见、最知名的指数，经常被公募基金以及一些自建组合拿来作为业绩比较基准。该指数发布于2005年4月8日，是由上海和深圳证券市场中市值大、流动性好的300只股票组成，综合反映在A股市场上市股票价格的整体表现。作为市场上最受关注的指数，沪深300指数的成分股以大盘蓝筹为主。

由于沪深300指数中既有沪市的股票又有深市的股票，所以，上海证券交易所和深圳证券交易所分别给了沪深300指数一个代码，为000300和399300。

样本空间：沪深300指数的成分股从沪深A股中选出，但必须具备如下两个条件。

（1）对于非创业板股票，需满足上市时间超过一个季度，除非该股票自上市以来日均A股总市值在全部沪深A股（非创业板股票）中排在前30位。对于创业板股票，要求上市时间超过3年。

（2）非ST、*ST，非暂停上市股票。

选样方法：沪深300指数按如下方法选择出经营良好、无违法违规事件、财务报告无重大问题、股票价格无明显异常波动或市场操控的公司。

① 计算样本空间内股票最近一年（新股为上市第四个交易日以来）A股日均成交金额与A股日均总市值；

② 对样本空间股票在最近一年的A股日均成交金额由高到低排名，剔除排名在后50%的股票；

③ 对剩余股票按照最近一年A股日均总市值由高到低排名，选取前300只股票作为指数样本。

该指数的基日为2004年12月31日，基值为1 000点，每半年调样一次。截至2020年6月，沪深300的平均市值是1 146亿元，是两市大市值股票的代表。

截至2020年7月1日，沪深300指数前十大权重股如表3-8所示。

表3—8　沪深300指数前十大权重股

代　码	简　称	行　业	权　重(%)
601318	中国平安	金融地产	5.27
600519	贵州茅台	主要消费	4.97
600036	招商银行	金融地产	2.38
000858	五粮液	主要消费	2.34
600276	恒瑞医药	医药卫生	2.24
000333	美的集团	可选消费	2.03
000651	格力电器	可选消费	1.83
002475	立讯精密	信息技术	1.44
600030	中信证券	金融地产	1.4
601166	兴业银行	金融地产	1.33

前十大权重股占比是25.23%，较为分散。从前十大权重股可以看出，指数成分股不仅包含茅台、招行、平安等沪市蓝筹股，还包括五粮液、美的集团、格力电器等深市的大市值蓝筹股。

沪深300指数行业占比如表3—9所示。

表3—9　沪深300指数行业占比

行业名称	金融地产	主要消费	信息技术	工业	可选消费	医药卫生	原材料	电信业务	公用事业	能源
占比	33.06%	14.35%	10.98%	10.94%	9.68%	9.26%	5.73%	2.52%	2.04%	1.44%

对于行业占比，我们通常要关注如下两点：

一是行业分布是否均匀，有没有一两个行业独大的情况。一般来说，均匀的行业分布有利于行业风险的分散。然而，是分散好，还是集中好，是一个见仁见智的问题。如果一只宽基指数的某单个行业占比非常高，例如超过30%，就要特别注意这个行业对整个宽基指数的影响。

二是关注占比靠前的三大行业。每只指数无论采用什么样的编制方式，最终都要落脚到行业分布和个股上。关注占比排在前三的行业，可以了解该指数主要偏重于哪些行业，对以后理解估值会有帮助。比如，截至2020年7月，全市场36只银行股，有28只在上海证券交易所上市，且银行股的市值通常较大。因此，如果宽基的选样范围是上交所，那么，一般而言，银行业占比就比较高，而银行业的整体估值较低。因此，银行业占比高的指数，估值通常也比较低。

回到沪深300指数，截至2020年7月1日，其前十大行业中，金融地产占比最高，为33.06%。行业分布较上证50指数更为均匀，前三大行业分别为金融地产、主要消费和信息技术。跟踪沪深300指数的指数基金是最多的，截至2020年3月31日，共有七十多只基金跟踪该指数，在表3—10中列出了规模排名前20的指数基金(A、C份额单独列示)，供读者参考。

表3—10 部分跟踪沪深300指数的指数基金情况

证券代码	证券名称	基金规模(亿元)	基金成立日
510300	华泰柏瑞沪深 300ETF	408.47	2012-05-04
510330	华夏沪深 300ETF	272.36	2012-12-25
159919	嘉实沪深 300ETF	260.21	2012-05-07
160706	嘉实沪深 300ETF 联接 (LOF)A	172.97	2005-08-29
000051	华夏沪深 300ETF 联接 A	140.42	2009-07-10
510310	易方达沪深 300 发起式 ETF	83.75	2013-03-06
515380	泰康沪深 300ETF	65.64	2019-12-27
515330	天弘沪深 300ETF	58.86	2019-12-05
050002	博时沪深 300 指数 A	55.88	2003-08-26
110020	易方达沪深 300 发起式 ETF 联接 A	52.34	2009-08-26
000613	国寿安保沪深 300ETF 联接	48.66	2014-06-05
510380	国寿安保沪深 300ETF	44.86	2018-01-19
005918	天弘沪深 300ETF 联接 C	39.32	2018-04-24
510350	工银瑞信沪深 300ETF	33.39	2019-05-20
510360	广发沪深 300ETF	30.77	2015-08-20
481009	工银沪深 300 指数 A	28.97	2009-03-05
510390	平安沪深 300ETF	28.43	2017-12-25
000961	天弘沪深 300ETF 联接 A	25.12	2015-01-20
020011	国泰沪深 300 指数 A	18.66	2007-11-11
515660	国联安沪深 300ETF	18.33	2019-11-25

截止时间：2020年3月31日

中证100指数

中证100指数，沪市和深市的代码分别为000903和399903，于2006年5月29日发布，由沪深300指数成分股中选取规模最大的100只股票组成，综合反映了A股市场中最具市场影响力的一批大市值公司的股票价格表现。

这里分享一个小技巧，以“中证”开头的，都是从沪深两市中选样，例如，中证100指数，中证500指数；以“上证”开头的，很显然是从沪市中选样，例如，上证

50指数；以“深证”开头的，从深市中选样，例如，深证100指数。

由定义就可以看出，中证100的样本空间是沪深300指数，相当于沪深300的浓缩版。

选样方法是对样本空间内股票按照最近一年（新股为上市以来）的日均总市值进行排名，原则上选取排名在前100名的股票作为指数样本，但经专家委员会认定不宜作为样本的股票除外。该指数的基日为2005年12月30日，基值为1 000点，每半年调样一次。截至2020年6月，中证100的平均市值是2 377亿元，是两市大市值股票的代表。截至2020年7月1日，其前十大权重股及占比如表3—11所示。

表3—11　中证100指数前十大权重股

代码	简称	行业	权重(%)
601318	中国平安	金融地产	8.09
600519	贵州茅台	主要消费	7.63
600036	招商银行	金融地产	3.65
000858	五 粮 液	主要消费	3.59
600276	恒瑞医药	医药卫生	3.44
000333	美的集团	可选消费	3.11
000651	格力电器	可选消费	2.81
002475	立讯精密	信息技术	2.2
600030	中信证券	金融地产	2.14
601166	兴业银行	金融地产	2.05

前十大权重股占比为38.71%。中证100指数行业占比如表3—12所示。

表3—12　中证100指数行业占比

行业名称	金融地产	主要消费	可选消费	工业	医药卫生	信息技术	原材料	公用事业	电信业务	能源
占比	41.93%	18.96%	10.76%	7.55%	5.81%	5.31%	3.83%	2.25%	1.86%	1.74%

从行业占比来看，前三大行业分别为金融地产、主要消费和可选消费。

如果投资者希望集中配置A股的大市值企业，但认为沪深300指数过于分散、上证50指数只选择了沪市股票又不够全面，那么可以选择中证100指数。部分跟踪中证100指数的指数基金情况如表3—13所示(A、C份额单独列示，且只列示规模2亿元以上的基金）。

表3—13　部分跟踪中证100指数的指数基金情况

证券代码	证券名称	基金规模（亿元）	基金成立日
240014	华宝中证 100 指数 A	6.27	2009-09-29
512910	广发中证 100ETF	3.86	2019-05-27
519100	长盛中证 100 指数	3.37	2006-11-22
515670	中银中证 100ETF	3.24	2020-04-17
320010	诺安中证 100 指数	2.39	2009-10-27
410008	华富中证 100 指数	2.36	2009-12-30

截止时间：2020年3月31日

中证500指数

中证500指数，沪市和深市的代码分别为000905和399905，于2007年1月15日发布。中证500指数由全部A股中剔除沪深300指数成分股及总市值排名前300名的股票后，总市值排名靠前的500只股票组成，综合反映A股市场中一批中小市值公司的股票价格表现。中证500指数是A股市场中等市值股票的代表。

样本空间：中证500指数的样本空间同沪深300指数。

选样方法：（1）在样本空间中剔除沪深300指数样本股及最近一年日均总市值排名前300的股票；（2）将剩余股票按最近一年（新股为上市以来）日均成交金额由高到低排名，剔除排名后20%的股票；（3）将剩余股票按照最近一年日均总市值由高到低排名，选取排名前500名的股票。

实际上，我们从指数概念中就能大致看出中证500指数的编制规则。因此，笔者建议，指数基金的投资者对于其投资的指数，即使不想进行深度研究，对于指数的基本概念还是要认真阅读。因为基本概念已经包含了一只指数的绝大部分信息。

中证500指数的基日为2004年12月31日，基值为1 000点，每半年调样一次。截至2020年6月，中证500指数的平均市值是190亿元，是两市中小市值股票的代表。截至2020年7月1日，其前十大权重股及占比如表3—14所示。

表3—14　中证500指数前十大权重股及占比

代码	简称	行业	权重（%）
300253	卫宁健康	医药卫生	0.74
002127	南极电商	工业	0.74

续表

代码	简称	行业	权重(%)
002821	凯莱英	医药卫生	0.67
600201	生物股份	医药卫生	0.63
002185	华天科技	信息技术	0.61
600739	辽宁成大	工业	0.6
300088	长信科技	信息技术	0.57
300558	贝达药业	医药卫生	0.56
300012	华测检测	工业	0.55
002439	启明星辰	信息技术	0.54

中证500指数的前十大权重股的占比只有6.21%，权重占比主要和两个因素有关，一个是成分股个股，另一个是加权方式。对于该内容以后会专门讲解。

中证500指数行业占比如表3—15所示。

表3—15　中证500指数行业占比

行业名称	工业	信息技术	医药卫生	原材料	可选消费	金融地产	主要消费	公用事业	电信业务	能源
占比	19.99%	16.25%	15.47%	15.39%	11.20%	8.77%	6.79%	2.30%	2.23%	1.63%

中证500指数的行业分布较为均匀，前三大行业分别为工业、信息技术和医药卫生。跟踪中证500指数的指数基金有五十余只，在表3—16中列示了规模排名前20位的基金(A、C份额单独列示）。

表3—16　部分跟踪中证500指数的指数基金情况

证券代码	证券名称	基金规模(亿元)	基金成立日
510500	南方中证 500ETF	394.60	2013-02-06
160119	南方中证 500ETF 联接 (LOF)A	85.86	2009-09-25
512500	华夏中证 500ETF	54.46	2015-05-05
510510	广发中证 500ETF	44.02	2013-04-11
001052	华夏中证 500ETF 联接 A	35.46	2015-05-05
159922	嘉实中证 500ETF	30.25	2013-02-06
002903	广发中证 500ETF 联接 (LOF)C	21.38	2016-06-15
510590	平安中证 500ETF	21.09	2018-03-23
162711	广发中证 500ETF 联接 (LOF)A	20.77	2009-11-26
000008	嘉实中证 500ETF 联接 A	19.24	2013-03-22
004348	南方中证 500ETF 联接 (LOF)C	17.99	2017-02-23
000962	天弘中证 500 指数 A	15.79	2015-01-20
159968	博时中证 500ETF	13.61	2019-08-01

续表

证券代码	证券名称	基金规模(亿元)	基金成立日
005919	天弘中证 500 指数 C	9.43	2018-04-24
510580	易方达中证 500ETF	8.04	2015-08-27
001241	国寿安保中证 500ETF 联接	7.27	2015-05-29
510560	国寿安保中证 500ETF	6.87	2015-05-29
512510	华泰柏瑞中证 500ETF	6.77	2015-05-13
510530	工银中证 500ETF	4.95	2019-10-17
007028	易方达中证 500ETF 联接 A	4.13	2019-03-20

截止时间：2020年3月31日

创业板指数

2009年10月23日，中国创业板举行开板启动仪式。首批上市28家创业板公司。同年10月30日，中国创业板正式上市。其开设的主要目的是为高科技企业、创业型企业提供融资渠道。

创业板指数（代码：399006）于2010年6月1日由深圳证券交易所发布，是由创业板中市值大、流动性好的100只股票组成的，反映创业板市场的运行情况。从概念中可以得知，创业板指的成分股是从深圳证券交易所创业板上市交易的股票中选择。

样本空间为在深圳证券交易所创业板上市交易且满足下列条件的所有A股：（1）上市时间超过6个月，A股总市值排名位于深圳市场前1%的股票除外；（2）公司最近一年无重大违规、财务报告无重大问题；（3）公司最近一年经营无异常、无重大亏损；（4）考察期内股价无异常波动等。

创业板指数的基日为2010年5月31日，基值为1 000点，每半年调样一次。截至2020年6月30日，其前十大权重股及占比如表3—17所示。

表3—17　创业板指数前十大权重股及占比

代　码	简　称	行　业	权　重(%)
300750	宁德时代	工业	6.26
300760	迈瑞医疗	医药卫生	5.48
300059	东方财富	金融	5.35
300498	温氏股份	主要消费	4.66
300142	沃森生物	医药卫生	3.34
300015	爱尔眼科	医药卫生	3.24

续表

代　码	简　称	行　业	权　重(%)
300014	亿纬锂能	信息技术	2.53
300122	智飞生物	医药卫生	2.41
300347	泰格医药	医药卫生	2.30
300601	康泰生物	医药卫生	2.10

创业板指数行业占比如表3—18所示。

表3—18　创业板指数行业占比

行业名称	信息技术	医药卫生	工业	金融地产	主要消费	可选消费	电信业务	原材料	公用事业	能源
占比	29.63%	30.78%	14.80%	6.03%	6.00%	5.55%	3.74%	3.47%	0.00%	0.00%

从行业分布来看，创业板指数的成分股主要集中在信息技术、医药、工业这三大行业，这些行业是创新型、创业型公司的聚集地。反之，金融地产、能源等传统行业占比较低。此外，在关注行业分布的同时也要注意大市值股票在指数行业中的占比情况，例如，主要消费共占6%，而一家温氏股份就占了4.66%；金融地产占6.03%，其中一家东方财富就占了5.35%。东方财富虽然属于金融行业，但是与传统的金融行业还是有所区别，它体现了互联网、传媒、证券业务等多种业务的跨界融合。在表3—19中列出了跟踪创业板指数的指数基金，这里只列出规模排名在前20位的供读者参考。

表3—19　部分跟踪创业板指数的指数基金情况

证券代码	证券名称	基金规模(亿元)	基金成立日
159915	易方达创业板 ETF	180.17	2011-09-20
110026	易方达创业板 ETF 联接 A	40.23	2011-09-20
161022	富国创业板指数分级	38.87	2013-09-12
159977	天弘创业板 ETF	30.87	2019-09-12
001593	天弘创业板 ETF 联接基金 C	21.44	2015-07-08
159952	广发创业板 ETF	14.46	2017-04-25
159948	南方创业板 ETF	13.88	2016-05-13
001592	天弘创业板 ETF 联接基金 A	11.00	2015-07-08
002656	南方创业板 ETF 联接 A	10.06	2016-05-20
004744	易方达创业板 ETF 联接 C	9.72	2017-06-02
003766	广发创业板 ETF 联接 C	7.24	2017-05-25
004343	南方创业板 ETF 联接 C	3.14	2017-02-23
159810	浦银安盛创业板 ETF	2.66	2020-06-12

续表

证券代码	证券名称	基金规模（亿元）	基金成立日
159957	华夏创业板 ETF	2.11	2017-12-08
159958	工银瑞信创业板 ETF	1.95	2017-12-25
160637	鹏华创业板分级	1.90	2015-06-09
003765	广发创业板 ETF 联接 A	1.64	2017-05-25
159908	博时创业板 ETF	1.37	2011-06-10
005391	工银创业板 ETF 联接 C	1.09	2018-03-21
160223	国泰创业板指数（LOF）	1.09	2016-11-11

截止时间：2020年3月31日

宽基指数是市场上指数基金跟踪最多的指数，跟踪的资金规模较大，是市场中的主流指数。因此，其选样方法和过程介绍得较为详细，下一部分重点介绍行业/主题指数。

四、行业/主题指数

行业/主题指数，顾名思义，就是选样范围集中在某一个行业或主题的指数。

宽基指数和行业指数最大的区别在于选样标准不同带来的风险不同，前者不限定行业，一定程度上分散了行业的风险，而投资后者则要考虑每个行业自身的风险。在介绍行业指数之前，我们先来了解行业的分类。

目前国际通行的行业分类标准是标准普尔与摩根士丹利公司联合发布的GICS（全球行业分类标准），我国也不例外，虽然市场上有证监会分类、申万行业分类、中证行业分类、恒生行业分类等各种行业分类方法，但大都是在GICS的基础上做出的调整。

由于目前市场上绝大部分基金跟踪的指数以中证指数公司和国证指数公司发布的指数为主，这里就以中证指数公司的行业分类为例来进行介绍。

中证指数公司的行业分类标准为四级分类，一级行业十个，分别为：00能源、01原材料、02工业、03可选消费、04主要消费、05医药卫生、06金融地产、07信息技术、08电信业务、09公用事业。

国证行业分类标准为四级分类，一级行业11个，这里不做详细阐述，具体可查询国证官网。

在中证一级行业下，还有更加细分的二、三、四级行业。在这里大体上做个总结归纳。中证的行业分类简表如表3—20所示。

表3—20　中证的行业分类简表

一级行业名称	主要包括行业
能源	石油、煤炭、天然气等
原材料	化工、有色、钢铁、建筑材料、包装、纸类等
工业	航空航天、建筑与工程、电气设备、机械制造、交通运输等
可选消费	汽车、纺织服装、珠宝、旅游、酒店餐饮、传媒、零售业等
主要消费	食品饮料、烟草、农牧渔产品
医药卫生	医疗器械与服务、医药生物
金融地产	银行、券商、保险、房地产
信息技术	计算机软硬件、互联网服务、半导体
电信业务	电信运营与增值服务、通信设备
公用事业	电力、水务、燃气、供热、电网等

每个行业都是维持社会经济运行不可或缺的一部分，上述划分基本涵盖了社会上的各行各业。

根据行业发展是否呈明显的周期性波动，还可以将行业分为弱周期性行业和强周期性行业。

弱周期性行业包括主要消费和医药，这些行业需求呈刚性，与宏观经济周期关系较弱。无论经济景气度如何，日常所需的食品饮料、农牧渔产品还是要吃，该看病吃药的还是要去，因此这两个行业对经济周期的敏感度较低。

能源、原材料、工业、金融地产等与经济周期关系较大，行业的发展随着宏观经济的景气度呈明显的周期性波动，被称为强周期性行业。从行业指数的长期走势来看，弱周期性行业呈现出长期震荡向上的态势，而强周期性行业指数的走势经常呈现出上上下下的周期性波动。

除了按这十个标准行业划分，还有一种划分行业的方式是按照主题来划分。例如，科技主题、养老主题、环保主题、国企改革主题等。主题指数往往围绕着某个特定的主题来选择成分股。例如，养老主题可能涉及医药、消费、保险等与养老相关的行业。按主题划分是对行业分类的一个补充。

中证指数公司根据十个一级行业开发出了十个相应的指数，分别为全指能源、全指材料、全指工业、全指可选、全指消费、全指医药、全指金融、全指信息、全指电信和全指公用。这个系列指数都是以2004年12月31日为基日，以1 000点为基点，截至2020年7月3日收盘，中证十大一级行业的全收益指数情况如表3—21所示。

表3—21　中证十大一级行业的全收益指数情况

全收益指数名称	指数点位
全指消费	21574.29
全指医药	15635.67
全指金融	8299.95
全指信息	7873.05
全指电信	7285.28
全指可选	6035.43
全指工业	3699.08
全指材料	3462.32
全指公用	2536.16
全指能源	1802.07

从表3—21中可以看出，长期来看，行业之间的表现差异非常大。表现较好的行业有消费（特指主要消费）、医药、金融行业，而排名靠后的主要有能源、公用行业。巴菲特和知名的基金经理彼得·林奇都比较偏好日常消费股。

实际上，行业天然有好坏之分，有的行业辛苦不赚钱，有的行业不辛苦，却可以赚到不错的利润。那么，什么样的行业谓之好行业呢？在笔者看来，好行业至少应该满足如下几个条件。

一是需求稳定。公司的产品不会受到经济周期的影响而出现需求大幅下滑的情况。例如，巴菲特投资的可口可乐、喜诗糖果、吉列等消费品公司，无论经济景气度如何，人们对于这些日常消费品的需求存在刚性。而一些强周期性行业，例如，钢铁、有色金属等，在经济景气年份，需求旺盛，利润颇丰，而在经济低迷时期，需求萎靡，甚至全行业亏损。投资这样的行业，对择时要求较高，一旦介入时机不对，就很可能遭遇大幅亏损。

二是产品存在差异化。差异化是定价权的前提，一旦产品缺乏核心技术、没有创新，就可能会陷入同质化，而同质化的、没有定价权的产品，最终会陷入低价竞争和无序竞争之中，在这样的竞争格局下，企业想赚钱基本会很难。

三是具备护城河。巴菲特在其致股东的信中反复提到了一句话——“寻找有护城河的企业”。因此，好行业一定是具备护城河的行业，只有具备阻挡竞争者进入的能力，才能在竞争中保持优势，持续获得超额利润。这种护城河通常体现为品牌优势、成本优势、规模优势、网络效应等。

四是公司再投资需求小且能获取持续稳定的现金流。关于这一点，巴菲特的好搭档查理·芒格曾经说过：“世界上有两种生意，第一种可以每年赚12%的收益，到年底股东可以拿走所有的利润；第二种也可以每年赚12%，但是你不得不把赚来的钱重新投资，然后指着所有的厂房设备对股东们说，这就是你们的利润。我恨第二种生意。”好行业会赚得真金白银，并分给投资者。那些不得不依靠不断更新技术、升级设备来保持竞争力的生意，长期来看，不是一个好生意，很难给投资者带来好的回报。

从上述几点可以看出，消费和医药具备好行业的一些特征。那么，其他行业是不是就要放弃呢？也不尽然。如果能在周期性行业景气度落入谷底的时候开始投资，等到行业恢复景气度时卖出，一般可以获得不错的收益。但是这些强周期性行业对投资者的择时能力要求很高，投资难度相对较大。

下面从市场上众多的行业和主题指数中，挑选出一些常见的指数，进行详细介绍。同时为方便查找，将相应的基金列示其后。

这里需要注意的是，分级基金大多在2014年、2015年，尤其是2015年成立，由于分级基金成立时特殊的结构化设计，使其费率相对较高，但在没有拆分的情况下，分级母基金就是普通的指数基金。在前面章节中介绍过，在跟踪同一指数的基金中，我们要尽量选择费率更低的指数基金。因此，在列示基金时，如果一只指数只有分级基金跟踪，那么列在表中，如果有其他类型的基金跟踪，我们会酌情减少分级基金的列示。例如，跟踪中证银行的鹏华银行分级（160631），管理费和托管费合计占比1.22%，而同样跟踪中证银行，华宝中证银行ETF（512800）管理费和托管费合计占比只有0.6%。

主要消费行业

消费行业其实分为两种：一种是主要消费，也叫必需消费，相关企业生产的产品主要是柴米油盐酱醋茶等与日常生活息息相关的产品，需求呈刚性；另一种是可选消费，顾名思义，就是为了改善生活而进行的可以选，也可以不选的消费。例如，汽车、旅游、珠宝、传媒娱乐等，其产品需求受经济景气度的影响较大。

常见的主要消费行业指数有：全指消费指数、中证消费指数、国证食品指数、中证白酒指数等。

全指消费指数（代码：000990），是从中证全指样本股的主要消费行业内，选择流动性和市场代表性较好的股票构成指数样本股，用于反映沪深两市主要消费行业内公司股票的整体表现。

从名称中也可以看出其选样的范围，全指就是指中证全指，这里对中证全指进行简单介绍。

中证全指由全部A股股票中剔除ST、*ST股票，以及上市时间不足3个月等股票后的剩余股票构成样本股。

因此，全指消费可近似看成A股中所有主要消费类股票的集合。

中证消费指数（代码：000932），是由中证800指数样本股中的主要消费行业股票组成，反映该行业公司股票的整体表现。

国证食品指数（代码：399396），参照国证行业分类标准，选取归属于食品饮料行业的规模和流动性突出的50只股票作为样本股，反映沪深两市食品饮料行业上市公司的整体收益表现。

中证白酒指数（代码：399997），以中证全指为样本空间，选取涉及白酒生产业务相关上市公司股票作为成分股，为市场提供多样化的投资标的。

常见的可选消费行业指数有：全指可选指数、家用电器指数等。

全指可选指数（代码：000989），是从中证全指样本股可选消费行业内选择流动性和市场代表性较好的股票构成指数样本股，用于反映沪深两市可选消费行业内公司股票的整体表现。

家用电器指数（代码：930697），选择中证全指中家用电器行业的股票组成指数样本。

还有一些指数既包含主要消费，又包含可选消费。主要有消费龙头指数、CS消费50指数等。

消费龙头指数（代码：931068），由沪深两市可选消费与主要消费中规模大、经营质量好的50只龙头公司股票组成，用于反映沪深两市消费行业内龙头公司股票的整体表现。

CS消费50指数（代码：931139），即中证消费50指数，是由沪深两市主要消费与可选消费（剔除汽车与汽车零部件、传媒子行业）中规模大、经营质量好的50只龙头公司股票组成，用于反映沪深两市消费行业内龙头公司股票的整体表现。

虽然同为消费类行业指数，但指数之间的历史收益还是存在不小的差距。长期来看，主要消费行业历史回报要好于可选消费行业。

综合考虑代表性以及规模因素，列出部分跟踪消费类指数的基金，以供参考，如表3—22所示。

表3—22　部分跟踪消费类指数的基金

基金代码	基金名称	跟踪指数简称	基金规模（亿元）	基金成立日
161725	招商中证白酒指数分级	中证白酒	120.02	2015-05-27
159928	汇添富中证主要消费 ETF	中证消费	42.93	2013-08-23
160222	国泰国证食品饮料行业指数分级	国证食品	27.29	2014-10-23
000248	汇添富中证主要消费 ETF 联接	中证消费	25.79	2015-03-24
159996	国泰中证全指家电 ETF	家用电器	9.22	2020-02-27
515650	富国中证消费 50ETF	CS 消费 50	7.26	2019-10-14
160632	鹏华酒分级	中证酒	5.11	2015-04-29
001632	天弘中证食品饮料指数 C	CS 食品饮	4.51	2015-07-29
008928	泰达消费红利指数 A	消费红利	4.47	2020-03-26
159936	广发中证全指可选消费 ETF	全指可选	3.28	2014-06-03
001631	天弘中证食品饮料指数 A	CS 食品饮	3.13	2015-07-29
001133	广发中证全指可选消费 ETF 联接 A	全指可选	2.47	2015-04-15
501090	华宝中证消费龙头指数 (LOF)A	消费龙头	2.38	2019-12-19

截止时间：2020年3月31日

医药卫生行业

医药卫生行业是一个细分板块众多的行业，还是以中证公司的行业分类为例，从二级分类上，医药卫生行业可分为医药器械与服务和医药生物，三、四级行业分类则更细，如表3—23所示。

表3—23 中证医药卫生行业分类

医药卫生	0501	医疗器械与服务	050101	医疗器械	05010101	医疗器械
			050102	医疗用品与服务提供商	05010201	医疗用品经销商
					05010202	医疗保健服务
					05010203	医疗保健机构
					05010204	医疗保健技术
	0502	医药生物	050201	生物科技	05020101	生物科技
			050202	制药	05020201	化学药
					05020202	中药
					05020203	药品经销商
			050203	制药与生物科技服务	05020301	制药与生物科技服务

医药属于大消费概念，很多医药类企业又同时具备科技的属性。因此，古今中外，医药行业都是牛股辈出的地方，从前面中证十大一级行情的全收益指数的表现来看，医药行业是仅次于主要消费的好行业。

市场上医药类指数从大类上可以分为医药类和医疗类。常见的医药类行业指数有全指医药指数、中证医药指数、300医药指数、医药100指数、CS生医指数、CS创新药指数、中证生科指数、国证生物医药指数等；医疗类指数有中证医疗指数、CS精准医指数等。

全指医药指数（代码：000991），是从中证全指样本股医药卫生行业内选择流动性和市场代表性较好的股票构成指数样本股，以反映沪深两市医药卫生行业内公司股票的整体表现。

中证医药指数（代码：000933），全称是中证医药卫生指数，是由中证800指数样本股中的医药卫生行业股票组成，以反映该行业公司股票的整体表现。

300医药指数（代码：000913），全称是沪深300医药卫生指数，是由沪深300指数样本股中的医药卫生行业股票组成，以反映该行业公司股票的整体表现。从选样范围可以看出，300医药指数是大市值医药股的代表。

医药100指数（代码：000978），全称是中证医药100指数，由医药卫生和药品零售行业市值较大的100只股票组成，以反映医药相关行业的公司股票的整体走势。该指数有一个特殊性，它采用等权方式进行加权。

CS生医指数（代码：930726），全称是中证生物医药指数，该指数选取了提供细胞医疗、基因测序、血液制品、生物技术药物、疫苗、体外诊断等产品和服务的上市公司作为样本股，采用自由流通市值加权方式，并对单个股票设置5%的权重上限，以反映生物医药上市公司的整体表现。

CS创新药指数（代码：931152），全称是中证创新药产业指数，该指数选取主营业务涉及创新药研发的上市公司作为待选样本，按照市值排序选取不超过50家最具代表性的公司作为样本股，反映创新药产业上市公司的整体表现。

中证生科指数（代码：930743），全称是中证生物科技主题指数，该指数选取涉及基因诊断、生物制药、血液制品及其他人体生物科技的上市公司作为成分股，采用自由流通市值加权方式，并对单个样本股设置10%的权重上限，以反映生物科技类上市公司整体表现，为投资者提供投资标的。

国证生物医药指数（代码：399441），是以分属于生物医药产业相关的上市公司为样本空间，根据市值规模和流动性的综合排名，选出前30只股票作为指数样本股（数量不足时则按实际数量选入），反映生物医药行业的整体运行情况。

中证医疗指数（代码：399989），从沪深A股医药卫生行业的上市公司中，选取业务涉及医疗器械、医疗服务、医疗信息化等医疗主题的上市公司股票作为指数样本股，以反映医疗主题上市公司股票的整体表现。

CS精准医指数（代码：930719），全称中证精准医疗主题指数，该指数选取了从事疾病筛查与诊断、数据解读、个性化治疗与用药以及其他与精准医疗相关的代表性沪深A股作为样本股，反映精准医疗产业公司的整体表现。

表3—24所示为按照规模排序，列出了市场上常见的医药类指数基金。

表3—24　常见的医药类指数基金

基金代码	基金名称	标的指数简称	基金规模（亿元）	基金成立日
159992	银华中证创新药产业 ETF	CS 创新药	49.59	2020-03-20
159938	广发中证全指医药卫生 ETF	全指医药	24.56	2014-12-01
000059	国联安中证医药 100A	医药 100	20.66	2013-08-21
160219	国泰国证医药卫生行业指数分级	国证医药	15.60	2013-08-29
001180	广发医药卫生联接 A	全指医药	14.62	2015-05-06
512010	易方达沪深 300 医药 ETF	300 医药	13.97	2013-09-23
512170	华宝中证医疗 ETF	中证医疗	10.30	2019-05-20
512290	国泰中证生物医药 ETF	CS 生医	10.04	2019-04-18
161726	招商国证生物医药指数分级	生物医药	9.91	2015-05-27
162412	华宝中证医疗指数分级	中证医疗	7.45	2015-05-21

续表

基金代码	基金名称	标的指数简称	基金规模（亿元）	基金成立日
501010	汇添富中证生物科技指数(LOF)C	中证生科	5.23	2016-12-22
001550	天弘中证医药 100A	医药 100	4.63	2015-06-30
163118	申万菱信中证申万医药生物指数分级	医药生物	4.03	2015-06-19
159929	汇添富中证医药卫生 ETF	中证医药	3.90	2013-08-23
501005	汇添富中证精准医疗指数(LOF)A	CS 精准医	3.85	2016-01-21
515960	嘉实医药健康 100ETF	医药健康 100	3.52	2020-04-24
001551	天弘中证医药 100C	医药 100	2.96	2015-06-30
515950	富国中证医药 50ETF	医药 50	2.88	2020-03-16
501009	汇添富中证生物科技指数(LOF)A	中证生科	2.11	2016-12-22
001344	易方达沪深 300 医药卫生 ETF 联接 A	300 医药	1.98	2017-11-22
501006	汇添富中证精准医疗指数(LOF)C	CS 精准医	1.94	2016-01-21
006757	国泰中证生物医药 ETF 联接 C	CS 生医	1.93	2019-04-16

截止时间：2020年3月31日

金融地产行业

金融地产行业主要包括银行、保险和证券三大金融行业和地产行业。

跟踪金融地产行业的指数主要有全指金融指数、180金融指数、300非银指数、中证证保指数、中证银行指数、保险主题指数、证券行业指数、国证地产指数、房地产指数等。

全指金融指数（代码：000992），由于“金融”在中证一级行业属于“金融地产”行业，所以，该指数是从中证全指样本股金融地产行业内选择流动性和市场代表性较好的股票构成指数样本股，以反映沪深两市金融地产行业内公司股票的整体表现。因此，投资该指数时要注意，它虽然叫全指金融，但实际上包含了地产股。

180金融指数（代码：000018），全称是上证180金融股指数，该指数从上证180指数中挑选银行、保险、证券和信托等行业的股票组成样本股，以反映上海证券市场的金融股走势。

300非银指数（代码：H30035），全称是沪深300非银行金融指数，该指数选取沪深300指数中综合金融、保险行业的股票作为样本，以反映该类股票的整体表现。从名称可以看出，该指数中没有银行股。

中证证保指数（代码：H30588），全称是中证证券保险指数。该指数从保险与证券行业中依照日均总市值选取不超过50家上市公司作为样本股，反映证券与保险行业上市公司整体表现。

中证银行指数（代码：399986），选取中证全指样本股中的银行行业股票组成样本股，以反映该行业股票的整体表现。

保险主题指数（代码：399809），全称是中证方正富邦保险主题指数，该指数从保险行业与参股保险类上市公司中选取股票作为样本股，反映保险主题上市公司的整体表现。由于A股的纯保险类公司比较少，不足以编制成一只指数，所以，该指数中不仅包含中国平安、中国人寿、新华保险等保险公司，也包含西水股份等参股保险的上市公司。

国证地产指数（代码：399393），全称是国证房地产行业指数，该指数参照国证行业分类标准，选取归属于房地产行业的规模和流动性突出的50只股票作为样本股，反映沪深两市房地产行业上市公司的整体收益表现。

房地产指数（代码：H30165），全称是中证全指房地产指数，该指数选取中证全指样本股中的房地产行业股票组成样本股，以反映该行业股票的整体表现。

最后重点介绍证券行业指数，证券行业是一个较为特殊的行业，被称为“周期之王”。之所以有如此称谓，与证券行业的业务不无关联。当前，证券行业的主要业务包括：经纪业务、自营业务、融资融券业务、股权债券的发行与承销服务、资管业务以及与证券交易、证券投资活动有关的财务顾问、证券投资咨询等。其中，最主要的是经纪业务、承销保荐、自营等。可见，证券公司的业务与行情高度挂钩。大牛市时，证券公司门口排队开户、门庭若市。当然，现在已实现网上开户，不会出现以前那种门前排长队的情况。市场的成交金额大，佣金收入高，同时，公司更乐于在行情好时上市，IPO等相关业务量大，此时证券公司的业绩普遍较好。反之，当行情低迷时，证券公司门口通常门可罗雀、经营惨淡，整个券商行业陷入业绩低谷。

正因如此，券商指数呈现出与股市行情高度相关的特征。股市行情低迷时，券商整个板块业绩和估值双杀，一旦行情回暖，券商的业绩和估值便跟着上涨。因此，对于券商行业的投资，可以在周期底部开始慢慢买入，等到周期顶部区域卖出。这里需要提醒的是，证券是一个高弹性的行业，涨跌幅度都比较大，因此，对于经验不足、风险承受能力较低的投资者，建议谨慎参与。

证券行业指数的代表指数有证券公司指数、中证申万证券行业指数等。

证券公司指数（代码：399975），全称是中证全指证券公司指数。该指数选取中证全指样本股中的证券公司行业股票组成样本股，以反映该行业股票的整体表现。

上述介绍了金融地产行业的主要指数。从全收益指数的表现来看，自2004年年底截至2020年7月，金融地产行业的表现仅次于主要消费和医药。跟踪金融行业的指数基金比较多，为方便查找，这里分成两张表，一张是跟踪金融地产行业指数的指数基金（除证券类指数），如表3—25所示。这里只列示规模在1亿元以上的、具有代表性的基金。另一张列示了跟踪证券行业指数的指数基金，如表3—26所示。

表3—25 部分跟踪金融地产行业指数的指数基金（除证券类指数）

基金代码	基金名称	跟踪指数简称	基金规模（亿元）	基金成立日
510230	国泰上证 180 金融 ETF	180 金融	38.26	2011-03-31
001595	天弘中证银行指数 C	中证银行	33.32	2015-07-08
512800	华宝中证银行 ETF	中证银行	30.98	2017-07-18
001594	天弘中证银行指数 A	中证银行	17.15	2015-07-08
512070	易方达沪深 300 非银行金融 ETF	300 非银	16.94	2014-06-26
000950	易方达沪深 300 非银行金融 ETF 联接 A	300 非银	13.41	2015-01-22
020021	国泰上证 180 金融 ETF 联接	180 金融	10.01	2011-03-31
160625	鹏华证券保险分级	800 证保	9.17	2014-05-05
159940	广发中证全指金融地产 ETF	全指金融	8.32	2015-03-23
515630	鹏华中证 800 证保 ETF	800 证保	6.51	2020-02-28
160218	国泰国证房地产行业指数分级	国证地产	5.99	2013-02-06
167301	方正富邦保险主题指数分级	保险主题	5.01	2015-07-31
001469	广发中证全指金融地产 ETF 联接 A	全指金融	4.74	2015-07-09
512200	南方中证房地产 ETF	房地产	4.50	2017-08-25
002979	广发中证全指金融地产 ETF 联接 C	全指金融	3.54	2016-07-06
161721	招商沪深 300 地产等权重指数分级	地产等权	3.49	2014-11-27
515280	富国中证银行 ETF	中证银行	3.13	2020-04-01
510690	兴业上证 180 金融 ETF	180 金融	2.96	2020-05-08
512700	南方中证银行 ETF	中证银行	2.59	2017-06-28
161029	富国中证银行指数	中证银行	2.58	2015-04-30
160628	鹏华地产分级	800 地产	2.53	2014-09-12
161211	国投瑞银沪深 300 金融地产 ETF 联接基金	300 金融	2.46	2010-04-09
159933	国投瑞银金融地产 ETF	300 金融	2.35	2013-09-17
160814	长盛中证金融地产指数分级	中证金融	1.97	2015-06-16
512730	鹏华中证银行 ETF	中证银行	1.84	2019-12-19
512820	汇添富中证银行 ETF	中证银行	1.66	2018-10-23

截止时间：2020年3月31日

表3—26　部分跟踪证券行业指数的指数基金

基金代码	基金名称	标的指数简称	基金规模（亿元）	基金成立日
512880	国泰中证全指证券公司 ETF	证券公司	181.84	2016-07-26
512000	华宝中证全指证券公司 ETF	证券公司	106.40	2016-08-30
161720	招商中证全指证券公司指数分级	证券公司	67.44	2014-11-13
161027	富国中证全指证券公司指数分级	证券公司	34.01	2015-03-27
163113	申万菱信中证申万证券行业指数分级	CSSW 证券	32.04	2014-03-13
515560	建信中证全指证券公司 ETF	证券公司	29.79	2020-06-29
512900	南方中证全指证券 ETF	证券公司	26.03	2017-03-10
004070	南方中证全指证券 ETF 联接 C	证券公司	19.70	2017-03-08
501016	国泰中证申万证券行业指数 (LOF)	CSSW 证券	13.41	2017-04-27
159993	鹏华国证证券龙头 ETF	证券龙头	10.79	2019-12-26
160633	鹏华证券分级	证券公司	7.74	2015-05-06
502010	易方达证券公司分级	证券公司	6.78	2015-07-08
004069	南方中证全指证券 ETF 联接 A	证券公司	6.05	2017-03-08

截止时间: 2020年3月31日

信息技术行业

根据中证公司的行业分类，中证信息技术行业的分类如表3—27所示。该行业主要包括计算机软硬件、通信、半导体、互联网服务等。从关键词上，涉及“信息”“科技”“创新”“人工智能”“5G”“芯片”“电子”“通信”“半导体”“新能源车”等字眼的指数基金，大都可以划分到该行业。

表3—27　中证信息技术行业分类

<table>
<tr><td rowspan="11">信息技术</td><td rowspan="5">0701</td><td rowspan="5">计算机运用</td><td rowspan="2">070101</td><td rowspan="2">互联网服务</td><td>07010101</td><td>互联网信息服务</td></tr>
<tr><td>07010102</td><td>移动互联网信息服务</td></tr>
<tr><td rowspan="2">070102</td><td rowspan="2">信息技术服务</td><td>07010201</td><td>系统集成及 IT 咨询</td></tr>
<tr><td>07010202</td><td>IT 外包服务</td></tr>
<tr><td>070103</td><td>软件开发</td><td>07010301</td><td>软件开发</td></tr>
<tr><td rowspan="4">0702</td><td rowspan="4">计算机及电子设备</td><td>070201</td><td>电脑与外围设备</td><td>07020101</td><td>电脑与外围设备</td></tr>
<tr><td rowspan="3">070202</td><td rowspan="3">电子设备</td><td>07020201</td><td>电子设备及仪表制造商</td></tr>
<tr><td>07020202</td><td>光电子器件</td></tr>
<tr><td>07020203</td><td>电脑及电子设备经销商</td></tr>
<tr><td>0703</td><td>半导体</td><td>070301</td><td>半导体</td><td>07030101</td><td>半导体</td></tr>
</table>

信息技术行业和我们平常所说的一个概念性板块非常类似，那就是科技板

块。说到科技板块，不得不提我国资本市场的一件大事，即设立科创板。科创板是于2018年11月5日在首届中国国际进口博览会开幕式上宣布设立的，是独立于现有主板市场的新设板块，并在该板块内进行注册制试点。科创板的设立为科技型及创新型中小企业提供了融资渠道。设立科创板并试点注册制是资本市场提升服务科技创新企业能力、增强市场包容性、强化市场功能的一项重大举措。2019年6月13日，科创板正式开板；7月22日，科创板首批公司上市。随着科创板的推出，科技板块的重要性空前提高。

与医药行业类似，信息行业的细分行业非常多、涉及的概念范围非常广。尤其自2019年、2020年以来，随着科创板的设立，5G、半导体、新能源车板块的活跃，新成立的指数和指数基金陡然增加，且基金规模发展很快。

信息行业相关的指数众多，无法一一介绍，这里只介绍有一定规模基金跟踪的且有一定代表性的指数。常见的信息行业相关的指数有：全指信息指数、中证信息技术指数、中证科技龙头指数、中证科技50指数、中正科技、中证科技100指数、CS计算机指数、CS电子指数、CS人工智能指数、中证研发创新100指数以及中证5G通信指数、通信设备指数、中华半导体指数、半导体指数、国证半导体芯片指数、CS新能车指数、新能源车指数等。

全指信息指数（代码：000993），是从中证全指样本股信息技术行业内选择流动性和市场代表性较好的股票构成指数样本股，以反映沪深两市信息技术行业内公司股票的整体表现。

中证信息技术指数（代码：000935），由中证800指数样本股中的信息技术行业股票组成，以反映该行业公司股票的整体表现。

中证科技龙头指数（代码：931087），由沪深两市中电子、计算机、通信、生物科技等科技领域中规模大、市占率高、成长能力强、研发投入高的50只龙头公司股票组成，以反映沪深两市科技领域内龙头公司股票的整体表现。

中证科技50指数（代码：931380），从沪深两市科技相关行业中选取50只市值大、流动性好的公司股票作为样本股，以反映科技领域上市公司股票的整体表现。

中证科技（代码：931186），全称是中证科技50策略指数，是从沪深A股中，选取具有持续科技创新能力、合理激励机制和良好基本面的高新技术领域的股票为样本股，以反映该类型上市公司的整体表现。

中证科技100指数（代码：931187），是从沪深A股科技主题空间中选取100只研发强度较高、盈利能力较好且具备成长特征的科技龙头公司股票作为指数样本股，以反映具备此类特征的科技龙头上市公司股票的整体表现。

CS计算机指数（代码：930651），全称是中证计算机主题指数，是以中证全指为样本空间，选取涉及信息技术服务、应用软件、系统软件、电脑硬件等业务的上市公司股票作为成分股，以反映计算机类相关上市公司的整体表现。

CS电子指数（代码：930652），全称是中证电子指数，是以中证全指为样本空间，选取涉及半导体产品与设备生产、电脑存储与外围设备生产、电脑与电子产品零售、电子设备制造、电子制造服务和消费电子生产等业务的上市公司股票作为成分股，以反映电子类相关上市公司的整体表现。

CS人工智能指数（代码：930713），全称是中证人工智能主题指数，该指数选取了为人工智能提供基础资源、技术以及应用支持的公司中的代表性公司作为样本股，以反映人工智能主题公司的整体表现。

中证研发创新100指数（代码：931159），由沪深两市中信息技术、通信、航空航天与国防、医药、汽车与汽车零部件等科技相关行业中研发营收比例高、行业代表性高的100只股票构成样本股，以反映科技行业代表性上市公司股票的整体走势。

为方便读者查找，这里用两张表分别介绍，一张表涉及的概念相对宽泛（见表3—28），另一张表专门针对某些细分领域（见表3—29），比如，5G、通信、芯片、新能源车、半导体等。

表3—28　部分跟踪信息指数的基金（一）

基金代码	基金名称	标的指数简称	基金规模（亿元）	基金成立日
515000	华宝中证科技龙头 ETF	科技龙头	116.47	2019-07-22
515750	富国中证科技 50 策略 ETF	中证科技	24.68	2019-11-15
159939	广发中证全指信息技术 ETF	全指信息	19.08	2015-01-08
159807	易方达中证科技 50ETF	科技 50	14.94	2020-03-16
001618	天弘中证电子 ETF 联接 C	CS 电子	13.34	2015-07-29
161025	富国中证移动互联网指数分级	移动互联	13.20	2014-09-02
001630	天弘中证计算机主题 ETF 联接 C	CS 计算机	13.11	2015-07-29
512330	南方中证 500 信息技术 ETF	500 信息	12.49	2015-06-29
008399	华泰柏瑞中证科技 ETF 联接 A	科技 100	11.90	2020-02-26

续表

基金代码	基金名称	标的指数简称	基金规模（亿元）	基金成立日
159997	天弘中证电子 ETF	CS 电子	11.46	2020-02-27
008749	富国中证科技 50 策略 ETF 联接 A	中证科技	9.79	2020-02-20
515070	华夏中证人工智能主题 ETF	CS 人工智	9.33	2019-12-09
512720	国泰中证计算机 ETF	CS 计算机	9.25	2019-07-11
515580	华泰柏瑞中证科技 100ETF	科技 100	9.12	2019-09-27
007873	华宝科技 ETF 联接 A	科技龙头	8.95	2019-08-30
161631	融通人工智能指数(LOF)A	CS 人工智	8.12	2017-04-10
008585	华夏中证人工智能主题 ETF 联接 A	CS 人工智	7.67	2020-06-16
515860	嘉实新兴科技 100ETF	新兴科技 100	7.33	2019-09-26
007874	华宝科技 ETF 联接 C	科技龙头	7.27	2019-08-30
002974	广发信息技术联接 C	全指信息	7.05	2016-07-06
004347	南方中证 500 信息技术 ETF 联接 C	500 信息	6.76	2017-02-23
160626	鹏华信息分级	中证信息	6.02	2014-05-05
515980	华富中证人工智能产业 ETF	人工智能	5.86	2019-12-24
007737	诺德研发创新 100	创新 100	5.84	2019-08-26
168701	合煦智远金融科技指数(LOF)A	金融科技	5.35	2020-04-03
002900	南方中证 500 信息技术 ETF 联接 A	500 信息	5.31	2016-08-17
001617	天弘中证电子 ETF 联接 A	CS 电子	4.35	2015-07-29
000942	广发信息技术联接 A	全指信息	4.11	2015-01-29
512930	平安人工智能 ETF	CS 人工智	3.89	2019-07-12
515200	申万菱信中证研发创新 100ETF	创新 100	3.30	2019-10-25
001629	天弘中证计算机主题 ETF 联接 A	CS 计算机	3.23	2015-07-29
163116	申万菱信中证申万电子行业投资指数分级	CSSW 电子	3.23	2015-05-14
159998	天弘中证计算机 ETF	CS 计算机	2.87	2020-03-20

截止时间：2020年3月31日

下面介绍2019年、2020年两年较为火爆的5G、通信、半导体、芯片、新能源车等指数。

中证5G通信主题指数（代码：931079），选取产品和业务与5G通信技术相关的上市公司作为样本股，包括但不限于电信服务、通信设备、计算机及电子设备和计算机运用等细分行业，以反映相关领域的A股上市公司整体表现。

通信设备指数（代码：931160），全称是中证全指通信设备指数，由中证全指样本股中的通信设备行业股票组成，以反映该行业股票的整体表现。

中华半导体芯片指数（代码：990001），该指数旨在追踪A股市场半导体芯片行业上市公司的股价表现，相关公司经营范围涵盖半导体芯片材料、设备、设计、制造、封装和测试。

半导体指数（代码：H30184），全称是中证全指半导体产品与设备指数，该指数由中证全指样本股中的半导体产品与设备行业股票组成，以反映该行业股票的整体表现。

国证半导体芯片指数（代码：980017）是选取了芯片产业中材料、设备、设计、制造、封装和测试等相关的上市公司，以反映芯片半导体相关上市公司的市场表现。

CS新能车指数（代码：399976），全称是中证新能源汽车指数，指数以中证全指为样本空间，选取涉及锂电池、充电桩、新能源整车等业务的上市公司股票作为成分股，以反映新能源汽车相关上市公司的整体表现。

新能源车指数（代码：930997）全称是中证新能源汽车产业指数，该指数选取了业务涉及新能源汽车产业的沪深A股上市公司作为样本，以反映新能源汽车产业的整体表现。

跟踪这几个板块的部分基金如表3—29所示。

表3—29　部分跟踪信息指数的基金（二）

基金代码	基金名称	标的指数简称	基金规模（亿元）	基金成立日
515050	华夏中证 5G 通信主题 ETF	5G 通信	309.96	2019-09-17
159995	华夏国证半导体芯片 ETF	国证芯片	172.10	2020-01-20
512760	国泰 CES 芯片 ETF	中华半导体芯片人民币	108.61	2019-05-16
515030	华夏中证新能源汽车 ETF	CS 新能车	107.02	2020-02-20
515700	平安中证新能源汽车产业 ETF	新能源车	58.70	2019-12-31
159994	银华中证 5G 通信主题 ETF	5G 通信	56.25	2020-01-22
512480	国联安中证半导体 ETF	半导体	50.41	2019-05-08
159801	广发国证半导体芯片 ETF	国证芯片	46.06	2020-01-20
161028	富国中证新能源汽车指数分级	CS 新能车	44.18	2015-03-30
008086	华夏中证 5G 通信主题 ETF 联接 A	5G 通信	40.85	2019-12-10
515880	国泰中证全指通信设备 ETF	通信设备	38.46	2019-08-16
008087	华夏中证 5G 通信主题 ETF 联接 C	5G 通信	29.04	2019-12-10
159806	国泰中证新能源汽车 ETF	CS 新能车	23.62	2020-03-10

续表

基金代码	基金名称	标的指数简称	基金规模（亿元）	基金成立日
007301	国联安中证全指半导体产品与设备 ETF 联接 C	半导体	18.32	2019-06-26
008889	银华中证 5G 通信主题 ETF 联接	5G 通信	16.85	2020-05-28
008282	国泰 CES 半导体芯片行业 ETF 联接 C	中华半导体芯片人民币	13.68	2019-11-22
159811	博时中证 5G 产业 50ETF	5G50	13.52	2020-03-27
007300	国联安中证全指半导体产品与设备 ETF 联接 A	半导体	12.71	2019-06-26
008327	东财中证通信 C	通信技术	12.31	2020-01-20
160225	国泰国证新能源汽车指数 (LOF)	新能源车	8.75	2015-08-27
501057	汇添富中证新能源汽车产业指数 (LOF)A	新能源车	8.55	2018-05-23
008281	国泰 CES 半导体芯片行业 ETF 联接 A	中华半导体芯片人民币	6.70	2019-11-22
007818	国泰中证全指通信设备 ETF 联接 C	通信设备	6.58	2019-09-03
501058	汇添富中证新能源汽车产业指数 (LOF)C	新能源车	6.14	2018-05-23
008887	华夏国证半导体芯片 ETF 联接 A	国证芯片	5.79	2020-06-02
159813	鹏华国证半导体芯片 ETF	国证芯片	5.67	2020-04-17
008888	华夏国证半导体芯片 ETF 联接 C	国证芯片	4.49	2020-06-02
161033	富国中证智能汽车指数 (LOF)	CS 智汽车	3.02	2016-02-16

截止时间: 2020年3月31日

实际上，还有一类与信息相关的指数，叫TMT指数，它是Technology、Media、Telecom三个英文单词的首字母。因此，TMT指数同时跟踪科技、媒体和通信3个行业。TMT行业在2015年那波牛市中表现十分亮眼。常见的TMT指数主要有中证TMT指数、中证TMT150指数。

中证TMT指数（代码：000998），是由TMT产业中规模较大、流动性较好的100只公司股票组成，反映A股上市公司中数字新媒体相关产业公司股票的走势。

中证TMT150指数（代码：H30318），是在TMT相关产业中选取规模大和流动性较好的股票组成样本股，以反映TMT相关产业公司股票的整体走势。跟踪TMT类指数的基金如表3—30所示。

表3—30　跟踪TMT类指数的基金

基金代码	基金名称	标的指数简称	基金规模（亿元）	基金成立日
512220	景顺长城中证 TMT150ETF	TMT150	3.89	2014-07-18
001361	景顺长城中证 TMT150ETF 联接	TMT150	3.89	2015-06-15
159909	招商深证 TMT50ETF	TMT50	3.48	2011-06-27
217019	招商深证 TMT50ETF 联接 A	TMT50	2.84	2011-06-27
160224	国泰深证 TMT50 指数分级	TMT50	2.80	2015-03-26
165522	信诚中证 TMT 产业主题指数分级	中证 TMT	1.17	2014-11-28

截止时间：2020年3月31日

军工行业

根据中证指数公司的行业分类，军工在行业分类上属于工业这个一级行业的子行业。常见的军工行业指数有中证国防、中证军工等。

中证国防指数（代码：399973），是从隶属于十大军工集团公司旗下的上市公司，以及为国家武装力量提供武器装备，或与军方有实际装备承制销售金额或签订合同的相关上市公司中选取不超过50只股票作为样本股，以反映国防公司股票的走势。

中证军工指数（代码：399967），由十大军工集团控股的且主营业务与军工行业相关的上市公司以及其他主营业务为军工行业的上市公司作为指数样本，反映军工行业上市公司的整体表现。

常见的军工类指数对应的基金如表3—31所示。

表3—31　常见的军工类指数对应的基金

基金代码	基金名称	标的指数简称	基金规模（亿元）	基金成立日
160630	鹏华中证国防指数分级	中证国防	62.16	2014-11-13
161024	富国中证军工指数分级	中证军工	61.44	2014-04-04
512710	富国中证军工龙头 ETF	军工龙头	48.56	2019-07-23
512660	国泰中证军工 ETF	中证军工	17.24	2016-07-26
163115	申万菱信中证军工指数分级	中证军工	8.80	2014-07-24
164402	前海开源中航军工	军工指数	8.31	2015-03-30
000596	前海开源中证军工指数 A	中证军工	4.54	2014-05-27
512680	广发中证军工 ETF	中证军工	2.80	2016-08-30

截止时间：2020年3月31日

有色金属行业

根据中证指数公司的行业分类，有色金属在行业分类上属于原材料行业的子行业，主要包括经营铝、铜、黄金、稀有金属等的上市公司。常见的有色行业指数有国证有色、有色金属指数等。

国证有色指数（代码：399395），参照国证行业分类标准，选取归属于有色金属行业的规模和流动性突出的50只股票作为样本股，反映沪深两市有色金属行业上市公司的整体收益表现。

有色金属指数（代码：000819），全称是中证申万有色金属，该指数从沪深A股中挑选日均总市值前50名的有色金属行业公司股票组成样本股，反映有色金属行业公司股票的整体走势。

常见的有色行业类指数对应的基金如表3—32所示。

表3—32　常见的有色行业类指数对应的基金

基金代码	基金名称	标的指数简称	基金规模（亿元）	基金成立日
160221	国泰国证有色金属行业指数分级	国证有色	22.56	2015-03-30
512400	南方中证申万有色金属 ETF	有色金属	6.64	2017-08-03
165520	信诚中证 800 有色指数分级	800 有色	1.30	2013-08-30

截止时间：2020年3月31日

煤炭行业

根据中证指数公司的行业分类，煤炭行业在行业分类上属于能源行业的子行业。常见的煤炭行业指数有中证煤炭等。

中证煤炭指数（代码：399998），该指数从煤与消费用燃料行业选取相关上市公司作为成分股，反映煤炭行业上市公司的整体表现。常见的煤炭类指数对应的基金如表3—33所示。

表3—33　常见的煤炭类指数对应的基金

基金代码	基金名称	标的指数简称	基金规模（亿元）	基金成立日
168204	中融中证煤炭指数分级	中证煤炭	7.23	2015-06-25
161724	招商中证煤炭等权指数分级	煤炭等权	4.63	2015-05-20

续表

基金代码	基金名称	标的指数简称	基金规模（亿元）	基金成立日
515220	国泰中证煤炭 ETF	中证煤炭	2.55	2020-01-20
161032	富国中证煤炭指数分级	中证煤炭	2.17	2015-06-19

截止时间：2020年3月31日

养老主题

养老指数是一个主题类指数，它是一个概念板块，而非一个严格意义上的行业。该行业包括与养老产业相关的医药、保险、旅游等。养老主题指数主要有中证养老产业指数。

中证养老产业指数（代码：399812）以中证全指为样本空间，选取涉及酒店旅游、文化传媒、医药卫生、人寿保险等养老相关业务的上市公司股票作为成分股，以反映养老产业相关上市公司的整体表现，为市场提供多样化的投资标的。成分股共80只。需要注意的是，养老产业指数采用等权的权重分配方式。

跟踪养老产业指数的基金主要有广发养老指数A（000968），于2015年2月13日发布，截至2020年3月31日，基金规模为15.37亿元。

环保主题

环保指数也是一个主题类指数，不算一个严格意义上的行业。常见的环保类指数有中证环保产业指数，该指数根据联合国环境与经济综合核算体系对于环保产业的界定方法，将符合资源管理、清洁技术和产品、污染管理的公司纳入环保产业主题，采用等权重加权方式，反映上海和深圳市场环保产业公司表现。中证环保指数对应的基金如表3—34所示。

表3—34　中证环保指数对应的基金

基金代码	基金名称	标的指数简称	基金规模（亿元）	基金成立日
512580	广发中证环保产业 ETF	中证环保	16.47	2017-01-25
001064	广发中证环保 ETF 联接 A	中证环保	11.91	2015-03-25
163114	申万菱信中证环保产业指数分级	中证环保	2.77	2014-05-30
002984	广发中证环保 ETF 联接 C	中证环保	1.31	2016-07-06

截止时间：2020年3月31日

传媒行业

根据中证指数公司的行业分类，传媒行业属于可选消费行业的子行业，主要包括广播电视、电影娱乐、出版业等。在一级行业分类上属于可选消费。

常见的传媒行业指数有中证传媒指数。从名字来看，我们会以为该指数在行业分布上全部属于可选消费，但实际上其行业占比是杂糅的，不是一只“单纯”的行业类指数。

这里的中证传媒更像是大传媒的概念。随着互联网的诞生，国家鼓励用互联网方式促进传统产业转型升级，跨界融合非常普遍，很多企业在传统业务模式上嫁接了互联网，例如，人民网就是互联网和传媒的叠加。

中证传媒指数(代码：399971)，是从沪深A股广播与有线电视、出版、营销与广告、电影与娱乐、互联网信息服务、移动互联网信息服务等行业中，选取总市值较大的50只上市公司股票作为指数样本股，以反映传媒领域代表性上市公司股票的整体表现。

从概念中可以看出，中证传媒指数中含有信息技术行业的股票。截至2020年4月23日，该指数的行业占比为：信息技术占54.61%，可选消费占45.39%，信息技术行业占比反而超过了可选消费。

它的前十大权重股分别为：分众传媒、三七互娱、光环新网、完美世界、启明星辰、芒果超媒、东方明珠、利欧股份、网宿科技、吉比特。其中不仅有传统的传媒行业，也有网宿科技、吉比特这样的信息技术公司。跟踪中证传媒指数的指数基金如表3—35所示。

表3—35　跟踪中证传媒指数的指数基金

基金代码	基金名称	标的指数简称	基金规模（亿元）	基金成立日
159805	鹏华中证传媒 ETF	中证传媒	23.87	2020-03-06
512980	广发中证传媒 ETF	中证传媒	16.10	2017-12-27
004752	广发中证传媒 ETF 联接 A	中证传媒	6.08	2018-01-02
160629	鹏华传媒分级	中证传媒	3.14	2014-12-11
004753	广发中证传媒 ETF 联接 C	中证传媒	1.71	2018-01-02

截止时间：2020年3月31日

至此，市场上主要的行业/主题类指数介绍完毕，从篇幅上可以看出，市场上有指数基金跟踪的指数主要集中在消费、医药、信息技术、金融等几个行业。无论从A股还是从美股的历史来看，这些都是表现居前的行业。长期来看，这些行业给投资者带来了良好的回报，而回报优秀的主要根源还是在于行业内的上市公司商业模式好、业绩优秀。

西格尔教授在《投资者的未来》一书中，列出了1957—2003年近50年时间里标准普尔500指数原始公司中表现最佳的“幸存者”，这些公司未与其他公司合并，在这表现最佳的20家公司里，有11家来自消费行业，有6家来自医药行业，而这两个行业在这20家公司中占比达85%。近50年的时间绝非偶然。

在美股市场，2010年1月到2020年1月，以科技为代表的纳指100涨幅约为394%，完胜以传统企业为主的标普500指数（涨幅约为194%）。以微软、苹果、亚马逊、Facebook、谷歌等代表的科技股近十年表现十分亮眼。截至2020年3月底，纳指100的前十大权重股占比高达近50%，体现明显的“强者恒强”效应。这意味着从2009年以来的过去十年，如果投资者没有持有这些股票，那么大概率会跑输市场。

因此，在行业/主题指数基金的投资过程中，投资者可以将目光更多地专注于消费、医药、信息技术等长期回报优秀的行业。

丰富的行业/主题类指数基金为投资者提供了参与各行业投资的便利工具，但行业指数的投资风险要高于宽基指数，对普通投资者而言，应选择自己能够看得懂的行业，在能力圈内投资。

五、策略指数

策略指数，也可称为聪明贝塔指数，它是因子投资思想在指数上的应用，通过在指数编制过程中超配某些因子，从而寻求获取相对基准的超额收益。

宽基指数和行业指数绝大部分是按照市值加权的方式来编制指数，市值加权的特点就是市值越大，在指数中的占比就越大，其涨跌对指数影响就越大。策略指数从编制规则和加权方式来看，考虑的并非市值，而是按照红利、低波等具体策略来设置编制方式和分配权重。总体来说，宽基、行业、策略这3类指数中，策略指数的编制方式是最复杂的。

目前，我国市场上的策略指数主要有红利、价值、基本面、低波动等。下面主要介绍市场中常见的、有一定规模的基金跟踪的策略指数。

红利策略

红利策略，又称“狗股策略”。它是1991年由美国基金经理迈克尔·奥希金斯在*Beating the dow*（《击败道指》）一书中提出的。该策略的具体做法是，每年年底，投资者从道琼斯工业指数的成分股中选出10只股息率最高的股票，年初买入，一年后，按照这个规则，再找出10只股息率最高的股票，更新之前的10只股票。每年年底重复这一操作。据有关统计，1975年至1999年，运用“狗股理论”，投资的平均复利回报可达18%，远高于市场3%的平均水平。

有实力持续分红的公司大多财务状况良好，真金白银的分红也可以在一定程度上过滤掉财务造假的企业。根据西格尔教授的《股市长线法宝》，1871年到2011年，美国股市的平均收益率为6.48%。其中，平均股息率为4.4%，实际资本利得收益率为1.99%。可见从长周期来看，分红对于投资收益有着显著影响。在美股等成熟市场，投资者对于分红尤为看重，有的投资者像持有债券那样长期拿着高分红的成熟公司，以期获得稳定的分红收益。2020年4月1日，据《金融时报》报道，英国最大的几家银行迫于英国金融监管部门的压力停止派发2019年的股息。美股的汇丰银行当天应声大跌。

简而言之，红利策略就是以分红情况作为选取股票和权重分配的主要依据。市场上的红利类指数具体选样的方式有所不同，但编制方式的设定都是为了能选出市场上高分红的、稳定分红的股票。当前市场上主要的红利类指数有上证红利、中证红利、深证红利、标普红利等。

1.上证红利指数

上证红利指数是老牌的红利指数，代码为000015，于2005年1月4日由中证指数公司发布。该指数挑选在上海证券交易所上市的现金股息率高、分红比较稳定、具有一定规模及流动性的50只股票作为样本，采用股息率作为权重分配依据，以反映上海证券市场高红利股票的整体状况和走势。该指数以2004年12月31日为基日，以1 000点为基点。

样本空间由满足如下条件的沪市A股构成：（1）过去两年连续现金分红且每年的税后现金股息率均大于0；（2）过去一年日均总市值排名在沪市A股的前80%；（3）过去一年日均成交金额排名在沪市A股的前80%。

选样方法：对样本空间的股票，按照过去两年的平均税后现金股息率由高到低进行排名，选取排名在前50名的股票作为指数样本，但市场表现异常并经专家委员会认定不宜作为样本的股票除外。

跟踪上证红利的基金有华泰柏瑞上证红利ETF（510880），于2006年11月17日成立，属于成立较早的策略类基金，截至2020年3月31日，基金规模为40.04亿元。

2.中证红利指数

中证红利指数，代码为000922（沪市）/399922（深市），于2008年5月26日由中证指数公司发布。该指数是以沪深A股中现金股息率高、分红比较稳定、具有一定规模及流动性的100只股票为成分股，采用股息率作为权重分配依据，以反映A股市场高红利股票的整体表现。该指数以2004年12月31日为基日，以1 000点为基点。

中证红利的样本空间和上证红利相同。这里不再赘述。

选样方法：对样本空间的股票，按照过去两年的平均税后现金股息率由高到低进行排名，选取排名在前100名的股票作为指数样本股，但市场表现异常并经专家委员会认定不宜作为样本的股票除外。

跟踪中证红利指数的基金如表3—36所示。

表3—36　跟踪中证红利指数的基金

基金代码	基金名称	标的指数简称	基金规模（亿元）	基金成立日
090010	大成中证红利指数 A	中证红利	22.01	2010-02-02
515180	易方达中证红利 ETF	中证红利	8.45	2019-11-26
515890	博时红利 ETF	中证红利	3.13	2020-03-20
515080	招商中证红利 ETF	中证红利	2.13	2019-11-28

截止时间：2020年3月31日

3.深证红利指数

深证红利指数代码为399324，由深圳证券信息有限公司发布。深证红利指数由深市具有稳定分红历史、较高分红比例且流动性较有保证的40只股票组成。

深证红利的样本空间为在深圳证券交易所上市交易且满足下列条件的所有A股：(1)非ST、*ST的A股；(2)考察期内股票价格无异常波动；(3)具有稳定的分红历史，最近3年内至少有两年实施了分红，其中分红包含现金分红和股票股利；(4)分红具备一定价值，在最近3年内，股息率(每股分红/最近1年内经复权调整的股价)至少有两年的市场排名进入前20%；(5)流动性保证，近半年内日均成交金额大于500万元。

选样方法：将备选股票按前三季度累计分红金额占深市上市公司分红金额的比重和最近半年日均成交金额占深市比重按照1∶1的比例进行加权排名，并考虑经营状况、现金流、公司治理结构、防止大股东恶意高送股变现等综合因素后，选取排名在前40名的股票。

深证红利的选样方法有别于上证红利和中证红利，这种选样方法更多考虑的是绝对分红金额，规模大的公司通常分红的绝对金额较高。因此，规模大的公司在该指数的权重更高。同时，指数成分股只有40只，这使得深证红利的前十大权重股的集中度得以明显地提升。该指数以2002年12月31日为基日，以1 000点为基点。

跟踪深证红利指数的基金如表3—37所示。

表3—37　跟踪深证红利指数的基金

基金代码	基金名称	标的指数简称	基金规模(亿元)	基金成立日
159905	工银深证红利 ETF	深证红利	21.60	2010-11-05
481012	工银深证红利 ETF 联接 A	深证红利	11.75	2010-11-09
006724	工银深证红利 ETF 联接 C	深证红利	1.13	2019-05-22

截止时间：2020年3月31日

4.标普红利指数

标普红利指数全称是标普中国A股红利机会指数，是由标普道琼斯指数公司推出的。指数代码为CSPSADRP，该指数发布于2008年9月11日。

标普红利的选样要求是股票必须为盈利，且过去3年的红利增长须保持稳定或增加，并且规定，红利增长允许小幅回撤，但3年的回撤幅度须低于5%，再按股息率排名，选取前100名的股票。该指数以2004年6月18日为基日，以1 000点为基点。

标普红利按过去12个月历史股息率分配权重，为避免单个行业或个股占比过大，对个股和行业的最大权重都做了限制，分别为3%和33%。这样的编制规定使得指数的成分股以及行业占比相对分散。

跟踪标普红利指数的基金是华宝标普中国A股红利机会指数(LOF）A（501029)，于2017年1月18日成立，截至2020年3月31日，基金规模为15.92亿元。

基本面策略

基本面策略的创始人是美国锐联资产管理公司主席——罗伯特·阿诺德，2005年4月，他发表了《基本面指数投资策略》一文，提出了基本面指数投资策略，该策略使用公司的账面值（净资产）、营业额、现金流和分红等最能反映公司经营和盈利能力的指标来计算公司的基本面价值，并以此构造指数。

之后，他又写了《基本面指数投资策略》一书，书中详细介绍了基本面指数的选股策略。书中重点指出，相较于传统的市值加权指数，基本面选股的方式可以在一定程度上避免因估值提升带来的市值比重增加，有效降低股票价格偏离公司价值对投资收益带来的负面影响。

《基本面指数投资策略》中指出：在一个存在定价误差的世界里，市值加权指数对高估的股票配置了过多权重，而对低估的股票配置了过少权重，因此其投资回报也会受到拖累。

以下举例说明。

例如，有A、B两只股票。

A股票：净资产（账面值）为300亿元，市净率为10，则市值为3 000亿元；

B股票：净资产（账面值）为3 000亿元，市净率为1，则市值为3 000亿元。

如果单纯从市值来看，那么这两只股票都可以被纳入上证50，因为上证50是按照市值规模来作为选样的主要依据，但A公司的市值不是由净资产高等基本面因素实现，而是主要由估值贡献来实现，因此，其无法被纳入基本面50指数。

当前我国市场上基本面策略类指数主要有：基本面50、基本面60、基本面120等，下面介绍这些常见的基本面指数。

基本面50指数，代码：000925（沪市）/399925（深市），全称为中证锐联基本面50指数，由中证指数有限公司于2009年2月26日发布，是发布最早的基本面指数。它是以沪深A股为样本空间，以4个基本面指标（营业收入、现金流、净资产、分红）来衡量公司基本面价值，挑选出基本面价值最大的50家A股上市公司作为样本。

此种选样方式在一定程度上打破了样本市值与指数权重之间的关联，避免了传统市值指数中过多配置高估股票的现象。

该指数的样本空间由非ST、*ST股票以及非暂停上市A股股票组成。

选样过程：先对符合条件的样本空间内的股票计算其基本面价值，4个基本面指标按如下方式计算。

（1）营业收入：公司过去5年营业收入的平均值。

（2）现金流：公司过去5年现金流的平均值。

（3）净资产：公司在定期调整时的净资产。

（4）分红：公司过去5年分红总额的平均值。

计算每只股票单个基本面指标占样本空间所有股票这一指标总和的百分比，即营业收入、现金流、净资产、分红占样本空间所有股票营业收入、现金流、净资产、分红总和的百分比。

再计算出上述4个百分比数据的算术平均值，得到股票的基本面价值。最后按基本面价值由高到低进行排名，选取排名在前50名的股票作为中证锐联基本面50指数的样本股。

同样是50指数，中证锐联基本面50指数与传统的上证50指数有三点不同：一是基本面50指数从沪深两市选样，样本空间更大；二是选取方式是按照4个基本面指标挑选基本面价值最大的50家公司，而上证50指数是按市值排名选择；三是基本面50指数的加权方式是按基本面价值加权而非传统的市值加权。

下面介绍另一个常见的指数——基本面60指数。

基本面60指数（代码：399701），全称是深证基本面60指数，它是以深市A股为样本空间，挑选基本面价值最大的60家上市公司作为样本，并以基本面价值为权重分配依据。与基本面60指数高度类似的还有一个基本面120指数，这里不再赘述。

跟踪基本面类指数的规模在1亿元以上的基金如表3—38所示。

表3—38　部分跟踪基本面类指数的基金

基金代码	基金名称	标的指数简称	基金规模（亿元）	基金成立日
160716	嘉实基本面 50 指数 (LOF)A	基本面 50	15.90	2009-12-30
159910	嘉实深证基本面 120ETF	深证 F120	10.89	2011-08-01
070023	嘉实深证基本面 120ETF 联接 A	深证 F120	10.70	2011-08-01
159916	深 F60ETF	深证 F60	9.16	2011-09-08
530015	建信深证基本面 60ETF 联接 A	深证 F60	9.13	2011-09-08
512750	嘉实中证锐联基本面 50ETF	基本面 50	3.64	2019-05-23

截止时间：2020年3月31日

价值策略

价值因子是被国内外股市历史证明了的有效因子。1992年，Fama和French在研究美国股票市场决定不同股票回报率差异的因素时发现，用上市公司的市值、账面市值比、市盈率可以解释股票回报率的差异。这里的账面市值比可简单理解为市净率。

需要说明的是，价值因子和价值投资是两个概念，价值投资是投资于价格低于内在价值的标的，而价值因子主要从估值指标的高低来考虑。传统的估值指标有市盈率、市净率、市销率等，这些在估值一章中会进行专门介绍。

根据对国内外股票历史数据的统计，长期来看，低市盈率、低市净率股票组合可以获得超过高市盈率、高市净率股票组合的收益率，即历史上价值策略是有效的。

当前市场上价值类指数主要有300价值、180价值、深证价值等。这几个价值指数的编制规则都是类似的，这里重点介绍沪深300价值指数。

沪深300价值指数，代码为000919（沪市）/399919（深市），于2008年1月21日发布，以沪深300指数样本股中价值因子评分最高的100只股票为成分股，采用价值因子数值作为权重分配依据。具体从如下4个维度进行价值评分。

（1）股息收益率：过去1年现金红利与过去1年日均总市值的比值。

（2）每股净资产与价格比率：最近一期报表净资产与过去1年日均总市值的比值。

（3）每股净现金流与价格比率：过去1年净现金流量与过去1年日均总市值的

比值。

（4）每股收益与价格比率：过去1年净利润与过去1年日均总市值的比值。

简单来说，就是从市盈率、市净率、市现率、股息率4个维度来对沪深300中的股票进行价值评分，然后选取平均分数排名前100的股票作为成分股。部分跟踪价值类指数的基金如表3—39所示。这里需要注意的是，跟踪深证价值指数的基金规模偏小。

表3—39 部分跟踪价值类指数的基金

基金代码	基金名称	标的指数简称	基金规模（亿元）	基金成立日
519671	银河沪深 300 价值指数	300 价值	19.92	2009-12-28
310398	申万菱信沪深 300 价值指数 A	300 价值	9.29	2010-02-11
510030	华宝上证 180 价值 ETF	180 价值	1.35	2010-04-23
240016	华宝上证 180 价值 ETF 联接	180 价值	1.07	2010-04-23
159913	交银深证 300 价值 ETF	深证价值	0.63	2011-09-22
519706	交银深证 300 价值 ETF 联接	深证价值	0.62	2011-09-28

截止时间：2020年3月31日

低波动策略

传统的金融理论认为，波动代表着风险，波动越大，则风险越大，相应地，风险越大，则收益越高。1975年，一位叫罗伯特·豪根(Robert Haugen)的金融学教授发现低波动率股票的回报竟然要高于高波动率的股票，并且后来他还发现，这种现象并非美国股市个案，在21个发达市场和12个新兴市场都存在这样的现象，这被称为"低波动率之谜"。

仅仅实证是不够的，一个策略的发现要有其合理的经济学解释。后来，行为金融学对这种低波动率异象做出了解释，即个人投资者往往存在彩票偏好、代表性偏差和过度自信偏差等非理性心理，这些非理性心理使得他们倾向于购买高波动的股票，期待像买彩票那样博取高回报，并愿意为此付出溢价。这就导致关注低波动个股的人较少，关注的人少反过来又让其波动更低，而这种暂时不受待见的股票，不容易出现估值泡沫，长期投资，反而容易获得超额收益。

根据华泰金工的数据，截至2020年3月底，低波动策略的基金产品在美国市场单因子策略类产品中规模位列第五，总规模已近千亿美元。我国的低波动策略基金产品始于2017年，整体起步较晚。

当前我国市场上主要的低波动指数有：沪深300行业中性低波动指数和中证500行业中性低波动指数等。这里以跟踪基金规模较大的中证500行业中性低波动指数为例进行介绍。

中证500行业中性低波动指数在中证500指数二级行业内选取低波动特征的股票为样本，在保持行业中性的同时，行业内股票采用波动率倒数加权。

这里的“行业中性”指数指的是：中证500行业中性低波动指数二级行业权重与中证500二级行业权重相同。

选样方法较为复杂，具体如下。

（1）对样本空间内股票计算最近一年日收益率的波动率（标准差）并升序排名。

（2）按照中证500成分股在中证二级行业样本数量分布，确定各二级行业的样本分配只数。具体方法是：第i行业样本配额=样本空间内第i行业所有候选股票数量/500×150。

（3）按照行业的样本分配只数，在行业内选取波动率排名靠前的股票。

（4）对各行业选取的样本做进一步调整，使成分股总数为150。

另一个常见的低波动策略指数是中证300行业中性低波动指数，选样方法、加权方式与中证500行业中性低波动指数类似，这里不再详述。跟踪低波动类指数的基金如表3—40所示。

表3—40　跟踪低波动类指数的基金

基金代码	基金名称	标的指数简称	基金规模（亿元）	基金成立日
003318	景顺长城中证 500 行业中性低波动	500SNLV	17.36	2017-03-03
512260	华安中证低波动 ETF	500SNLV	2.22	2018-11-30
512270	华安行业中性低波动 ETF	300SNLV	0.33	2019-03-07

截止时间：2020年3月31日

这里需要注意的是，跟踪300低波动的基金规模只有3 300万元，有清盘的风险。列在这里是因为其具有一定的代表性。

小结：从编制方式来看，策略指数主要通过选样方法和加权方式两个方面来体现指数对策略的应用。例如，低波动指数选取的是波动低的股票，并且在加权方式上按波动率的倒数来分配权重，波动率越低分配的权重就越高。策略指数是所有指数中编制方式最为复杂的指数，在投资策略指数之前，应对指数的策略逻辑、编制方式、历史表现等有一定的了解。

六、复合指数

除了上述介绍的宽基指数、行业指数和策略指数，还有一种复合指数，复合指数是指将宽基、行业、策略等相结合构成的指数。主要有如下几种结合方式。

策略+行业，例如消费红利指数；

策略+策略，例如标普中国A股质量价值指数、中证红利低波指数；

宽基+行业，例如沪深300医药指数；

宽基+策略，例如300低波指数、300红利指数。

下面介绍2个常见的复合类指数。

中证主要消费红利指数

中证主要消费红利指数（代码：H30094），于2013年7月2日由中证指数公司发布。该指数是从主要消费行业中选出过去两年的平均税后现金股息率排名在前30的股票，采取股息率加权计算，旨在反映主要消费行业的高分红股票行情走势。

复合叠加是为了达到增强收益的效果，从历史收益来看，大部分复合策略都可以达到增强效果。根据Wind数据，消费红利全收益指数自2005年12月30日的基日1 000点，截至2020年4月1日，涨到了39 859.27点，14年时间里上涨了近40倍，而中证主要消费全收益指数自2004年12月31日的基点1 000点，截至2020年4月1日，涨到了19 508.82点，上涨了19倍多。

一些以炒个股为主的股民对指数基金可能有一些偏见，认为其涨得太慢，收益不高。实际上，对于投资中的快和慢，一定要辩证地看。个股通常波动巨大，而指数一天涨2%~3%就非常高了。然而，投资是一场马拉松，不像百米赛跑，拼的是短期爆发力。在投资中，短期的快慢对最终的结果并不会产生多大的影响，就像消费红利和中证消费，即使不做择时，持有不动，长期也可以获得非常高的回报。

跟踪消费红利的基金为泰达消费红利指数A（008928），于2020年3月26日成立截至2020年6月30日，该基金的规模是1.19亿元。

中证红利低波动指数

中证红利低波动指数（代码：H30269）选取了股息率高且波动率低的50只股票作为样本股，旨在反映分红水平高且波动率低的股票的整体表现。前面讲过，策略指数的编制方式都比较复杂，这种双策略复合指数则更为复杂。

中证红利低波动指数的样本空间由满足如下条件的沪深A股构成：（1）过去3年连续现金分红且每年的税后现金股息率均大于0；（2）过去一年内日均总市值排名在全部A股的前80%；（3）过去一年内日均成交金额排名在全部A股的前80%。

选样方法：

（1）对样本空间的股票，计算其最近一年的红利支付率和过去3年的每股股利增长率，剔除支付率过高或者为负的股票（红利支付率过高：支付率排名在样本空间的前5%），剔除增长率非正的股票。

（2）计算剩余股票过去3年的平均税后现金股息率和过去一年的波动率；按照过去3年平均税后现金股息率降序排列，挑选排名居前的75只股票。

（3）将（2）中的剩余股票按照过去一年波动率升序排列，挑选排名居前的50只股票作为指数样本股。

从选样过程来看，总体思路是先利用股息率选股，再按波动率排名，选取波动最低的前50只，兼具红利和低波两种选股思路。

这种复合策略类的指数属于比较小众的品种，大部分跟踪红利低波类指数的基金规模比较小，如表3—41所示。

表3—41　跟踪红利低波类指数的基金

基金代码	基金名称	标的指数简称	基金规模（亿元）	基金成立日
515100	景顺长城中证红利低波动100ETF	红利低波100	12.82	2020-05-22

续表

基金代码	基金名称	标的指数简称	基金规模（亿元）	基金成立日
510890	兴业上证红利低波动 ETF	上红低波	5.03	2019-04-22
515300	嘉实沪深 300 红利低波动 ETF	300 红利 LV	2.16	2019-08-08
512890	华泰柏瑞中证低波动 ETF	红利低波	1.07	2018-12-19
005561	创金合信中证红利低波动指数 A	红利低波	0.86	2018-04-26
007466	华泰柏瑞中证红利低波 ETF 联接 A	红利低波	0.69	2019-07-15
005279	华泰紫金红利低波指数发起	红利低波	0.61	2017-12-01

截止时间：2020年3月31日

本节介绍了红利、基本面、价值、低波动这几种主要策略指数以及复合指数。至此，介绍了市场上主流的宽基、行业、策略以及复合类指数等国内的指数及部分跟踪的基金。总体而言，宽基和行业指数的跟踪基金较多，策略类和复合类跟踪的基金相对较少。

下一部分，将开始介绍投资海外的QDII指数，通过QDII基金，投资者可以轻松方便地投资海外的证券市场。

七、QDII股票指数

前面介绍了市场上比较常见的宽基指数、行业/主题指数、策略指数，下面开始介绍主流的QDII股票指数。

首先解释什么叫QDII，QDII是“Qualified Domestic Institutional Investor”的首字母缩写，即合格境内机构投资者。它是在人民币资本项目不可兑换、资本市场未开放的背景下做出的一项制度安排。

QDII基金的定义及优缺点

QDII基金是指在一国境内设立，经有关部门批准，投资境外资本市场的股票、债券、商品等有价证券的基金。

对广大投资者来说，如果想投资海外，如美国、德国等，又觉得开美股账户比较麻烦，出入金存在诸多不便，就可以通过QDII基金来进行海外投资。

那么，除了为广大投资者提供一个方便的海外投资渠道，QDII基金还有哪些优点呢？

1.不占用换汇额度

根据政策规定，每人每年只有5万美元的换汇额度。利用QDII基金做海外证券投资，不占用个人5万美元的换汇额度。

2.规避单一市场风险

水往低处流，投资无非是资产价值之间的对比，而投资的本质就是不断地去寻找价值洼地。

例如，历史上，2008年的美股就是非常难得的投资机会。海外资产与A股的相关性较低，学会一些海外投资的方法，可以拓宽投资渠道，规避单一市场的风险。

此外，相对于其他海外投资渠道，借道QDII基金投资海外的门槛更低，一般起购金额为100元甚至10元。

那么，相对于国内基金投资，QDII基金有哪些缺点呢？

1.流动性问题

由于QDII是拿着人民币兑换成美元等投资海外市场，卖出海外证券资产后，又要兑换成人民币，这就涉及国际汇款、换汇等问题。因此，申购赎回流程较长，买入确认日一般为T+2日，赎回确认日一般为T+2日，到账则要T+8日左右，甚至更长。因此，场外申赎QDII基金要特别注意流动性问题，以防出现急用钱而无法取出的情况。

2.外汇额度问题

机构在发行QDII产品前，需要向国家外汇管理局申请外汇额度。由于每只基金每年只能兑换一定额度的外汇，如果外汇额度用完了，那么基金只能暂停申购。

特别是当人民币贬值时，QDII的发行和申购热度往往较高，此时便会出现QDII额度告急的情况。此外，像2020年3月由于疫情的超预期扩散，全球市场极速下跌，大量的抄底资金也使得QDII基金的需求量大增，如果发行QDII基金的机构外汇额度不够，就会暂停申购。这时候想投资相应的QDII基金，只能转战场内，而由于场外暂停申购，此时场内基金可能会因买盘较多而出现大幅溢价的情况。

3.费率问题

由于是投资海外证券，一般来说，QDII的费率相对于投资国内同类型的指数基金费率稍高。例如，博时标普500ETF联接A(050025)，管理费率和托管费率合计为0.85%/年。

提到优缺点，还有人说，投资QDII可以规避汇率风险，这其实是一把“双刃剑”。QDII的投资收益取决于两个方面，一个是投资标本身的波动，另一个就是汇率的波动。

当人民币贬值，即使标的本身不涨，投资QDII也可以获益。相反，如果人民币相比外币升值，那么投资QDII便会带来汇率损失。

QDII基金的分类

按投资区域划分，QDII主要投资范围有全球、美国、欧洲、亚太等；当前市场上的QDII基金，有七成以上投资美国。

从具体投资品种来看，QDII的投资对象还是非常广的，主要有股票、债券、商品（主要是黄金和原油）等。

从投资方式来看，投资海外证券的基金也分为主动管理型基金和被动型基金。对大部分普通投资者而言，笔者还是建议配置被动型指数基金。原因主要有如下几个方面：

一是投资海外市场面对的风险更为复杂，由于信息劣势，对海外的投资标的了解起来也相对困难，对主动型基金经理来说，管理难度较大。

二是大部分投资者投资海外基金的目的并非获得当地市场的超额收益，而是鉴于海外市场与国内市场的相关性较低，作资产配置之用，因此，只需投资被动跟踪海外市场的指数基金，跟上市场的表现即可。

此外，对海外的成熟市场来说，市场有效性高，主动型基金很难战胜市场，长期投资，指数基金的胜算更大。

下面开始介绍市场上最为常见的港股和美股市场指数。

1.恒生指数

恒生指数（代码：HSI)是我国香港市场最早的一个指数，它由恒生指数服务有限公司编制，以港股市场中规模最大、成交活跃的50家上市股票为成分股样本，是反映港股走势最有影响力的一个股价指数。像投资者熟悉的腾讯控股、友邦保险、汇丰控股、港交所等知名公司都在港股上市，并成为恒生指数的成分股。

恒生指数于1969年11月24日首次公开发布，基期为1964年7月31日，基期指数定为100。

截至2020年4月14日，恒生指数价格指数涨到了24 435.4，而其全收益指数已经上涨到了70 872.6，足足上涨了700多倍。

恒生指数采用流通市值加权，并且为了避免指数受到单只个股的影响过大，规定了每只成分股的比重上限为10%。

投资港股市场需要了解当地市场的一些基本特征。港股市场与A股市场的不同点主要体现在如下两个方面：

（1）与A股交易规则不同

不同于A股市场的T+1交易，港股市场采用的是T+0交易制度，即投资者当天买入就可以当天卖出，并且不同于A股市场每日10%涨跌停限制，港股市场没有这种限制，因此，股票在一日内翻番或巨幅下跌都是有可能的。

（2）投资者主要来自欧美

中国香港是世界著名的自由贸易港，是重要的国际金融中心之一。香港金融市场成熟开放，资金进出方便，一直以来，港股的投资者大都来自欧美。

直到2014年，先后开通了沪港通和深港通，内地的投资者开始可以较为方便地投资港股市场，也是从那时开始，内地资金开始慢慢地从外资手上抢夺港股的定价权。

根据规定，内地投资者开通港股通有50万元的资金门槛，这将大部分散户挡在了市场外。对于没有开通港股通的投资者，想要投资港股，可以通过QDII指数基金。这样不仅可以分享港股长期的上涨，还可以规避个股的风险。

最后，介绍跟踪恒生指数的QDII指数基金的相关情况，如表3—42所示。

表3—42 跟踪恒生指数的QDII指数基金的相关情况

基金代码	基金名称	基金规模（亿元）	基金成立日
159920	华夏恒生 ETF(QDII)	73.70	2012-08-21
000071	华夏恒生 ETF 联接 (QDII)A	14.63	2015-01-13
513660	华夏沪港通恒生 ETF	11.08	2015-09-30
000948	华夏沪港通恒生 ETF 联接 (QDII)A	7.36	2018-05-10
005734	华夏沪港通恒生 ETF 联接 (QDII)C	4.19	2018-05-10
006381	华夏恒生 ETF 联接 (QDII)C	1.74	2019-11-27
513600	南方恒指 ETF	1.51	2019-11-27

截止时间：2020年3月31日

2.恒生中国企业指数

恒生中国企业指数又称“H股指数”，H股的“H”来源于香港的英文HONG KONG的首字母，指数代码为：HSCEI，反映了在香港上市的内地企业的整体表现，该指数包含了最大及成交量最活跃的在港上市的50家内地企业。

1993年7月，青岛啤酒(HK00168)在香港上市，成为第一家在港交所上市的内地企业。随着在港交所上市的内地企业越来越多，1994年8月8日，恒生指数服务公司推出了恒生中国企业指数。

该指数基准日为2000年1月3日，基值为2 000点，以港币作为结算货币。恒生指数服务有限公司按季度对恒生国企指数进行调仓。

截至2020年2月，恒生国企指数的前十大成分股分别为腾讯控股、中国建设银行、中国平安、中国工商银行、中国移动、中国银行、中国海洋石油、招商银行、中国人寿、融创中国。从行业分布上看，恒生国企指数中金融地产的占比较高。

该指数采用流通市值加权，并且为了避免指数受到单只个股的影响过大，规定了每只成分股的比重上限为10%。跟踪恒生国企指数的QDII指数基金的相关情况如表3—43所示。

表3—43 跟踪恒生国企指数的QDII指数基金的相关情况

基金代码	基金名称	基金规模（亿元）	基金成立日
510900	易方达恒生国企 ETF	107.78	2012-08-09
110031	易方达恒生中国企业 ETF 联接 (QDII)A	14.49	2012-08-21
161831	银华恒生国企指数分级	13.61	2014-04-09

续表

基金代码	基金名称	基金规模（亿元）	基金成立日
005675	易方达恒生中国企业 ETF 联接 (QDII)C	3.53	2018-02-09
160717	嘉实恒生中国企业	2.66	2010-09-30
159954	南方恒生中国企业 ETF	2.12	2018-02-08

截止时间：2020年3月31日

下面再来介绍最为常见的两只美国股票市场指数——标准·普尔500指数和纳斯达克100指数。

1.标准·普尔500指数

标准·普尔500指数（代码：SPX）（以下简称“标普500指数”）是由标准·普尔公司于1957年开始编制的，是美股市场上知名的指数之一。该指数的成分股取自美国主要的两大股票交易所——纽约证券交易所和纳斯达克证券交易所。

标普500指数所有成分股的总体市值可以占到美国股市总市值的80%，具有采样面广、代表性强、精确度高、连续性好等特点。因此，该指数也是理想的股票指数期货合约标的。

不同于道琼斯工业指数的股价加权，标普500指数采用比较普遍的市值加权的方式。根据标普官网，入选标普500指数的公司需要满足如下5点。

（1）所选公司必须是美国公司。

（2）市值资格：公司市值需要达到53亿美元或以上。

（3）公众持股量：超过50%的已发行股票须公开买卖。

（4）财务状况：公司必须于最新业绩公布季度以及先前四个季度（累计）获得盈利。

（5）流动性：流动性充足且价格合理，公司拥有高度流通普通股，并于活跃及高流通性市场买卖。

标普500指数长期上涨，过去十年，标普500总收益指数（考虑分红）的年化收益率约为13.99%。这主要得益于美国经济的快速发展。因此，投资指数就是分享一国的经济发展，在某种程度上就是“赌国运”。

全球顶尖的公司，如苹果、微软、亚马逊、谷歌以及巴菲特执掌的伯克希尔·哈撒韦公司等都是标普500的成分股。从编制方式和代表性来看，标普500指数类似于中国的沪深300指数。

由于中美两国的经济发展阶段、产业结构的不同，两只指数的行业结构存在着较大的区别。截至2020年4月15日，在沪深300指数中，金融地产和主要消费行业占了整个指数的近50%，其中，金融地产占35.1%，主要消费占13.5%。而标普500指数行业主要分布在信息技术、医疗保健和可选消费上。信息技术占33.8%，医疗保健占13.6%，可选消费占13.3%，这3个行业合计占比达六成。

那么，在我国有哪些跟踪标普500指数的指数基金呢？答案如表3—44所示。

表3—44　部分跟踪标普500指数的指数基金

基金代码	基金名称	基金规模（亿元）	基金成立日
513500	博时标普 500ETF	16.75	2013-12-05
050025	博时标普 500ETF 联接 (QDII)A	9.06	2012-06-14
161125	易方达标普 500 指数人民币	4.14	2016-12-02
096001	大成标普 500 等权重指数 (QDII)	1.95	2011-03-23
006075	博时标普 500ETF 联接 (QDII)C	1.04	2018-06-07

截止时间：2020年3月31日

2.纳斯达克100指数

纳斯达克证券交易市场成立于1971年，迄今已成为世界最大的股票市场之一。

纳斯达克100指数（代码：NDX）选取了在纳斯达克交易所上市的100只股票作为成分股。成分股具有典型的高科技、高成长、非金融的特点，是美国科技股的代表。2007年12月，百度成为首家计入纳斯达克100指数的中国公司。

纳斯达克100指数以1985年2月4日为基期，基点为100点。截至2020年7月1日，该指数的点位为10 279.25，35年上涨超过了100倍，表现可谓非常亮眼。纳斯达克100指数的走势图如图3—1所示。

从图3-1中可以看到，在1995年到2002年间，纳斯达克100指数经历了一轮“过山车”，指数短期内由400多点一路飙涨到了2000年3月26日的4 816点，涨幅达10倍左右，到达最高点后，转头向下，发生了巨幅下跌，一路跌至2002年10月8日的795.25点，跌幅超过了80%。

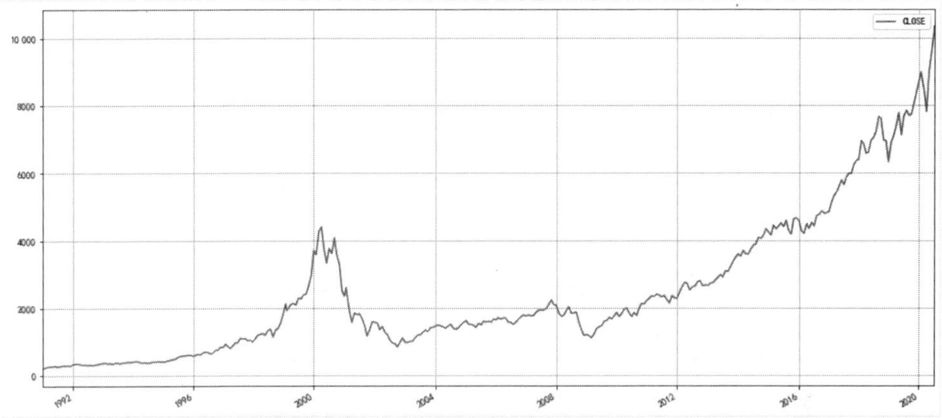

图3—1　纳斯达克100指数的走势图

这一段行情就是美国股市历史上著名的“互联网泡沫”，当时，只要是冠以.com的公司都会被炒上天。

在“互联网泡沫”时期，巴菲特守着自己的能力圈，不懂不做，没有投资互联网企业。一些金融评论员和杂志开始嘲笑巴菲特，《巴伦周刊》甚至在1999年12月的杂志上刊登封面文章*What's wrong, Warren?*(《沃伦，你怎么了?》)。时过境迁，互联网泡沫早已灰飞烟灭，巴菲特却依旧是巴菲特。

之后，纳斯达克100指数整装重新启程，历时14年后，一直到2014年才又重新站上了4 000点。截至2020年7月31日，纳斯达克100指数已经上涨到了10 905点。前十大权重股，苹果、微软、亚马逊、谷歌、英特尔、英伟达等都是世界上顶级的企业，并且前十大权重股就占了整个指数四成以上的仓位，分布非常集中。

2010年3月22日，国泰纳斯达克100指数基金（160213）正式发行，意味着国内的投资者可以方便地投资纳斯达克100指数。

随着这么多年基金市场的发展，现在跟踪纳斯达克100指数的基金也越来越多，部分跟踪纳指100指数的指数基金的相关情况，如表3—45所示。

表3—45　部分跟踪纳指100指数的指数基金的相关情况

基金代码	基金名称	基金规模（亿元）	基金成立日
270042	广发纳斯达克 100 指数 (QDII)A	16.35	2012-08-15

续表

基金代码	基金名称	基金规模（亿元）	基金成立日
040046	华安纳斯达克 100 指数 (QDII)	11.47	2013-08-02
513100	国泰纳斯达克 100ETF	8.18	2013-04-25
160213	国泰纳斯达克 100 指数 (QDII)	6.53	2010-04-29
000834	大成纳斯达克 100(QDII)	6.34	2014-11-13
161130	易方达纳斯达克 100 人民币	5.71	2017-06-23
159941	广发纳斯达克 100ETF	3.13	2015-06-10
006479	广发纳斯达克 100 指数 (QDII)C	2.32	2018-10-25

截止时间: 2020年3月31日

中国也有很多优秀的科技型企业，主要为互联网企业，如腾讯、阿里巴巴、京东、百度等，但这些公司都没有在A股上市，有的在港股上市，有的在美股上市。想要投资它们，可以通过QDII指数基金来投资，接下来介绍专门投资于中国互联网企业的两只指数，即中证海外中国互联网50指数和中证海外中国互联网指数。

中证海外中国互联网50指数（代码为H30533，简称中国互联网50指数）是中证指数公司开发的一只指数，该指数选取了在海外交易所上市的50家中国互联网企业，采用自由流通市值加权计算，反映在海外交易所上市知名中国互联网企业的整体表现。该指数的权重上限放得比较宽，单个样本股权重不超过30%。

中国互联网50指数以2007年6月29日为基日，基点为1 000点。指数样本股每半年调整一次。

还有一只指数和该指数非常相似，即中证海外中国互联网指数（简称中国互联网指数），代码为H11136，该指数也是选取海外交易所上市的中国互联网企业作为样本股，采用自由流通市值加权计算，反映在海外交易所上市中国互联网企业的整体走势。中国互联网指数的权重分配方式较为复杂，其中较为重要的一点是，任何比重大于10%的样本股将以10%为上限。

有的投资者可能要提出疑问，为何腾讯控股占比为10.43%，超过10%。10%的比例限定是指每次调仓后单个样本股的权重不超过10%，但随着涨跌变化，成分股的占比会发生改变，等到下一次调仓时，会将最高占比再调整至10%以内（含）。

中国互联网指数以2007年6月29日为基日，基点为1 000点。指数样本股每半年调整一次。

仅从定义来看，几乎看不出差别。二者最主要的区别在于成分股的权重不同。

截至2020年4月14日，对比两只指数的前十大权重股及其权重如表3—46所示。

表3—46　中国互联网50指数和中国互联网指数前十大权重股及其权重

中国互联网 50 指数		中国互联网指数	
股票名称	权重（%）	股票名称	权重（%）
腾讯控股	33.1	腾讯控股	10.43
阿里巴巴	28.75	阿里巴巴	10.07
美团点评 -W	6.63	京东商城	7.73
京东商城	6.62	美团点评 -W	7.47
百度	4.55	百度	6
网易	3.43	好未来	4.51
好未来	3.21	唯品会	4.49
拼多多	2.59	拼多多	4.48
携程网	1.72	网易	4.43
唯品会	1	哔哩哔哩	3.6
前十大成分股累计占比	91.6		63.21

截止时间：2020年4月14日

中国互联网50指数权重上限更宽，腾讯和阿里巴巴两家就占到了六成以上的比重，体现了互联网企业“赢家通吃、强者恒强”的特点，并且前十大权重股占到九成以上，非常集中。中国互联网指数则相对分散。这两只指数为想要投资中国互联网企业的投资者提供了不同的工具选择。

跟踪中国互联网50指数和中国互联网指数的主要指数基金如表3—47所示。

表3—47　跟踪中国互联网50指数和中国互联网指数的主要指数基金

基金代码	基金名称	标的指数简称	基金规模（亿元）	基金成立日
513050	易方达中概互联 50ETF	中国互联网 50 人民币	26.55	2017-01-04
164906	交银中证海外中国互联网指数型（LOF）	中国互联网	15.41	2015-05-27
006327	易方达中证海外中国互联网 50 联接（QDII-ETF）人民币 A	中国互联网 50 人民币	5.39	2019-01-18

截止时间：2020年3月31日

八、分析指数

指数基金是被动跟踪指数的基金，因此，在买入一只指数基金之前，首先要分析该基金跟踪的指数的相关情况。

例如，说到沪深300，我们知道，它是从沪深两市中选择市值大、流动性好的300只股票。其实从指数名称上，我们就可以大致看出其编制规则，指数中可能包含的信息有选样的范围、成分股的个数、选股策略或行业等。例如，沪深300的选样范围：沪深，成分股个数300只。沪深300地产等权重指数，顾名思义，从沪深300中选取归属于房地产行业的股票，采用等权重的方式加权。

然而，仅了解这些是不够的，我们还要了解指数具体的编制方式，尤其是编制方式较为复杂的策略类指数。分析一只指数，至少应该研究但不仅限于如下内容：样本空间、具体选样方法及步骤、加权方式、个股最高权重设置、调样频率、前十大权重股、行业分布等。

市场上有些指数，如沪深300医药、券商龙头、中国互联网50指数等，其前十大权重比例非常高。投资该类权重分布集中的指数还要单独研究占比高的个股情况。以中国互联网50指数为例，腾讯和阿里巴巴就占了60%以上，投资这只指数基金，就要更多的关注腾讯和阿里巴巴。

下面以一只具体的指数——中证红利指数为例，分析研究一只指数，到底要看些什么。

了解编制规则

了解指数如何编制是分析指数的第一步。中证红利指数由中证指数公司编制。打开中证官网，搜索“中证红利”或搜索代码：000922。在网页上会显示该指数的相关信息，包括指数简介、编制方案、指数单张、相关基金产品、相关公告等。我们主要关注如下几个方面的内容：

1.指数简介

指数简介是对指数的高度概括，也是指数编制的核心内容。它就好比一本书的简介，从中可以快速了解书的主要内容。以中证红利指数为例，它以沪深A股中现金股息率高、分红比较稳定、具有一定规模及流动性的100只股票为成分股，采用股息率作为权重分配依据，以反映A股市场高红利股票的整体表现。

2.编制方案

编制方案中内容较多，有的可能比较晦涩难懂，但大体上可以归纳为指数的样本空间、选样方法、加权方式以及调仓频率等几项内容。

样本空间是指指数从什么范围内选择股票。以中证红利为例，指数的样本空间由满足如下条件的沪深A股构成：过去两年连续现金分红且每年税后现金股息率均大于0，并且过去一年内日均总市值、成交金额排名在全部A股的前80%。这里首先明确了是从沪深A股中选择，而后在分红、股息率、市值和成交金额等方面做出了进一步的范围限定。

选样方法是指按照什么方法和步骤从样本空间中选出样本股。以中证红利为例：对样本空间内的股票，按照过去两年的平均税后现金股息率由高到低进行排名，选取排名在前100名的股票作为指数样本股。

加权方式是指如何确定指数成分股的比例，即确定成分股在指数股票组合中所占的权重。以中证红利为例，采用股息率作为权重分配依据。

分析主要特征

了解了编制规则，需要进一步分析指数的特征，主要包括如下内容：

1.前十大权重股

通过前十大权重股，可以直观感受到指数的持股特点。尤其对于持仓集中度比较高的指数，前十大权重股对指数涨跌的影响较大。还是以中证红利为例，截至2020年6月30日，该指数的前十大权重股以及占比如表3—48所示。

表3—48　中证红利指数的前十大权重股以及占比

股票名称	行　业	权　　重(%)
龙蟒佰利	原材料	2.53
方大特钢	原材料	2.33
九阳股份	可选消费	2.32
依顿电子	信息技术	2.26
康力电梯	工业	2.24
粤高速 A	工业	2.07

续表

股票名称	行　业	权　重(%)
旗滨集团	原材料	1.89
华联控股	金融地产	1.8
三钢闽光	原材料	1.73
东睦股份	工业	1.71

从表3—48中可以看出，中证红利前十大权重股占比为20.88%，占比不高，持仓占比最大的也只有2.53%，指数持仓较为分散。

2.行业分布

通过行业分布情况，投资者可以了解各行业在指数中所占权重的大小。比如，截至2020年6月30日，中证红利指数的行业分布如表3—49所示。

表3—49　中证红利指数的行业分布

行业名称	金融地产	原材料	工业	可选消费	主要消费	公用事业	能源	信息技术	医药卫生	电信业务
占比	22.29%	21.48%	21.88%	15.81%	5.92%	4.12%	3.91%	3.78%	0.82%	0

从表3—49中可以看出，金融地产、原材料、工业等强周期性行业在指数中的占比较高，指数走势受这些行业的影响较大，而信息技术、医药卫生等行业占比较小。可见，从行业分布来看，它与创业板等信息技术、医药卫生占比高的指数风格迥异。因此，像2020年上半年信息技术、医药卫生表现好的时间段，中证红利便难有表现。

3.历史收益情况

中证指数官网上有指数的历史收益率情况，但是展现的内容相对简单，如果投资者希望了解详细的指数历史收益走势，那么可以通过一些软件，比如，券商行情软件或专门的金融数据服务软件，如Wind、Choice等。通过这些软件，还可以将其走势和别的指数进行叠加，将指数之间的走势和收益情况进行对比。

需要注意的是，指数的历史收益不代表未来，每个阶段指数的收益率和市场整体行情、市场风格等因素息息相关。查看指数历史收益重点是关注指数在市场不同行情下的相对强弱表现，对指数在各种环境下可能的表现做到心中有数。

4.估值情况

前面讲过，在购买指数基金时，最好在低估时买入。再好的品种，买贵了也赚不到钱。最典型的例子是，如果在美国的互联网泡沫时买入纳指100指数基金，那么要等十几年后才能解套。因此，估值是分析一只指数时不得不研究的重要方面。这就涉及如何对指数进行估值的问题。这一块内容相对复杂，我们会在后面专门进行介绍。

九、指数的行业属性

前面介绍了分析一只指数的大致思路。任何一只指数，无论其编制方式、选样流程多么繁复，最终都要落脚到行业和个股。换句话说，每一只指数都自带一定的行业属性。

宽基、行业、策略这3类指数中，行业类指数的行业分布简单明晰。中证主要消费、成分股来自主要消费行业；中证军工，成分股便来自军工行业。但是，宽基指数、策略指数以及主题指数都会包含各种行业。其中，主题指数主要涵盖该主题的上下游行业。因此，在投资非行业类指数基金时，投资者要特别注意其行业的分布问题。

上证50、沪深300、中证500、创业板指等宽基指数是指数基金跟踪最多的指数，为了让读者能够加深对宽基指数的认识，本节重点介绍这几只主要宽基指数的行业属性。

在前面介绍过，上证50、沪深300、中证500这几只指数是以市值作为选股的标准。这里简单回顾一下。

上证50指数代表了上海证券交易所市值最大的50只超大盘股；

沪深300指数代表了沪深两市市值最大的前300只大盘股；

中证500代表了沪深两市市值排名从300到800的中盘股。

在宏观经济运行过程中，一些行业由于发展历史悠久，处于成熟期，天然具备大市值的特性，例如金融地产行业的公司，所以，这些行业的股票在以大盘蓝筹为主要成分股的上证50、沪深300等指数中占比较高。

截至2020年5月6日，上证50指数中占比最大的行业为金融地产，行业占比为54.58%，投资上证50指数基金，相当于投资了五成以上的金融地产行业。

一些科技、信息类的个股大部分属于创业型公司，一般市值较小。因此，信息行业在上证50、沪深300等大市值指数中的比例较小。此外，从指数的功能定位来看，创业板主要定位是为创新创业型的公司提供融资渠道。因此，信息技术类公司的占比势必较高。

下面就通过分析几个主要宽基指数的行业属性，来看一看，当我们投资沪深300指数基金时，主要投向哪些行业；当我们投资创业板指数基金时，实际上在投注哪些行业。表3—50所示为几个主要宽基指数的行业分布情况。

表3—50　几个主要宽基指数的行业占比分布情况

指数名称	上证 50	沪深 300	中证 500	中证 100	深证 100	创业板指
能源	2.99	1.93	2.14	2.23	0.24	0
原材料	4.54	6.57	15.85	4.33	2.77	4.37
工业	10.23	11.03	20.36	8.03	8.42	15.37
可选消费	3.91	10.33	10.31	10.34	20.48	5.35
主要消费	12.86	11.97	4.43	15	16.24	10.09
医药卫生	6.9	7.79	11.75	5.03	12.22	26.05
金融地产	56.06	36.05	8.49	46.26	17.93	5.36
信息技术	1.05	10.03	21.33	4.37	18.67	29.42
电信业务	1.46	2.02	2.86	1.92	2.84	3.99
公用事业	0	2.27	2.49	2.49	0.18	0

截止时间：2020年2月17日

由表3—50可以看出，作为大盘股代表的上证50前3个行业为金融地产、主要消费和工业。中证500的占比前3个行业分别为信息技术、工业和原材料。

在研究行业占比的同时，也要注意一些细节，比如，在深证100指数中可选消费占20.48%，其中格力和美的两家公司就占了13.57%，在创业板指中主要消费占10.09%，其中温氏股份就占了8.88%。由于宽基指数都是按市值加权，投资者在研究指数的过程中，对于一些市值较大的公司，应给予更多的关注。

此外，从表3—50中还可以看出，成分股越少的指数，集中度越高，比如上证50，金融地产占比高达56%，而成分股个数较多的沪深300和中证500的行业分布则相对均匀。

根据主流宽基的行业分布，我们得知，当信息类和医药卫生类的个股表现好时，往往创业板指表现优秀；当传统金融、地产表现好时，上证50和中证100表现更好。

在股市中，投资风格经常是风水轮流转。在2007年大牛市中，钢铁、煤炭、有色金属、地产等周期股表现出色，2014年大蓝筹不受市场待见，2015年，创业板的估值被炒到100以上，之后便一路下跌，一直到2019年、2020年，创业板表现又明显好于传统大盘蓝筹股。2017年则是上证50、沪深300表现亮眼，2017年也被市场称为价值投资元年。

当然，上述行业分布只是从中证一级行业来分析的，一级行业之下还有更细分的二级、三级、四级行业，例如，主要消费中还包括农林牧渔、食品饮料等二级行业。投资者如果有兴趣可以进行更深入的研究。

在指数投资过程中，不仅宽基指数有行业之分，策略指数、主题指数也存在行业分布的问题。那么，行业分布的研究对于指数投资有什么意义呢？

首先，便于选择看好的行业。如果看好金融地产，那么可以选择上证50、中证100；如果看好信息技术、医药卫生，那么可以选择创业板指。

其次，便于做行业上的分散。比如，从分散配置的角度来看，如果已经配置了上证50指数基金，除非特别看好金融地产的未来行情，否则没必要再重复配置金融地产行业的基金。另外，中证传媒指数中的信息技术行业占比达五成左右，如果配置信息行业指数，那么应考虑该因素。

只有了解了指数的行业占比，才能对仓位分布进行整体的规划。有的投资者投资了很多只指数基金，此时就更需要注意行业分布问题，你无意间可能超配了你并不想超配的行业，承担了过多的行业风险，也可能低配了你看好的行业，达不到预期的收益。

当然，行业大体稳定，但分布并非一成不变，指数一般按半年或一年的频率进行调仓，当投资指数基金时，投资者可以根据其最新持仓情况，对整个投资组合的行业分布进行研究，做到心中有数。

十、指数的加权方式

前面介绍了指数的行业分布问题，本节介绍个股在指数中是如何分布的。个股在指数中的权重占比取决于加权方式。加权方式在前面的章节中陆续有所涉及，在此进行系统性的介绍。市场上的指数加权方式主要有3种：一是市值加权；二是等权；三是策略加权。其中，策略加权又可分为：股息率加权、波动率加权、基本面加权等。下面分别介绍这几种加权方式及特点。

1.市值加权

市值加权是以股票的市值为权重来确定指数中各股票的占比，是最为常见的加权方式，也是用得最多的加权方式。举一个简单的例子，在某市值加权的指数中，成分股A市值为500亿元，成分股B市值为1 000亿元，那么成分股B的权重就是A的两倍。现实中市值加权指数的权重计算会更复杂一些，但总体思路不变。

市场上最为常见的宽基指数，如上证50、沪深300、中证500、中证1000、创业板指等指数都是采用市值加权的方式进行编制。另外，中证消费、中证医药卫生指数等行业指数也是采用市值加权。

此外，为了避免某些个股的权重占比过大，有的市值加权指数会限制单只个股的权重占比或根据样本数量设置不同的权重上限。以中证行业指数系列为例，其成分股权重上限设置与样本数量有关。具体如下：

若样本数量低于10只或高于100只，则不对样本股设置权重上限；

若样本数量在10只（含）至50只之间，则对单个样本股设置15%的权重上限；若样本数量在50只（含）至100只之间，则对单个样本股设置10%的权重上限。

通常一个指数系列的编制方式是相同的。例如，上述中证行业指数系列的指数编制规则相同，对权重有所限制。而沪深300行业指数系列的指数计算方法与沪深300指数相同，没有对权重进行限制。

市值加权方式，简言之就是市值越大，权重越高，它与“强者恒强”的理念不谋而合，客观上会导致某只指数的权重倾斜到头部几个市值较大的公司，在指数成分股市值大小差别很大且成分股个数较少的情况下，这种效应更为明显。

例如，300医药指数，它是由沪深300指数样本股中选取属于医药卫生行业的股票组成，截至2020年6月12日，恒瑞医药一家的权重就占到了26.61%，而由于成分股只有26只，前十大权重股非常集中，占比达到71.56%。

按照市值加权导致指数集中于头部几个公司的典型例子还有中证海外中国互联网50指数。在2019年5月13日之前，其编制方式规定：个股占比不超过20%；

之后，中证指数公司将编制方案做了变更，将个股权重上限调整至30%，这项变更使得腾讯和阿里巴巴两只股票在指数中的权重就占到了六成以上。

对于投资集中好还是分散好的争议一直不绝于耳，支持集中投资的人认为：强者恒强，集中投资有利于这种“马太效应”的发挥；而分散投资的支持者认为权重过多地分配于一两家公司，会导致指数被个别公司绑架，个股风险太大，如果过于偏重于几家头部公司，那么还不如直接投资个股。对于集中好还是分散好，见仁见智，很难给出统一的答案，这取决于投资者的认知、能力圈和风险偏好等诸多因素。

2.等权

等权的加权方式是指每只股票在指数中的权重是相等的。例如，如果某指数的成分股有100只股票，那么每只股票的权重就是1%。

《证券投资基金运作管理办法》规定，同一只基金持有一家上市公司的股票，不得超过股票市值的百分之十。由于无论市值大小如何，每只股票都给予同样的权重，等权的加权方式总体会使该只基金偏向于小市值风格。同时，由于小股票流动性较差，基金建仓的时候容易出现流动性不足，或出现建仓时价格被推高的现象。

因为整体规模受制于最小市值的那只股票，跟踪等权指数的基金规模往往也很难做大。等权加权方式的指数在市场上属于小众品种，常见的有中证养老、地产等权、医药100、国信价值、价值回报等指数。

3.策略加权

策略类指数是指按照相应的策略作为权重分配依据。通常有股息率加权、基本面加权、波动率加权等。

股息率加权就是以股票的股息率作为权重分配依据。股息率高的个股在指数组合中的占比高，股息率低的占比低。典型如中证红利、上证红利等指数。

基本面加权是指数以基本面价值作为权重分配的依据，个股的基本面价值通常取决于营业收入、现金流、净资产、分红这4个指标。一般来说，规模大的公司，其营业收入、现金流、净资产、分红的金额更高，在指数中的权重也更大。常见的指数有基本面50、基本面60、基本面120等指数。

波动率加权是低波类策略指数采用的加权方式，按照低波动策略原理，为了选出一篮子波动率低的股票，该类指数采用波动率的倒数作为权重分配比例，即波动率越大，分配的权重就越小，例如中证500行业中性低波动指数。

上述3种加权方式相当于在选股方式的基础上进行了策略加强。因为红利类策略指数本身选取的就是高股息率股票，又通过股息率高低作为权重分配依据，加大了高股息率股票在组合中的权重，更加突出了红利因子在组合中的风险暴露。基本面和低波动策略指数的道理类似。

此外，加权方式和指数成分股的调仓换股也有一定的关系。大部分指数是按半年或一年的频率进行调仓，偶有按季度调仓。由于市值具有相对稳定性，市值加权的指数稳定性较高，成分股的换手率相对较低，而红利、低波动等策略类指数的换手率则较高，成分股调仓比例较大。

通过上述介绍，可以看出成分股在指数中的实际权重分配主要与如下几个因素有关。

一是指数加权的方式。不同加权方式决定了成分股的占比不同。

二是指数成分股个数。一个只有30只成分股的指数和一个有500只成分股的指数，其成分股的权重分布势必不同。例如，截至2020年6月24日，中证银行成分股有36只，中证500指数的成分股有500只。尽管两者都采用市值加权方式，中证500指数的前十大权重股的占比只有6.21%，最大的成分股为南极电商，占比只有0.8%，而中证银行的前十大权重股的占比为71.49%，最大的成分股为招商银行，占比为14.59%。

三是个股权重上限的规定。一般来说，普通的宽基指数，如沪深300、中证500等都没有对个股权重上限做出规定。而一些行业类指数和策略指数，为了避免单只个股的权重过大，会做出相应规定。例如，中证消费50指数（931139）、消费红利指数(H30094)、中证消费龙头指数（931068）均规定：单个样本股权重不超过15%。对于权重上限的相关规定可以具体查阅指数的编制方案。

第四章

指数基金的基础知识

前面用了一章的篇幅，介绍了指数的基础知识，主要包括指数的概念及如何编制，指数的分类，并重点介绍了市场上常见的宽基指数、行业/主题指数、策略指数以及QDII指数。为了方便查找和投资，在介绍指数的同时，还将指数对应的基金列在其中。在了解了当前市场上主要有哪些指数基金后，我们逐渐开始介绍如何选择和投资指数基金，本章先从介绍指数基金的基础知识开始。

一、指数基金的5种形式

通过前面的介绍，我们知道，指数主要起到表征、指示、反映一篮子股票价格涨跌的作用，它是不能用来交易的。以沪深300为例，由于指数基金被动跟踪指数，跟踪沪深300指数的指数基金的持仓就是完全复制指数中的股票和相应的比例。因此，购买指数基金就相当于买了指数中所包含的一篮子股票。

比如，你看好消费行业，但不懂得如何挑选个股，或者资金量不大，想买茅台、伊利、双汇等，但每只股票都买，资金又不够，此时，就可以通过中证消费指数基金进行投资。你可以在场内买入跟踪中证消费指数的指数基金——汇添富中证主要消费ETF（159928），场内交易以手为单位，2020年6月30日，场内基金的价格为3.716，买一手的价格就是371.6元，相当于你只需要花300多元就可以同时拥有中证主要消费指数中的48只成分股，包括贵州茅台、五粮液、伊利股份、海天味业等。

如果没有股票账户，那么你可以通过场外渠道购买跟踪中证消费指数的场外指数基金，比如，汇添富中证主要消费ETF联接（000248）。场外购买的门槛就更低了，比如在天天基金平台，该基金规定的买入门槛为10元起购。

我们日常投资的指数基金主要包括如下5种类型：ETF、ETF联接基金、LOF、分级母基金和普通开放式指数基金。

首先说明的是，上述5种形式的基金均属于开放型基金。开放型基金是指在基金设立时，发行的基金单位总份数不固定，没有发行规模限制，投资者可随时提出申购或赎回申请，基金规模亦随之增加或减少。

与之相对的是封闭式基金。封闭式基金是指基金发行总额和发行期在设立时已确定，在发行完毕后的规定期限内基金份额固定不变的证券投资基金。封闭式基金的投资者在基金存续期间不能向发行机构申购或赎回基金份额，但对于在证券交易场所上市的封闭式基金，我们可以在券商账户里以场内交易的方式买卖。

下面对这5种形式的指数基金进行逐一介绍。

ETF

ETF，是Exchange Traded Funds的缩写，它是指交易型开放式指数基金。ETF在场内交易，这个“场”是指沪深证券交易所。因此，ETF是在上海和深圳证券交易所上市交易的指数基金，如果投资者想交易ETF，就必须要开立证券账户。

ETF基金主要有如下几个特点：实物申购和赎回、跟踪误差小、高仓位运行、资金利用效率高。

采用实物进行申赎是ETF非常特殊的一个机制，所谓“实物申赎”是指：如果投资者想申购ETF，就必须要用一篮子股票换取ETF份额。同样地，在赎回时，用基金份额换回的是一篮子股票，而非现金。ETF申购赎回在证券交易所进行。

以华泰柏瑞沪深300ETF(510300)为例，如果想申购510300，投资者就必须按照基金公司当日公布的申购赎回清单，按比例准备好中国平安、贵州茅台、招商银行等指数成分股，配齐后再去申购ETF份额。

由于ETF这种特殊的实物申赎机制，基金经理并不需要预留现金以应对大额赎回，ETF能够一直保持着高仓位运行，也不会因投资者申赎而频繁买卖股票，付出交易成本。因此，ETF的跟踪误差通常很小。

在基金介绍中，我们可以看到，510300的业绩比较基准就是沪深300指数。如果是ETF联接基金等其他类型指数基金，那么它的业绩比较基准一般是被跟踪的指数收益率×95%+活期存款利率(税后)×5%，这是因为其他类型的指数基金都必须要预留一部分资金来应对赎回。

由于申购ETF指数基金需要买齐一篮子股票，对资金的要求通常较大，申购门槛较高，大部分投资者并不具备这样的资金实力，而且操作起来比较复杂。现实中，投资ETF一般是通过证券账户直接进行买卖交易，最低100股就可以成交。

ETF每15秒钟提供一次二级市场基金净值报价，像股票交易一样方便，投资者很容易频繁买卖，虽然ETF场内交易不收印花税，且交易佣金较低，但如果频繁交易，总体交易费率反而会更高。特别是一些跨境ETF，如H股ETF（510900）、恒生ETF（159920）等，可以实现T+0交易，被部分投资者当成了短线炒作的工具。笔者并不推崇这种短线炒作的投资方式。

ETF联接基金

ETF联接基金是投资于ETF基金的场外基金，它采用场外开放式运作方式，为没有开通证券账户的投资者提供了一个方便投资ETF的通道。为应对赎回，联接基金一般留有5%的现金仓位。以易方达沪深300ETF联接A（110020）为例，它的业绩比较基准是沪深300指数收益率×95%+活期存款利率(税后)×5%。因此，ETF联接基金的股票持仓占比没有ETF高。

当一些场内ETF的流动性较差，不方便买卖时，投资者就可以采用在场外申赎相应的ETF联接基金的方式来交易。

和其他场外开放式基金一样，ETF联接基金一天报价一次，因此，可以降低操作频率。如果你是投资新手，那么可以考虑采用场外申赎的交易方式，这样可以很大程度上避免追涨杀跌、频繁交易。

LOF

LOF是Listed Open-Ended Fund的缩写，即上市型开放式基金。上市型开放式基金发行结束后，投资者既可以在销售网点申购与赎回基金份额，也可以在交易所买卖该基金。相当于在保持现行开放式基金运作模式不变的基础上，增加了交易所交易的渠道。

LOF基金是中国资本市场的一个创新，它是可以上市交易的开放式基金。与ETF的实物申赎机制不同，LOF基金的申购和赎回都是用现金。

LOF的交易机制非常灵活，它不仅可以在场内买卖交易、申购赎回，还可以在场外申购赎回。

由于场内和场外的注册登记系统不同，如果在场内买入，想要在场外赎回，或在场外以净值申购，想要在场内卖出，都必须要办理转托管手续。

基金净值是按每日交易所收市后的基金资产净值计算，申赎以当日收盘后计算的净值为准。场内的交易以交易价格为准，按场内的供求关系进行撮合报价。这样就会出现场内交易价格与基金净值不同的情况，也为投资者提供了套利的机会，加之LOF基金的交易门槛较低，便于投资者进行套利操作。

当场内交易价格低于基金净值时，投资者可以在场内买入，然后按净值赎回获得差价；当场内交易价格高于基金净值时，投资者可以按净值申购，然后在场内卖出获取差价。需要注意的是，这种套利机会并不多见，而且并非无风险套利，投资者需要承担一定风险。

LOF指数基金投资渠道多样、交易机制灵活，因此，费率通常要比ETF高。例如，嘉实基本面50指数(LOF)A(160716)，其管理费和托管费合计达1.18%。而华泰柏瑞沪深300ETF(510300)的两费合计为0.6%，易方达沪深300ETF联接A（110020）的两费合计仅为0.2%。

分级基金

国内第一只分级基金其实早在2007年就发行了，但是，真正让其名声大噪的是2015年的大牛市。2015年上半年，分级基金总规模从1 947.52亿元增加至5 124.57亿元。

当时，分级B高杠杆带来的高收益让很多投资者记忆犹新。后来，随着大盘急速下跌，许多不懂得交易规则的B份额投资者遭遇大幅亏损。然而，与此同时，折价分级A的防御性也让很多聪明的投资者躲过一劫，甚至赚上一把。

分级基金是一个结构化的产品，它将净值拆分成A和B，母基金净值就等于A类子基净值×A份额占比加上B类子基净值×B份额占比。

简单来说，B份额的持有人借A的钱炒股，每年向A份额的持有人支付约定利息，利息一般为银行一年定期存款利息加上0到2个百分点。

对大部分普通投资者而言，想弄清楚分级基金的交易机制以及“上折”“下折”等概念并非易事。我国市场投资者教育体系尚不够完善，使得一些持有分级B的投资者毫无防备地遭遇下折的巨大亏损。

回顾过往，分级基金是“成也杠杆、败也杠杆”，而其复杂的产品结构设计也很快成为历史。根据相关政策规定，到2020年年底前，各级监管机构需逐步完成分级基金的规范清理工作，分级基金将逐步退出历史舞台。

没有进行A、B份额拆分的分级母基金其实就是普通的开放型指数基金，可以在场外申购和赎回，也有少部分分级母基金可以在场内交易。由于分级基金的特殊机制，其费率一般较高。以招商中证白酒指数分级(161725）为例，其管理费和托管费合计达1.22%，明显高于其他类型的指数基金。

普通开放型指数基金

除上述4种类型外，还有一种指数基金，即普通场外指数基金。在指数基金出现的早期，普通场外指数基金是指数基金的主流产品，它是最传统的指数基金。普通指数基金就是跟踪某指数的普通场外开放型基金。例如，农银沪深300指数A（660008），其业绩比较基准为：跟踪指数的收益率×95%+银行活期存款利率(税后)×5%。普通场外指数基金遵循的是场外开放型基金申赎的一般规则。

对于上述5种类型，投资者在场内可以买卖的是ETF、LOF、分级A、分级B以及少数分级母基金，可以在场外申赎的是LOF、ETF联接基金、普通开放型指数基金和分级母基金。

就场内的流动性而言，ETF的流动性一般好于LOF。为方便投资者，很多基金公司还会给场内的ETF提供做市商，以保证场内基金的流动性。

从费用来看，ETF、ETF联接基金费用较低，LOF、分级基金的费用较高，费用的高低和基金公司也有一定的关系。关于投资指数基金的费用，在下一部分中将详细介绍。

二、指数基金投资费用全知道

在了解了指数基金的5种形式后，下面开始介绍指数基金的费用问题。因场内、场外购买渠道的不同以及基金种类的不同，指数基金的费用也不同。费用低廉是指数基金相较于主动型基金最大的优势，一般来说，主动型基金的管理费通常为每年1.5%。指数基金的管理费则大部分在每年0.5%。这1%的费用差看似相差不大，但是，如果长期投资，10年甚至20年，在复利的作用下，就可以产生不可小觑的收益差别。

这些年，随着各家基金公司指数基金的发行竞争愈加激烈，指数基金的管理费总体呈下降的趋势，个别指数基金的管理费甚至低到了0.15%。例如，易方达沪深300ETF联接A(110020）、平安创业板ETF(159964)。基金公司竞争越激烈，费率越低，对投资者越有利。

下面就来盘点一下，在投资指数基金的过程中，需要支付哪些费用。

指数基金的投资费用总体可分为两类：交易费用和运作费用。交易费用主要可分为申购费、赎回费、销售服务费、交易佣金等。运作费用主要有管理费、托管费、指数使用费等，是一种隐性费用。比如，管理费和托管费，会在每日公告的净值中予以扣除，因此，我们无法直观看到，也意识不到这笔费用的存在。

1.申购费

申购费是申购基金时需要支付的费用。我们申购指数基金主要有如下渠道：银行、券商、各基金公司网站、第三方基金销售平台。目前常见的第三方基金销售平台有天天基金、蚂蚁财富、腾讯理财通、蛋卷基金、且慢等。

第三方基金销售平台申购费一般有一折的优惠，并且相对于其他渠道，第三方基金销售平台更像是一个基金大卖场，品种齐全、交易便捷，因此越来越受到广大基民的青睐。

具体费率方面，指数基金的申购费通常在1%至1.2%之间，打一折后就是0.1%至0.12%。

同时，申购费还与申购的金额相关，以易方达沪深300ETF联接A为例，其申购金额分档费率如下（其中，适用费率为打折前费率）。

小于100万元，适用费率：1.2%。

大于等于100万元，小于500万元，适用费率：0.8%。

大于等于500万元，小于1000万元，适用费率：0.2%。

大于等于1000万元，适用费率：每笔1000元。

可见，申购金额越大，费率越低。

2.赎回费

赎回费是在基金赎回时需要支付的费用，赎回费通常和基金持有时间挂钩，以易方达沪深300ETF联接A为例，其赎回费率分档如下。

小于等于6天，适用费率：1.5%。

大于等于7天，小于等于364天，适用费率：0.50%。

大于等于365天，小于等于729天，使用费率：0.25%。

大于等于730天，费率为0。

可见，持有时间越长，赎回费率越低，2年以后，赎回费就免除了。按时间长短来设置赎回费率档位主要是为了鼓励基金投资者长期持有。

这里需要特别提醒的是，根据《公开募集开放式证券投资基金流动性风险管理规定》，针对除货币市场基金与交易型开放式指数基金外的开放式基金，对持续持有期少于7日（自然日）的投资者收取不低于1.5%的赎回费，并将上述赎回费全额计入基金财产。这里的“7日”是自然日，而非工作日。从上述规定可以看出，这个惩罚性赎回费对货币基金和ETF是豁免的。

3.销售服务费

提到销售服务费，首先要分清基金的A类份额和C类份额，也即前端收费和后端收费。前端收费的A类收取的是申购费和赎回费，不收取销售服务费。后端收费的C类收取的是销售服务费和赎回费，无申购费。我们还是以易方达沪深300ETF联接A和C为例来说明，这里假定申购费打1折。

A类1年以内的费用：申购费0.12%、赎回费0.50%，合计为0.62%。

A类1~2年的费用：申购费0.12%、赎回费0.25%，合计为0.37%。

A类2年以上的费用：申购费0.12%、赎回费0，合计为0.12%。

C类费用：

销售服务费：0.2%/年，2年费率合计为0.4%。

C类的赎回费用如下：

小于等于6天，适用费率为1.5%；

大于等于7天，适用费率为0。

从上述可以看出，如果打算长期持有，那么持有A类份额更划算。如果短期操作，持有一年以内，那么可以申购C类份额。

上述是以易方达沪深300ETF联接基金为例，来说明A类和C类场外基金的费用情况，具体到每一只基金还有差别。投资者可以去购入渠道查找基金的具体费率情况。

4.交易佣金

交易佣金是指在场内买卖指数基金时需要支付给券商的费用，如ETF基金、场内交易的LOF等。指数基金交易免交印花税。

交易佣金是双向收取的，即买卖各收取一次。对于指数基金的交易佣金每家券商的规定有所不同，一般来说，默认为万分之二到万分之三的费用，并且有最低佣金5元。但是，券商为了争夺客户，可能会给出更低的费率。

5.管理费

管理费是基金经理管理基金时收取的费用，这项费用支付给基金公司。由于指数基金被动跟踪标的指数，基金管理的目的是复制跟踪指数、减小跟踪误差，对基金经理的主动管理能力要求低于主动型基金，所以，管理费用比主动型基金便宜，二者相差大约1个百分点。

有一类基金介于指数基金和主动型基金之间，即指数增强型基金。指数增强型基金在跟踪指数的基础上进行主动管理，试图超越指数的表现。由于加入了主动化管理，其费率也高于指数基金。例如，富国沪深300增强基金，其管理费率为1%。总体而言，管理费率随着主动管理程度而有所不同，具体如下：

主动管理程度依次为指数基金<指数增强型基金<主动型基金，相应地，管理费率依次为指数基金<指数增强型基金<主动型基金。

6.托管费

托管费是指基金托管人（一般为商业银行）为保管和处置基金资产而向基金收取的费用。该费用由基金公司代基金产品所属托管银行收取，最终付给托管银行。

一般来说，主动型基金的托管费高于指数基金。例如，易方达中小盘混合（110011）托管费率为0.25%/年，而易方达沪深300ETF联接A(110020)的托管费率每年只有0.05%。

7.指数使用费

指数使用费，现实中我们较少听到，它是基金公司在被动跟踪某指数时支付给指数编制公司的费用，即指数许可使用费。常见的指数编制公司如中证指数有限公司、深圳证券信息有限公司、标普道琼斯指数公司、恒生指数有限公司等，指数使用费从基金财产中支付。

对于指数使用费的收取方式和比例，每只基金的规定有所不同，可以在具体基金的招募说明书中查阅，具体可见招募说明书中“基金的费用与税收”项目。比如，南方中证500ETF规定：在通常情况下，每年的指数许可使用费为基金资产净值的0.03%，逐日计提。还有一些指数基金的招募说明书中没有关于指数使用费的相关条款。该项费用也是投资者在投资过程中感受不到的隐性费用。

上述介绍了投资指数基金的主要费用，有的费用与投资渠道有关，例如场外缴纳申赎费，场内缴纳交易佣金，有些费用与基金公司的规定或指数基金的形式有关。跟踪同一只指数的指数基金，同等条件下，应该选择费用最低廉的那个。基金投资收益是不确定的，而费用的支付是确定的，省到就是赚到。下一部分主要介绍跟踪同一只指数的指数基金该如何选择。

三、跟踪同一只指数的基金该如何选择

选择指数基金的过程可分为如下两个步骤：第一步选择看好的指数，第二步就是在跟踪这只指数的基金中，选择一个最优的。当然，如果该指数只有一只基金跟踪，那么没什么好挑选的。像上证50、沪深300等宽基指数，跟踪的基金众多，截至2020年5月11日，跟踪沪深300指数的指数基金有七十余只（同一只指数基金的A类和C类份额分开算）。几乎每家基金公司都有相应的基金产品，这时就需要进行选择。

需要说明的是，这里所说的指数基金不含指数增强型基金。指数增强型基金是在被动跟踪指数的基础上加上了基金经理的主动管理。操作方式上主要有成分股的增、减以及改变成分股的权重占比等。增强型基金的主要目的是战胜基准指数，不在本节讨论之列。

对于同一只指数，如果有很多只指数基金跟踪，那么该如何选择呢？这里有如下几个小技巧。

首先，便宜才是硬道理。

指数基金的目标是复制指数的表现，而不追求获得相对于指数的超额回报。因此，跟踪同一只指数的基金，其预期收益是一样的，这时基金的费用就显得尤为重要，在同等条件下，费用越低越好。

在之前的章节中介绍过，指数基金的费用主要有申购费、赎回费、交易佣金、管理费、托管费等。其中，申购费取决于申购渠道、申购金额，赎回费因持有

时间的不同而不同，交易佣金则取决于券商，这里对比的费用主要是管理费、托管费。

一般来说，ETF和ETF联接基金的费率最低，然后是普通指数基金、LOF，分级基金的费率通常是最高的。以沪深300为例，各种形式的指数基金，其每年的管理费和托管费合计对比举例如下：

华泰柏瑞沪深300ETF和其相应的联接基金为0.6%；

大成沪深300指数A为0.9%；

鹏华沪深300指数(LOF)A为0.9%；

银华沪深300指数分级为1.22%。

即使是同一种形式的指数基金，各家基金公司规定的费率也会有所不同。例如，易方达沪深300ETF联接A的管理费和托管费合计只有0.2%。前面介绍过，随着指数基金发行竞争越来越激烈，费用有下降的趋势，成立最早的博时沪深300指数A（2003年8月成立），其管理费和托管费合计达1.18%。

综上，如果想要购买跟踪沪深300的指数基金，在同等条件下，就要选择费率最小的。

其次，跟踪误差小。

虽说指数基金的目的就是跟踪指数，指数涨了多少，指数基金就应该跟着涨多少，但有时也会出现指数基金和指数的走势有偏差的现象。既然我们买指数基金的目的就是跟踪指数，那么选的指数基金就应满足追踪误差越小越好。新基金成立时间太短，还看不出跟踪效果，这也是笔者不建议认购新成立指数基金的一个原因。

如果说主动型基金的管理水平体现在获取超额收益和控制回撤上，那么指数基金的操作水平就体现在跟踪误差上了。

那么，哪些因素会影响一只指数基金的跟踪情况呢？指数基金建仓、大额的申购和赎回、成分股停牌、指数的分红、指数的调仓等都会影响一只指数基金的跟踪效果。

虽然指数基金属于被动投资，基金经理参与度小，但这并不意味着基金公司和基金经理就可以完全忽略。一个管理经验丰富的基金经理和一个交易管理系统、风险控制系统更为完善的大型基金公司，当然更有利于控制跟踪误差。

此外，在选择跟踪同一只指数的基金时，还要注意基金规模，尽量不要选择规模太小的基金，规模越小越容易受到大额申赎的影响，从而影响跟踪误差。此外，长期规模低于5 000万元的指数基金还有一定的清盘风险。

最后，如果在场内交易指数基金，那么还要注意场内交易量的大小，选择成交活跃、场内流动性好的基金。如果交易量太小，流动性太差，那么买卖时通常难以按理想的价格成交，可能带来额外的交易成本。

四、价格指数和全收益指数

指数基金是被动型基金。所谓“被动”的意思是，基金经理只要复制指数持仓、跟踪好指数就行了，不需要进行选股、择时等主动操作。因此，在购买一只基金之前，投资者首先要关注这只基金对指数的跟踪情况，如果与指数表现偏差较大说明这只基金对指数的跟踪效果不好，不是很好的投资对象。

实际上，指数基金追踪的指数有两种计算方式，一种是价格指数，另一种是全收益指数。二者有什么区别呢?

价格指数是指仅计算股票价格的波动，不考虑上市公司分红的影响；全收益指数则考虑了上市公司分红的影响，这类指数除反映股价波动外，还考虑假定指数内所有股票的现金分红都用于再投资产生的收益。

从定义上可以判断出，在任意相同时期内，全收益指数的收益率一定好于、至少应该等于价格指数的收益率。股息率较高的指数更是如此。以最常见的沪深300为例，沪深300的基日是2004年12月31日，基点为1 000点。截至2020年4月9日，沪深300价格指数的点位为3 792.81，全收益指数的点位为4 840.15，这相差的点位就是源自分红再投资的影响。

为了更清楚地说明二者的区别，我们以股息率较高的红利类指数——中证红利指数为例，中证红利价格指数（实线）和中证红利全收益指数（虚线）的历史走势对比，如图4—1所示。

图4—1　中证红利价格指数和中证红利全收益指数的历史走势对比

从图4—1中可以得出如下两个结论：

首先，由于分红再投资的影响，全收益指数的表现要优于价格指数。

其次，在红利和复利的双重作用下，投资的时间越长，两只指数之间的收益率差异也就越大。

经常分红的公司一般分布在成熟行业。新兴行业由于成长性较高，更愿意将利润留在公司，继续扩大经营，而不是拿来分红。图4—2所示为创新、创业型企业占比高的创业板价格指数（实线）与其对应的全收益指数（虚线）的历史走势对比。

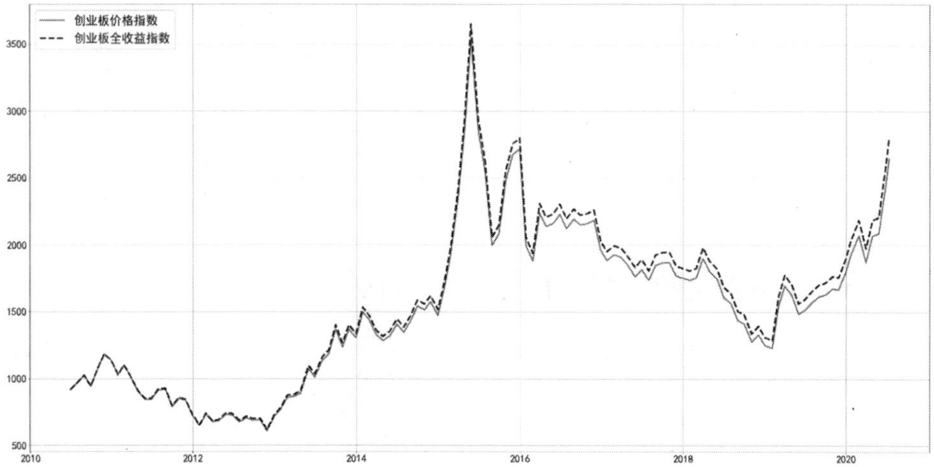

图4—2　创业板价格指数与其对应的全收益指数的历史走势对比

从图4—2中可以看出，对于分红较少的板块，价格指数和全收益指数的走势非常接近。

长期投资，绝不能忽视分红的影响。以发布时间较长的恒生指数为例，恒生指数的基日是1964年7月31日，基点为100点。截至2020年4月9日，其价格指数点位为24300.33，而全收益指数点位已经走到了70480.85，足足是价格指数的2.9倍，这进一步印证了分红再投资对于提升长期投资回报的重要作用。

指数基金追踪的是价格指数还是全收益指数呢?

指数基金有管理费、托管费、销售服务费等费用，还有每次调仓换股的交易费，这些费用的存在使得指数基金很难跟上相应的全收益指数。加之，全收益指数根据成分股分红派息的情况，在每日收盘后计算得出一个收盘价格，并据此对指数点位进行修正，因此，没有盘中价格。这种指数不便于指数基金的跟踪。因此，指数基金通常跟踪的是价格指数。

那么，指数基金费用的存在会不会导致其跟踪价格指数也产生偏差呢?虽说指数基金的运行需要上述费用，但是指数基金在运作过程中可以收到成分股公司的分红。另外，指数基金还有打新收入，这些收入可以用来覆盖费用。因此，指数基金至少应该跟上其价格指数。

在对比、选择指数时，应该要看价格指数还是全收益指数?

投资指数基金的长期收益主要有3个来源：一是盈利增长；二是估值提升；三是分红收益。关于收益来源，之后会专门讲解。从中证红利价格指数和全收益指数对比可以看出，长期稳定的分红是指数收益的重要来源，如果只看价格指数，就会低估高分红类指数的实际表现。因此，在比较两只指数历史回报时，为了客观地反映指数实际历史表现，对比其全收益指数更为合理。

五、基金风格怎么判断

相对于个股来说，指数基金已经是一种较好的分散，但是，在投资指数基金的过程中，我们还要进行风格上的判断，过于重仓某一种风格，可能会遭遇风格踏错的风险。

什么叫风格？通常情况下，投资中关注的市场风格主要有两种：一种按市值划分，即大、中、小盘风格；另一种按估值划分，可分为价值、平衡、成长风格。一般来说，高市盈率被认为是成长风格，低市盈率被认为是价值风格。

企业的发展一般会经历初创、成长、成熟、衰退4个阶段。一只股票的风格也会因发展时期不同而呈动态变化，初创、成长阶段企业的股票靠近成长风格，而成熟阶段企业的股票则多以价值风格为主。风格一般是向前单向演进，一个企业已经步入成熟期，很少又转回成长期，如果有，那么可能是业务模式发生了巨大的变化。

在基金投资过程中，如何判断基金的风格呢？最简单的方法是查看基金第三方平台的风格九宫格。

以易方达中小盘混合（110011）为例，在著名基金评级机构的网站“晨星网”上，找到该基金的投资风格箱，可以发现其风格属于大盘成长风格（见图4—3）。该风格评估数据截至2019年12月31日，而笔者查询时间已经是2020年7月2日，如此滞后的风格测评是因为只有年报和中报才会公布基金完整持仓数据，而笔者查询时，基金中报尚未公布。

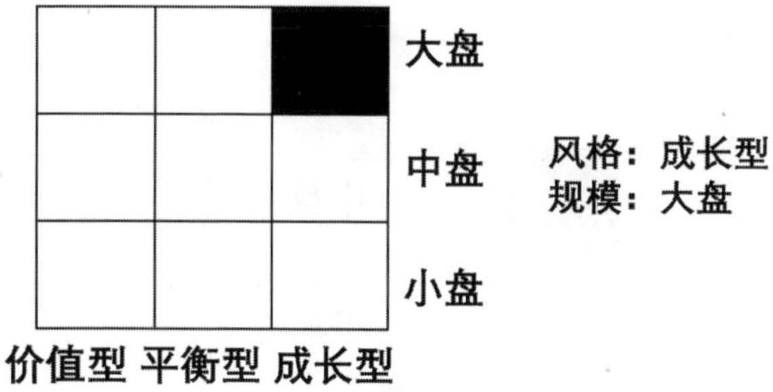

图4—3　易方达中小盘混合的投资风格箱

我们再来看看该只基金的业绩比较基准，看看能否参考业绩比较基准来判断投资风格。根据天天基金网，易方达中小盘混合的业绩比较基准是：45%×天相中盘指数收益率+35%×天相小盘指数收益率+20%×中债总指数收益率，这是基金成立时设定的业绩比较基准。如果基金没有发生风格上的转变，那么该只基金无论从名称上，还是从业绩比较基准上来看，其风格都应该是中小盘风格。然而，随着市场行情的转变、基金经理的更迭，该只基金的投资风格已经发生了巨大的变化。因此，参考业绩比较基准的前提是基金的投资风格没有发生改变。

以中欧价值发现混合A(166005)为例，根据晨星网，该基金在风格划分上是中盘平衡型（见图4—4），但其业绩比较基准为80%×沪深300指数+20%×上证国债指数，属于大盘风格，同样与实际风格不符。

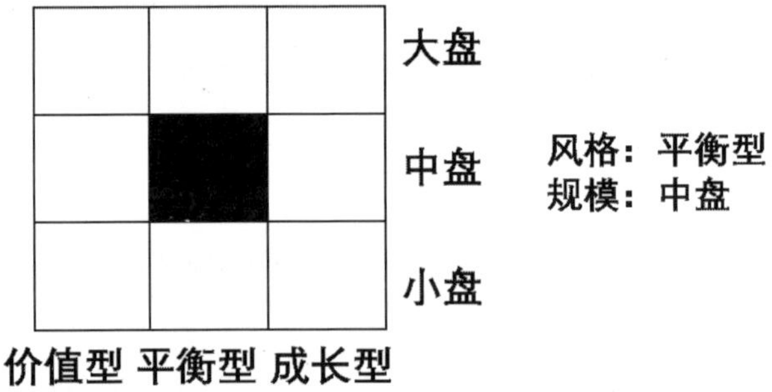

图4—4 中欧价值发现混合A的投资风格箱

上述两只基金属于主动型基金，我们以指数基金广发中证500ETF（510510）为例，其业绩比较基准为中证500指数，九宫格的风格在划分上是中盘平衡型，二者是相符合的，如图4—5所示。

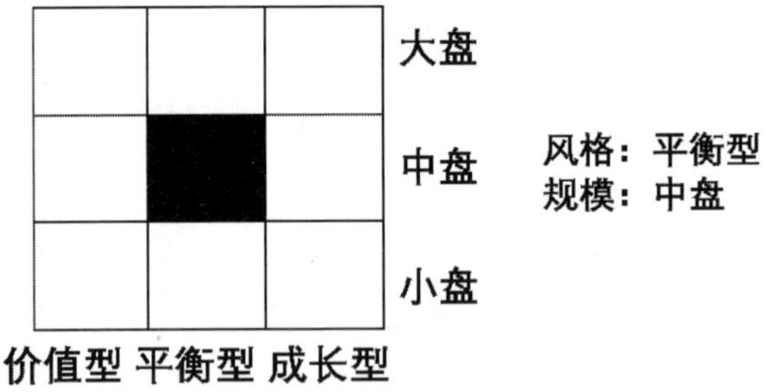

图4—5 广发中证500ETF的投资风格箱

因此，对主动型基金而言，无论是看基金的风格九宫格还是业绩比较基准，其风格的划分都未必准确。主动型基金的实际风格经常会偏离其业绩比较基准。更为靠谱的方法是根据基金公布的最新持仓来判断基金的风格，但主动型基金的持仓数据按季度公布，有一定的滞后性，也只能作为一种参考。相比来看，指数基金的投资风格不会偏离其跟踪的指数，并且指数的持仓信息更新及时，风格更容易判断。

此外，如果不是行业/主题类的基金，那么大部分主动型基金的风格很难从名字上看出来，而指数基金大都按照市值划分，比如上证50、沪深300、中证500等，或按行业划分，比如消费、医药、银行、信息等，其风格，从基金名称上便可略知一二。

笔者将市场上常见的指数基金的风格大致作了如下划分。

价值风格的有：中证银行、上证50、国企指数、基建工程、保险主题、300价值、基本面50等指数基金。

平衡风格的有：主要消费、可选消费、中证500等对应的指数基金。

成长风格的有：创业板、信息行业、医药行业等对应的指数基金。

有些行业的细分行业众多，例如信息、医药行业。上述只是粗略地划分。

了解基金风格对投资最大的意义就是风格上的分散。就像《阿甘正传》里阿甘妈妈对他说的：生活就像巧克力，你永远不知道下一颗会是什么味道。A股历来有风格轮动的效应，投资者很难猜出下个月、下一季、下一年的市场风格是什么。如果重仓押注某一种风格，一旦踏错，就可能大幅跑输市场。比如，小盘股在2016年之前表现总体好于大盘股，而2016年之后市场风格出现了反转，小盘股又持续跑输大盘股。因此，为避免重仓踏空的风险，风格上的分散显得尤为必要。

第五章

提高指数基金的投资收益

投资的最终目的是获取收益。然而，要想获取收益就必须承担相应的风险。投资者只有对收益和风险的来源有着充分的认知，才能够更好地了解投资逻辑，从而尽可能地降低风险、提高收益。本章主要介绍投资指数基金的收益来源、风险来源以及可以通过哪些方法提高我们的投资收益等相关问题。在介绍这些内容之前，首先看看如何计算投资收益率。

一、计算投资收益率

无论是投资银行理财产品、货币基金、债券基金还是股票基金，做任何一项投资，收益率都是投资者最关心的问题。单笔投资的收益率容易计算，不同时间、多笔本金投入、获取多笔回报的投资收益率计算则相对复杂。下面分别介绍这两种收益率的计算方法。

单笔投资的收益率如何计算

投资是为了获取更多的回报，简单理解，投资收益率就是投资获得的超过本金之外的盈利与投入本金的比值，比如，用1 000元购买了价格为1元的股票，后来股票涨到1.2元（假设没有分红送股）卖出，得到了1 200元，这笔投资就获得了200元的盈利，那么，该笔投资的收益率就是盈利和本金的比，即200/1 000=20%。

上述例子中的收益并未考虑股票的持有时间，持有1年收益20%和持有2年收益20%显然代表了不同的盈利水平。在同等收益率下，时间越短，表示盈利水平越高。因此，为衡量投资的真实盈利水平，比较不同时间长度投资之间的收益率高低，需要考虑投资的时长，把投资收益率转换为单位时间的收益率，通常要使用年化收益率，即每年的收益率是多少。

持有1年盈利20%，年化收益率就是20%。对于持有2年盈利20%的情况，可假设这两年每年收益率都一样，计算投资年化收益率如下：

1 000×(1+年化收益率)×(1+年化收益率)=1 200

可以算出，年化收益率约为9.5%。

如果投资期限为n年，年化收益率的计算方法也是类似的，假设每年的投资收益率都为同一个年化收益率，可以列出投资最终获得的价值和投入本金间的关系：

投入本金×$(1+年化收益率)^n$=最终价值

进而求出年化收益率。

年化收益率=(最终价值/投入本金)$^{1/n}$−1

当投资期限小于1年时，n就小于1，比如，投资期限为半年时，n=1/2；投资期限为一个季度时，n=1/4，同样可以计算出投资的年化收益率。

多笔投资的收益率如何计算

多笔投资是指本金分多笔投入的情况，其投资收益率的计算相对复杂。基金定投是一种常见的分多笔投资的场景，也是指数基金投资的常见方式。定投是指每隔一个固定时间投入一笔本金，持续一段时期，最后获得一个总的持仓价值。下面主要介绍基金定投收益率的计算。

假设如下基金定投场景：

小王定投某基金，每月月初投100元。到第12个月月末，其持仓的基金价值为1 440元。

该投资投入的总资金为100×12=1 200元，经过1年时间，最后的持仓价值为1 440元，如果按照单笔投资的收益率计算方法，那么其年化收益率为：

(1 440−1 200)/1 200=20%

然而，这种计算方法等同于年初一次性投入1 200元，经过1年获得了1 440元，忽视了资金的实际投资时间长度，显然不够准确，因为小王并非初期一次性投入全部资金，而是每个月投入一笔资金，其每一笔投入资金的投资时间长度都不相同。

这12笔100元的投资中，第一个100元的投资期限为12个月，第二个100元的投资期限为11个月……第12个100元的投资期限为1个月。

为方便计算这个基金定投的年化收益率，假定每次投入资金的月收益率都一样，都为R：

对于第一个月的100元投入，经过12个月后获得回报的价值为$100\times(1+R)^{12}$

对于第二个月的100元投入，经过11个月后获得回报的价值为$100\times(1+R)^{11}$

……

对于第12个月的100元投入，经过1个月后获得回报的价值为$100\times(1+R)^{1}$

把上述每个月的投入获得回报的价值相加，就等于总的投资回报价值：

$100\times(1+R)^{12}+100\times(1+R)^{11}+\cdots+100\times(1+R)^{1}=1\,440$

解出等式中的R，可以得到，每月收益率约为2.77%，根据月收益率和年收益率间的关系，得出其年化收益率约为38.9%，大约为按一次性投资计算年化收益率的两倍，为何会有如此大的差别呢？

其实不难理解，基金定投每月投入资金，各笔投资时长分别从12个月到1个月不等，可大致认为实际的平均投资时长为6个月；如果按一次性投资的方法计算收益率，那么其投资时长就变成了12个月。在获取总回报不变的情况下，投资期限被高估了大约一倍，计算出来的年化收益率自然也大约低了一半。

需要指出的是，例子中按多笔投资计算出的收益率远高于按一次性投资计算的收益率，这并不是说定投是什么神奇的方法，而是说明在定投的场景中，使用一次性投资的收益率计算方法存在错误。

用Excel计算定投收益率

实际计算过程不需要这么麻烦，可以直接使用Excel中的IRR公式来计算定投收益率，对于前面的例子，可以用Excel计算如下（见表5—1）。

表5—1　使用IRR公式计算定投收益率

月　份	资　金　流
1	−100
2	−100
3	−100
4	−100
5	−100
6	−100
7	−100
8	−100
9	−100
10	−100
11	−100
12	−100
持仓价值	1440
月收益率	2.77%
年化收益率	38.87%

首先在Excel表中B列第2行到第13行输入每月定投的金额（资金流出，为负值），第14行输入最终的持仓价值（获得资金，为正值）。

然后在月收益率右侧的空格B15中输入："=IRR(B2:B14)"，求得月收益率2.77%。

最后在年化收益率右侧的空格B16中输入："=POWER((1+B15),12)-1"，求得该笔投资的年化收益率为38.87%。

二、指数基金的收益从何而来

投资的最终目的是获取收益。因此，投资者每做一项投资，都要有清楚的投资逻辑。在投资前，应该问问自己，该笔投资的收益来源是什么？需要承担哪些风险？历史最大回撤是多少？只有对这些问题做到心中有数，才能坦然面对盈利的波动，坚定持有，从而获得满意的回报。

股票是上市公司的股权凭证，站在上市公司股东的角度，公司提供产品和服务，创造利润，为社会创造价值。其创造的利润大体有两个去处，一个是用来分红。一般来说，成熟的公司更倾向于分红，将利润直接回馈给股东。另一个是继续留在公司，用于技术革新、扩大再生产等，以期未来能创造出更多的利润。成长型公司倾向于将利润留存，谋求更大的发展；对股东而言，股权收益主要源自上市公司的业绩增长和分红。

另外，股票还是一种可以交易的凭证，通过市场上无数交易者的买卖实现了对股票的定价。股票价格P=E*PE，其中，E代表每股盈利，PE代表市盈率，是一个常见的估值指标。从价格公式中可以看出，股票价格涨跌主要取决于上市公司创造的利润E和估值PE。盈利E取决于公司的经营情况，需要公司不断销售产品、提供服务获取，它是一个长期的过程，E的增长可推动股价的提升；市盈率PE主要受市场情绪的影响，市场情绪的高低在中短期可能出现大幅波动。《聪明的投资者》一书中将市场情绪比作"市场先生"，"市场先生"在每个交易日都会不厌其烦地给你报价，如果能利用好"市场先生"的报价，在价格低于价值时买入，反之则卖出，那么同样可以增厚投资收益。

指数是一篮子股票的组合，指数基金的投资收益取决于持仓股票的收益。指数基金的收益来源同股票一样，主要来自两个方面：持仓股票的价格涨跌和分红。而价格涨跌又取决于两个因素，即业绩变化和估值变化。下面分别介绍业绩变化、估值变化和分红如何影响指数基金投资收益。

指数的业绩变化

业绩变化是决定指数长期投资收益的最重要因素，指数是一篮子股票的组合，指数业绩的增长来自成分股业绩的增长，因此，由优质公司组成的指数通常长期表现优异，而由业绩差的公司组成的指数长期表现低迷。

举一个例子。中证食品饮料指数（000807），自2012年2月29日到2020年6月30日，从7519点上涨到23613点，涨幅约为214%，而同期的申万煤炭开采指数（801021）下跌了约60%。

中证食品饮料指数和申万煤炭开采指数历史表现的巨大反差源于两个行业业绩的巨大差异。净资产收益率是衡量公司盈利能力的重要财务指标，该指标一定程度上反映了这两只指数的历史业绩。中证食品饮料指数的历史净资产收益率的平均值大约为20%，超过了A股绝大部分行业。而申万煤炭开采指数的历史净资产收益率平均约为8%，低于A股的平均水平。

历史业绩的巨大差别导致两只指数呈现出了截然相反的走势。可见，由长期业绩表现好的公司组成的指数，其价格随着业绩水涨船高，而长期业绩差的指数在业绩拖累下表现低迷，业绩变化的方向决定了指数价格中枢的长期走向。

指数的估值变化

业绩增长决定了指数的长期走势，指数中短期波动则受估值的影响更大。

图5—1所示为创业板指（399006）的历史走势。

从2012年年底到2015年，创业板指从最低585点涨到了最高4037点，又从4037点跌到2019年年初的1201点，几年时间内，指数大起大落，高点的价格是低点的近7倍，这种中期的巨幅波动主要来自市场估值的变化。

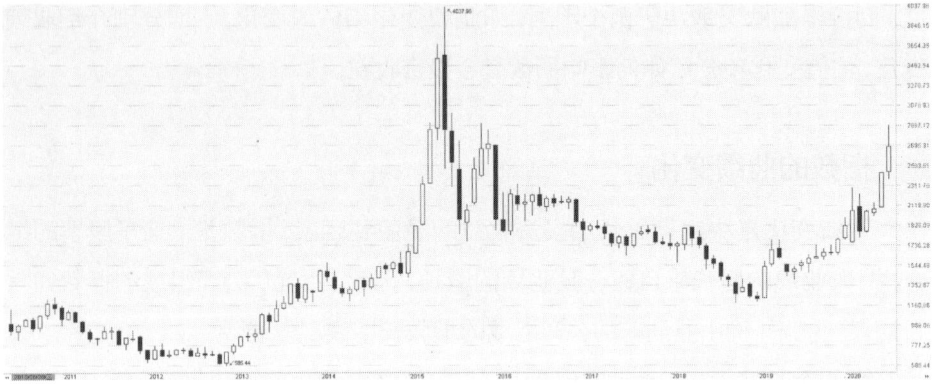

图5—1　创业板指的历史走势

图5—2所示为创业板指的历史市盈率走势，市盈率从2012年的28倍上升为2015年的122倍，又下降为2018年年末的27倍，最高点估值是最低点的4倍多，表现出了巨大的波动性。

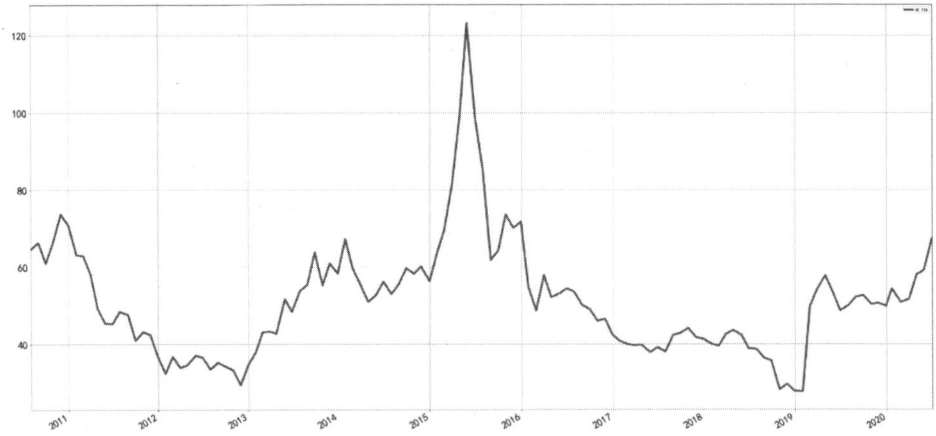

图5—2　创业板指的历史市盈率走势

指数估值变化主要受投资者情绪波动的影响，市场乐观时，投资者对未来充满想象，对股票给出很高的估值。2015年的大牛市，中小创股票被爆炒，当时看市盈率就认为输在了起跑线上，大家看的是“市梦率”；市场悲观时，投资者觉得未来一片黯淡，对股票弃之如敝履。“市场先生”的沮丧和癫狂带来指数估值的大幅波动，也导致指数基金投资收益的大幅波动。因此，投资指数基金应该考虑如何利用好“市场先生”的出价，悲观时买入，乐观时卖出。

指数的分红

除了指数价格的涨跌，指数的分红也是投资收益的重要来源，分红来自上市公司的净利润，分红多的指数，分红再投资能够增厚指数投资的收益。同样是中证食品饮料指数，考虑了分红再投资的中证食品饮料全收益指数，2012年2月29日到2020年6月30日，从7967点涨到了29365点，涨幅为268%，明显高于不考虑分红的中证食品饮料价格指数的涨幅214%。

综上，指数基金的投资收益源自3部分：业绩变化、估值变化和分红收益。在投资过程中，投资者应该重点选择盈利能力强、业绩优秀的指数。然而，好指数买得太贵，也会透支未来的涨幅。因此，还应同时关注指数的估值，在低估或正常估值时入场，在高估时离场，获取估值提升的收益。

三、提高指数基金投资收益的3种方法

通过前面章节的介绍，我们知道，指数基金的管理目标是复制标的指数的收益，尽量减少跟踪误差。鉴于此，很多投资者对指数基金投资的印象通常是跟随市场，获取平均收益，保守有余而进攻不足。

那么，能否通过投资被动的指数基金获取超过市场的超额收益呢？答案是肯定的。下面介绍提高指数基金投资收益的3种方法。

选基：投资业绩优良、长期基本面向好的指数基金

投资指数基金，首先要选择好指数，再从跟踪该指数的基金中选择跟踪效果好、规模适中、费率较低的指数基金。什么叫“好”？这个“好”指的是指数的业绩。

指数是股票的组合，指数业绩就是指数成分股公司业绩的集合。A股上市公司业绩良莠不齐，有贵州茅台、格力电器、中国平安、恒瑞医药等优质白马股，也有乐视网、暴风科技、康美药业、长生生物等暴雷股，股票之间业绩的巨大差异导致持有这些股票的不同指数的业绩也有好有差。

以投资行业指数为例，行业之间的景气度不同，基本面差别很大，不同行业

的基本面状况很大程度上决定了投资行业指数基金收益率的高低。

好行业通常具备一些共性特征，比如，行业内公司具有一定的定价权、产品需求稳定、对经济周期敏感性不高，长期净资产收益率高、盈利较为稳定、有着很深的护城河、市场前景广阔等，代表行业主要有主要消费、医药等。这些行业的股票无论是在国内还是在国外市场，长期表现都非常亮眼，属于可以长期持有的行业。

有些行业的业绩波动性大，对经济周期十分敏感，随着经济景气度下降，行业发展随之进入下行期。行业竞争激烈，需求趋于饱和，未来前景不明；行业中的企业通常是产品同质化、定价权较弱、缺乏护城河。这样的行业如钢铁、煤炭、有色等，投资这些行业想要获得满意回报的难度较大，因此，新手投资者应谨慎参与这些行业。

投资业绩不同的指数基金会带来收益上的巨大差别，因此，长期投资需要对指数的编制方式、历史回报情况、基本面情况、未来前景有一定的认知。新手投资者不妨从宽基指数基金入手，如沪深300、中证500等，再慢慢过渡到熟悉的行业。

择时：估值较低时买入、估值较高时卖出

A股市场，散户贡献了绝大部分的交易量。受群体心理的影响，市场情绪波动很大，在大牛市中，情绪亢奋，泡沫不断膨胀；在熊市中，情绪低迷、股票无人问津。股票市场估值的波动带来了股票指数走势的大幅波动，是指数中短期走势的主要影响因素，如果能在指数估值底部区域买入，在高估时离场，便可以提高投资者的投资收益。

对指数进行估值，就是判断指数是贵还是便宜，投资同一只指数基金，对不同估值水平下买卖点的把握可能带来投资收益上的巨大差别。

以沪深300指数为例，2014年10月31日市盈率为8.46，2014年12月31日市盈率为12.37，分别在这两个位置买入，都持有2年卖出，前者收益率约为35%，后者收益率约为-4%。两笔投资的买入点仅错开2个月，在如此短的时间内，指数成分股的整体基本面不会发生太大变化，而投资收益却区别巨大，这种差别就是由买卖时的估值水平不同导致的。

历史数据回测显示，对于常见的指数基金投资策略，如基金定投、股债平衡

策略等，利用指数估值进行择时，都能够带来不错的超额收益。相对于预测指数的未来盈利，判断指数当前的估值水平更容易，可操作性也更强。

在实际投资过程中，可以根据所投资指数在历史上的估值水平来选择买卖的时机，也可以同时结合市场的整体估值水平来选择时机。

因子投资：通过投资聪明贝塔指数获取超额收益

股票投资中的因子，简单来说就是影响股价的各种因素，比如，股票估值、公司质量、股票红利、股票波动性等。聪明贝塔指数就是在前面章节中所讲的策略指数，这类指数通过特定的编制规则，超配一些长期有超额收益的因子，以期获取超越市场的表现。例如，红利类指数超配了红利因子，以股息率作为权重分配依据，配置了高股息的成分股，并定期调仓，期望获取超额收益。

常见的聪明贝塔策略主要包括价值策略、质量策略、红利策略、低波策略等，目前市场上都有相应的指数基金。

以沪深300价值为例，图5—3所示为300价值全收益指数（虚线）与沪深300全收益指数（实线）从2011年9月至2020年7月的历史走势比较，可以看出，相对于沪深300指数，300价值的长期超额收益明显，一定程度上也验证了价值因子的有效性。

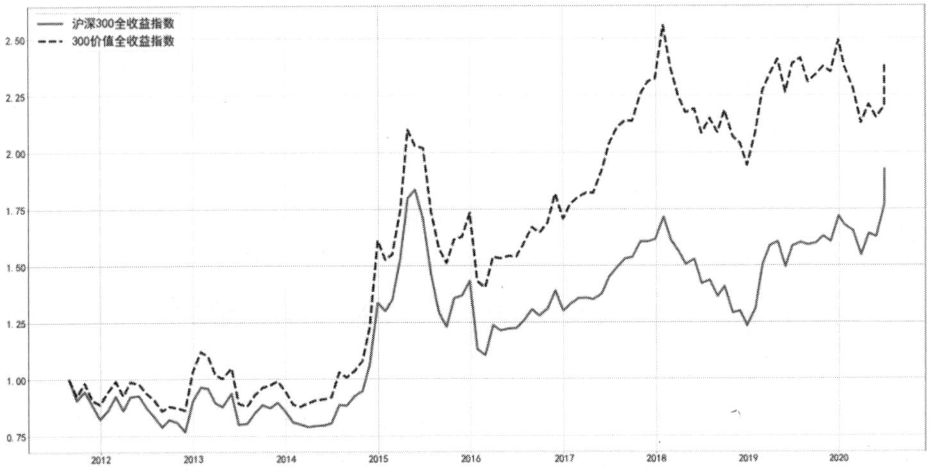

图5—3 300价值全收益指数与沪深300全收益指数历史走势对比

再比如红利策略，图5—4中的虚线是中证红利全收益指数，实线为中证全指全收益指数，统计历史时段为2011年9月至2020年6月，可见，相比中证全指，中证红利同样超额收益明显。

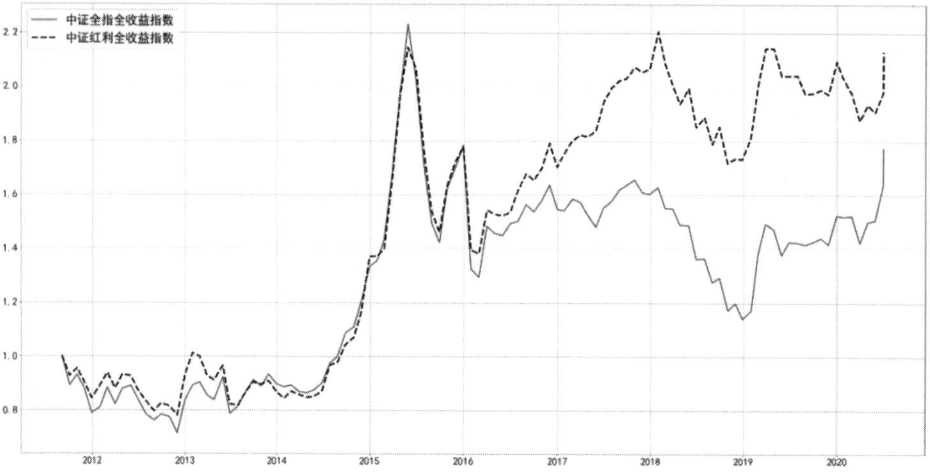

图5—4　中证红利全收益指数与中证全指全收益指数历史走势对比

聪明贝塔策略本身是一种选股策略，这种策略加大了指数中某些特定因子的配置比重，它设定好了编制规则，由指数公司定期维护，基金公司发行基金产品跟踪复制，无须投资者主动操作。从国内外市场的长期历史表现来看，这些因子也确实存在超额收益。

需要注意的是，长期跑赢不代表年年跑赢，更不代表时时跑赢，一个策略有效的原因之一正是它短期的无效。试想，一个策略如果永远有效，那么这种超额收益早被套利资金提前布局，最终导致其失效。

这里介绍的是指数基金投资中的“主动管理”，不再是单纯的“被动”投资。基金界有一种说法：主动基金被动化，被动基金主动化。说的就是主动型基金买入后就被动拿着，由基金经理帮忙打理，而买入被动型的指数基金则可以根据估值水平，做一些择时的操作。

在投资的世界里，永远是收益和风险相匹配。在追求超额收益的同时意味着要承担相应的风险。越是主动化管理，对投资者的能力要求越高。即便是经验老到的投资者也可能出现择基、择时上的错误，而那些历史上长期有效的因子，未来也有可能在较长一段时期内无效。市场永远不存在所谓“增之一分则太长，减之一分则太短，著粉则太白，施朱则太赤”的完美策略，这大概也是投资的魅力所在。

四、投资指数基金的风险

前面介绍了指数基金的收益来源以及在投资实践中如何提高投资者的投资收益。收益和风险永远是相伴而生的，只有对风险存有敬畏之心，才能长久地在市场中活下去，进而获得相应的回报。下面开始介绍投资指数基金的风险。

词典中对风险一词的解释是：可能发生的危险。“可能发生”指出了风险的不确定性，是一种概率思维。在投资领域，风险特指资产可能遭遇损失的危险，包含两个要点：一个是不确定性，另一个是资产损失。确定性的危险可以回避，也就不再是风险，只有会带来资产损失的不确定性才是风险。

投资中的收益和风险密不可分。要获得超出无风险利率的收益率，就意味着要承担一定的风险，收益可以看作对承担风险的补偿，风险越高，要求的收益率也就越高。例如，同样是贷款，民间借贷的利率要远高于银行抵押贷款利率，就是因为民间借贷要承担更高的风险，借出去的钱可能血本无归，所以需要用更高的利息来补偿。市场中的无风险利率，通常可以用国债收益率来衡量，国债以国家信用做担保，风险极低。

投资股市要承担的风险很多，国际环境、经济周期、自然灾害、宏观政策、利率汇率、行业发展、公司经营、公司财务、股票流动性等各种因素，都可能给投资者带来风险。

其中，影响整体市场的全局性因素，比如，国际环境、经济周期、宏观政策等，是市场上所有公司都要承担的风险，无法通过股票组合有效分散，通常被称为系统性风险，而影响个别行业或个股的风险因素，比如，行业政策变化、公司财务造假等，通常被称为非系统性风险。

指数基金是股票的组合，通过组合持仓的方式，分散掉了大部分的非系统性风险，相对于持有个股而言，投资风险得到了有效降低。举例来讲，假设某指数基金中，权重占比为10%的成分股因为财务造假暴雷，连续跌停，股价下跌了50%，对重仓该股票的投资者而言，属于毁灭性打击，而对持有指数基金的投资者而言，仅出现了5%的损失，依然在可控范围内。

虽然指数基金在一定程度上分散了个股风险，但是任何一项投资有超额收益必然要承担风险，下面主要介绍指数基金投资的5种风险。

系统性风险

对于市场整体的波动，指数基金是无法回避的。引起市场下跌的因素很多，可能是由政策变化引起的，比如，2007年5月30日，证券交易印花税突然上调，引发了当日市场暴跌，上证指数跌幅达到6.5%。

短期突发的风险因素无法预测，投资者也很难提前应对，好在这些因素的影响往往是短期的，投资者只要控制好仓位，不上杠杆，用闲置资金投资，假以时日，行情还会修复。

还有一些风险因素对市场影响则是渐进的、间接的。比如，宏观经济的运行情况和利率的变化，前者会影响公司的盈利情况，而利率的收紧或放松则直接关系到市场上资金量的多少。

除此之外，还有一类对股市影响非常大的因素是市场情绪。乐观的市场情绪能够推动市场行情整体上涨，同时，行情的上涨又反过来让情绪变得更加乐观，如此循环，市场估值越来越高，逐渐进入了所谓的牛市。

同时，随着估值不断推高，价格远远偏离了内在价值，潜藏的风险也越来越大。树不会长到天上去，一旦受到某些因素的影响，例如2015年，证监会严查场外配资，市场转而下跌，投资者争相出逃，互相踩踏。同样，在熊市中，长期悲观的情绪也会把市场推向极端的低估，市场不断下跌，一楼之下还有地下室，然而，伴随着市场下跌，潜藏的风险也被大量释放，此时的市场反而逐渐凸显投资价值。

对于市场情绪累积的风险，可以通过观察市场整体的估值水平和一些反映市场情绪的指标来控制。在市场整体高估时，逐渐降低仓位、退出市场，而在市场低估时，逐步增加仓位。

行业风险

指数基金中有一大类是行业指数基金，如全指医药、中证消费、保险主题、中证银行、有色金属等。这类指数基金跟踪的是某个特定行业的股票组合，需要承担特定的行业风险。可能带来行业风险的因素很多，下面介绍常见的几种风险：

（1）政策风险。医药带量采购政策使得很多医保药物价格大幅下降，对仿制药企业的利润率产生了不利影响，医药行业指数相应走弱。

（2）周期风险。熊市阶段，交投清淡，证券行业整体利润率很低，证券行业指数行情低迷。

（3）发展前景。随着我国粗放型经济增长方式逐步向集约型增长方式转变，钢铁、煤炭等行业需求下降、前景黯淡，相应的行业指数随之走低。

（4）突发事件。2012年，塑化剂事件给白酒行业带来了很大冲击，很多白酒股价格大跌，白酒行业指数随之下行。

（5）财务风险。2018年的去杠杆政策使一些高负债、低现金流的行业，如环保等，受到了较大冲击，不少公司出现了财务危机，相关的行业指数基金表现较差。

相对于宽基指数基金，投资行业指数基金的风险更高，不仅需要投资者对所投行业比较熟悉，对行业的发展有着较深的认知，还要跟踪关注行业的变化，对行业指数的估值有所把握。

此外，即使是无行业之分的宽基指数也可能存在某一行业占比过大的问题，比如，上证50指数中的金融地产行业占比经常高达50%以上。个别行业占比过大的宽基指数也存在一定的行业风险。

市值风险

市场上最常见的宽基指数都是按市值划分的，上证50、沪深300是大盘股的代表，中证500是中小盘股的代表，中证1000则是小盘股的代表。由于不同阶段影响股市行情的主导因素不同，不同市值的指数在特定阶段涨跌幅的差异较大。

图5—5所示为申万大盘指数和申万小盘指数2000年至2020年走势对比，可以看到，二者虽然大体方向一致，但是阶段涨跌幅差异很大，2007年牛市大盘股强于小盘股，而在2015年的牛市中，小盘股又远好于大盘股。

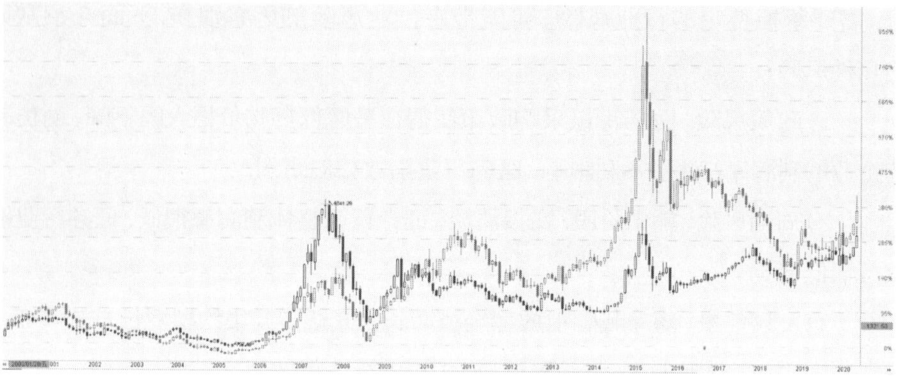

图5—5　申万大盘指数和申万小盘指数2000年至2020年走势对比

如果仅押注某个特定市值的宽基指数，那么有可能踏错市值风格，跑输市场。在实际投资中很难预测未来哪种市值的股票走得更好，为避免跑输，可以将大小盘风格同时配置，寻求平均收益。当然，在实际配置中，也可以根据估值情况有所侧重。

流动性风险

这里的流动性风险是指投资者在投资指数基金时可能遇到的买入卖出困难、报价的买卖价差大、申购赎回困难等风险。

目前，市场上指数基金很多，ETF、LOF等形式的指数基金可以在场内交易，但需要注意的是，有相当一部分指数基金场内交易量很小，报价不连续，难以按照自己委托的价格成交。还有一些场内指数基金相对于基金净值大幅溢价，此时，买入场内基金就容易吃亏。

此外，投资海外的QDII类指数基金，场外赎回到账的时间较长，申购前需要了解清楚，避免出现急需用钱却无法到账的情况。由于汇率额度所限，QDII类指数基金还可能遇到无法申购或因场外无法申购而导致场内大幅溢价的情况。

跟踪误差

投资指数基金就是为了复制对应指数的收益，如果基金收益和指数收益出现了较大误差，就失去了投资指数基金的初衷。大额申赎、成分股停牌、成分股调仓、费用支出、基金管理水平等因素，都有可能导致指数基金出现跟踪误差。在投资一只指数基金前，应该了解该基金的历史跟踪误差情况，排除那些跟踪偏差大的基金。

最后，为了避免遭遇清盘，投资者还要注意回避规模较小的指数基金。一旦遭遇清盘，投资者的资金将被锁定较长时间，期间没有收益，降低了资金使用效率，付出了机会成本，还可能错失行情。

上述介绍了投资指数基金的几个主要风险，在投资的过程中，没有意识到的风险才是最大的风险，如果对风险提前有了足够的认知和充分的准备，就能在遇到风险时临危不惧、从容应对。不仅如此，投资者甚至还可以从“危”中寻找“机”，抓住投资中的机会。

五、指数业绩增长的认知误区

前面章节介绍过业绩增长是投资指数基金最重要的收益来源。因此，想提高指数基金的投资收益，应重点选取那些长期业绩优秀、历史投资回报高的指数基金。业绩增长是指数投资者最需要关注的财务指标之一，现实中，用来衡量上市公司业绩增长的最常见指标是净利润增长率，即公司当前的净利润相对于基点增加的百分比，比如，净利润同比增长率，通常是指公司当年创造的净利润比上年同期创造的净利润增长的百分比。

影响净利润增长的因素很多，比如，产品价格的提高、销量的扩大、生产成本的下降、各种费用的减少、公司规模的扩张、财务杠杆的提高、对外投资、出售资产等。

在诸多影响因素中，投资者应该重点关注那些具有可持续性的因素，包括市场份额的扩张、技术的革新、生产效率的提高、管理效率的提高等，而卖资产偶得、政府补贴、债务重组等非经常性损益的影响是短期的，对长期投资影响甚微。

除了成分股本身业绩变化，成分股的调仓换股也会引起指数业绩的变化。我们知道，指数的成分股通常会按照季度、半年或一年的频率进行定期调整，调整过程中可能涉及成分股的个数改变、成分股调入调出以及成分股权重的变化等，这种变更会相应带来指数业绩的变化，然而，这种由于调仓带来的业绩变化并不会给投资者带来任何收益，是一种“虚假”的业绩增长，不能以此作为交易依据。真正能为投资者带来收益的是指数基金当前持仓的股票组合未来整体业绩的增长。

为便于理解，举一个极端简化的例子，假设某指数只有一只成分股，去年成分股为A，今年成分股换为B，B公司的净利润是A公司的2倍，如果简单地看指数的业绩增长，就会得出该指数业绩增长了一倍的错误判断，然而，对持有该指数基金的投资者而言，其实只是指数基金把持仓从A换成了B，付出了调仓成本，并不会给指数基金投资者带来任何收益。

再举一个市场上的真实例子。2013年8月27日，证券公司指数（399975）成分股合计净利润（12个月滚动）约为194亿元，到2019年8月27日，该指数成分股合计净利润约为782亿元，6年来，该指数成分股合计的净利润大约增长为原来的4倍，复合年化增长率约26%，这是很高的增长速度。

再看期间证券公司指数估值的变化情况，2013年8月27日，该指数的市盈率为35.5倍，2019年8月27日，该指数的市盈率为30倍，约为原来的0.85倍，大约下降了15%。

根据股票市值公式，市值=净利润×市盈率。对指数而言，指数点位的变动倍数应该等于净利润变动倍数乘以市盈率的变动倍数，4×0.85=3.4倍，即指数应该上涨约240%，而实际上，2013年8月27日，证券公司指数收盘536.46点，2019年8月27日，该指数点位为715.41点，仅上涨约33.4%。问题出在哪里呢?

回顾证券公司指数成分股的变化历史，可以发现，2013年8月27日，指数的成分股为19个，而到了2019年8月27日，成分股为41个，6年来，随着证券公司的不断新上市，证券公司指数增加了22只成分股，2019年的证券公司指数已非2013年的证券公司指数，并不具备可比性，这种业绩增长就是指数扩容引起的“虚假”增长。

严格来说，只有在指数成分股未发生调整变化的情况下，对比前后的业绩才有意义。实际上，指数成分股及权重每年都会发生调整，有些调整还比较大，这时应该结合盈利能力指标和红利分配指标来看指数实际的内生增长性，重点关注净资产收益率和分红率等指标，避免陷入“将扩容引起的增长视作指数内在业绩的增长”这样的认知误区。

第六章

指数的估值

在前面章节中零散地提到过一些关于估值的知识，估值对于投资指数基金的重要性，就像木匠手中的尺子，可以用它来衡量指数基金是“贵”还是“便宜”，更像夜航者的灯塔，指引着投资的方向。

业绩和估值的变化决定了价格的波动，也是股市投资收益的主要来源。业绩的变化面向未来，难以预测，而估值数据主要基于历史和当下，有迹可循，也更容易把握。指数的估值对于指数基金的选择、买卖时机的把握都具有非常重要的意义。从本章开始，将系统性地、由浅入深地介绍估值的相关知识，主要包括常见的估值指标、估值方法以及如何利用这些指标对指数进行估值，进而指导我们的投资。

一、什么是绝对估值法

指数是一篮子股票的集合，想要给指数估值，先要从股票估值开始说起。股票的估值主要分为绝对估值法和相对估值法。下面开始介绍绝对估值法。

提起估值，首先引入投资和投机的理念。投资通常着眼于长期，其主要收益来源于被投资标的产生的现金流，例如，股票对应的公司创造的利润，房产的租金收入等。投资是一种正和博弈，在投资期间，投资对象本身创造了新增价值。而投机更多的是从短期视角来看，投机的获益往往来自其他投机者的亏损，它是一种零和博弈，如果考虑佣金费率，它甚至是一种负和博弈。

本书推崇的是价值投资理念。价值投资的核心观点是，由于受市场情绪的影响，股票价格会偏离其实际的内在价值，投资者应该以低于内在价值的价格买入，以赚取价值回归或价值提升带来的收益。

需要说明的是，价值投资不等于投资价值股。价值股通常是指具有低市盈率、低市净率、高股息率等特征的股票，价值股并不意味着价格低于内在价值，也可能是其内在价值本来就低。因此，投资价值股还是成长股并非衡量是否为价值投资的标准，成长本身也是价值的体现。

价值投资就是要寻找价格低于其内在价值的标的，股票价格可通过市场中不断撮合买卖来形成，如何判断股票的内在价值呢？这就涉及如何给股票估值的问题。估值就是判断价格和内在价值之间的关系：价格高于内在价值是高估，即股票贵了；价格低于其内在价值就是低估，即股票便宜。

股票是上市公司的股权凭证，代表股东对上市公司的所有权。对大部分小股东而言，如果不是玩“互摸口袋”的投机游戏，那么长期持有股票最基本的收益就是公司的分红，这在成熟市场体现得更为明显。根据西格尔教授在《股市长线法宝》中的统计，从1871年至2011年，股票的平均实际收益率为6.48%，其中，平均股息率为4.4%，实际平均资本利得收益率为1.99%。股息是整个时期内股东收益的最重要来源。

这里的“互摸口袋”是指，买入股票的目的不是收获企业的业绩增长和分红，而是一种投机行为。单纯的投机者并不会在乎股票的价值几何，他们更关心的是有没有其他投资者以更高价格接盘。

分红是股票最根本，也是最直接的收益。举例来讲，假如你投资了一家餐馆，每到年底，该餐馆扣除掉经营成本、各项费用以及维持后续经营所需要的再投入后，剩下的利润通常会按投资者的所占股份比例进行分红。除非该餐馆转让或倒闭清算，否则该笔投资不能给你带来任何其他收益，于是，每年的分红收入就是投资餐馆的所有回报，即投资的价值所在。如果该餐馆告诉你，他们永远不分红，那么，除非卖给下家，否则这笔投资没有任何收益。因此，该笔投资没有价值。同样，如果一家公司宣布永远不分红，也就是持有该公司股票直到公司破产倒闭，股东一分钱都得不到，那么，除非买入的目的就是短期投机，否则没人会去长期持有这只不会带来收益的股票，这只股票价值就是零。

股票不同于债券，不存在还本付息，它给投资者带来的收益只有分红和卖出变现，但能卖出变现的前提是股票本身是有价值的。有些成长型公司即便当前不分红，其创造的利润留在公司也是为了扩大再生产，市场会预期其未来有更多的分红。

虽然股票可卖出变现，但给股票背后的公司定价，即评估一家上市公司值多少钱，必须基于上市公司在存续期间所能创造的价值。从这个角度出发，股票未来的分红就是该股票的内在价值所在，由此产生了“股利折现模型”。

1.股利折现模型

股利折现模型是最基本的股票定价模型，该模型考虑了资金的时间价值，将股票的价值视为公司未来所有分红的折现值，即价值等于持有股票未来各期股利收入的现值之和，而公司的价值就是公司未来的所有分红折现到现在，总共值多少钱。简单理解就是，一家公司值多少钱，要看它从当前到倒闭的全部存续时间内，投资者能从中拿回多少钱，这些未来能得到的钱折合到现在是多少。

什么是现值？资金有时间价值，当前的1元钱和10年后的1元钱价值不同。由于通货膨胀的存在，显然，10年后1元的购买力要小于当前的1元。现值是未来的钱通过特定比例折算成的现在的钱，未来越远，同样金额的钱越不值钱，20年后1元钱的现值小于10年后1元钱的现值。通常用折现率表示折现的比例，未来值的折现可以表示为：

$$现值 = \frac{未来值}{(1+折现率)^n}$$

其中，n表示时间长度，比如，n年。

在股利折现模型中，股票的内在价值是股票未来各期分红的折现之和，其公式表示为：

$$V_0 = \frac{D_1}{(1+r)} + \cdots + \frac{D_n}{(1+r)^n} + \cdots$$

V_0表示当前股票内在价值，D_n表示股票未来各期分红，r表示折现率，通常也叫要求的投资回报率或要求收益率，由无风险利率和股票的风险决定，无风险利率越高、股票风险越大，则要求收益率越高，折现率越大。

如果不考虑卖出，那么红利是小股东长期持股的唯一收益，如果要卖出，那么买方也会以同样的方法给出买入价格。这种方法逻辑完善，问题是，怎么知道一家公司未来如何分红呢？一家公司可以今年分红，明年不分，今年多分，明年少分，未来的分红情况很难预测。为了弥补股利折现模型的不足，就有了自由现金流折现模型。

2.自由现金流折现模型

自由现金流折现模型原理上和股利折现模型一样，但有一点不同，即它不再把红利作为股东的收益，改用公司的自由现金流。

所谓自由现金流，通常指公司生产经营中产生的现金流净额扣除再投资需求之后的剩余部分，即满足了公司经营发展的需求之后，可分配给股东的现金流。用自由现金流替代股利的逻辑是，公司不管现在分不分红、分多少，反正这部分现金迟早要分给股东，可以视作股东的钱，于是就把它进行折现，作为股票的内在价值。

自由现金流折现模型不需要考虑公司的分红情况，可操作性上强于股利折现模型，逻辑上则稍弱于股利折现模型，毕竟钱留在上市公司总不如拿在自己手里可靠，万一被上市公司给“作”没了呢？甚至可能存在财务报表造假的情况，根本就不存在这笔钱呢？这种事情在A股市场中并非没有，因此，用这种方法对股票进行估值时要留出足够的安全边际。

3.净利润折现模型

自由现金流折现模型虽然消除了上市公司分不分红、分红多少的不确定性，但预测企业未来的自由现金流亦非易事。对于经营良好、现金流充足、维持再生产投入小而稳定的公司，可以简化为使用净利润来替代，毕竟净利润相对好预测，数据也更容易获得。

现实中，用净利润简化替代自由现金流的前提是：公司经营稳定可预测，再投资需求小，历史上净利润和自由现金流差距不大，且净利润真实可靠。一般来说，自由现金流小于净利润。

总而言之，从可预测性上，未来股利、未来自由现金流、未来净利润的可预测性逐个上升，但从逻辑可靠性上，股利折现、自由现金流折现、净利润折现的逻辑可靠性则越来越弱，使用后面的方法应该更保守、留出更大的安全边际。

由于未来的不确定性，在投资实践中，绝对估值方法更像一种思维工具，一种理解和思考公司内在价值的方式。巴菲特的好搭档查理·芒格曾说："巴菲特有时会提到折现现金流，但是我从来没见过他算这个。"

普通投资者大多不会通过此种方式计算股票的内在价值，但不影响把它作为有效的思维工具来使用。通过绝对估值法的股利折现模型，至少可以得出如下两点：

首先，从上述折现模型中，可以看出股票内在价值的几个决定因素。根据股利折现模型，股票内在价值由未来各期红利和折现率决定，未来各期红利则取决于公司未来长期的盈利能力和利润增长率，而折现率则取决于未来无风险利率和股票自身的风险。理解了股票内在价值的决定因素，心里就有了价值的锚，不会因各种短期的冲击而惊慌失措，比如，2012年的塑化剂事件虽然对白酒行业的冲击很大，但投资者如果明白股票的内在价值取决于企业未来长期的业绩，而非短期的偶发事件，持股心理就会笃定许多。

其次，可以从模型中大致推导出当前估值对应的预期回报率是多少，估值高时，预期回报率低，估值低时，则预期回报率高。对于股市预期回报心里有底，有助于投资者保持理性，不至于在熊市中太过恐慌，或在大牛市中过于亢奋。

二、常见的估值指标

估值方法总体可分为绝对估值法和相对估值法。前面介绍了绝对估值法，并说明股利或现金流折现模型更多的是一种思维方法，实际的可操作性并不强。

现实中使用最多的还是相对估值法。所谓相对估值法，是基于市盈率、市净率、市销率等股票估值指标，对相似的股票或同一只股票历史上不同时期的估值指标进行比较，从而得出股票低估、正常或高估的结论。

其内在逻辑是，预期收益率和风险大小类似的资产应该有相近的价格，同类股票的估值指标应该接近，否则低估的股票会被资金买入而抬高估值，而高估的股票则会遭到抛售而降低估值。下面开始陆续介绍常见的股票估值指标，并说明各自的特点和使用注意事项。

三、市盈率

市盈率是最为常见的估值指标。市盈率（PE）是价格（P）和利润（E）的比值，计算方法有如下两种：股票价格除以每股盈利或上市公司的市值除以净利润。

市盈率的分类

市盈率通常可分为静态市盈率、动态市盈率和滚动市盈率，它们的分子都一样，当前市值或股价，区别是分母盈利数据的计算方式不同。

静态市盈率是基于公司上一年度年报中的净利润数据计算。

动态市盈率是基于对本年度盈利的预测值计算。由于预测方法多种多样，且带有主观性，不同来源的动态市盈率可能存在较大区别。比如，有的用已发布的前半年盈利的2倍或者用前3个季度盈利的4/3倍当成全年预测盈利，这显然不够准确，因为公司的业绩在每个季度通常不是平均分布，有的公司业绩主要由第四季度来实现，这样估算出来的盈利便会偏低，也有的动态市盈率是收集多位股票分析师的预测值，计算平均值得出，这样会相对准确一些，但也容易受到市场乐观或悲观情绪以及个人主观判断的影响而产生偏差。因此，投资者在查看动态市盈率时，应该了解其利润的预测方法，对可能存在的偏差心中有数。

滚动市盈率（TTM）是基于最近4个季度的盈利计算。例如，如果当前是9月份，就把去年第三、第四季度和今年第一、第二季度的盈利相加作为最近一年的盈利，这种计算方式相对准确地反映了公司最新的市盈率情况，也是实际中使用最为广泛的一种方法。

还有一种市盈率即周期调整市盈率（CAPE）。诺贝尔经济学奖得主罗伯特·席勒提倡以CAPE来观察股市估值是否合理。因此，CAPE又被称为席勒市盈率（Shiller PE）。

席勒教授把经过通胀调整的过去10年的平均盈利作为分母，把经过通胀调整之后的市值作为分子，来计算CAPE，该方法主要用于判断股市的整体估值是否合理。长期来看，该方法可以一定程度上消除通货膨胀和企业盈利短期波动的影响，但此种市盈率的计算需要较多的历史数据，而A股产生的历史自20世纪90年代初至今才30年，时间太短，因此这种计算方法在国内较少使用。

市盈率的适用范围

从市盈率的公式P/E可以看出，市盈率更适用于盈利E稳定并且E为正数的公司，这些公司通常处于成熟期，例如，主要消费类公司。如果分母E的波动幅度太大，市盈率对未来的参照意义就会减弱。

在极端情况下，当企业发生亏损时，分母E为负数，市盈率指标便失效了。例如，一些互联网企业，早期处于烧钱阶段，这时候盈利往往是负的，但是这些企业一旦沉淀了足够多的商家和客户，就可能产生巨大的“网络效应”，对互联网平台来说，越多人使用越好用，越好用则越多人使用。这种巨大流量带来的护城河一旦建立起来，就很难被颠覆，典型如亚马逊、阿里巴巴等。此时，如果用市盈率来估值，就无法真实地反映企业的价值。此时利用市销率对尚处于亏损的电商企业估值更为恰当，对该指标后面会专门介绍。

那么，对于盈利E变化大的成长股，该如何估值呢？

根据企业周期理论，公司的发展要经历初创期、成长期、成熟期和衰退期，一般来说，初创期的公司上市有一定难度。上市公司以成长期和成熟期居多。成长期公司的总体特征是，企业市场份额迅速扩张、利润增长快，市场往往出于对其未来高增长的预期而给予更高的估值。

此时，单纯的市盈率指标可能无法反映公司的估值情况，这里引入一个常见指标PEG，该指标将市盈率和增长率相结合来判断股票的估值，弥补了市盈率对企业动态成长性的考虑不足，其计算方法是市盈率/（预期净利润增长率×100）。

当PEG＜1时，表明市场低估了这只股票的价值，或者市场认为其业绩成长性可能比预期的要差；

当PEG＝1时，表明市场赋予这只股票的估值可以反映未来业绩的成长性；

当PEG＞1时，则认为该只股票可能被高估。

同样因为业绩波动较大，市盈率对强周期性行业的参考意义有限。强周期股的业绩好，可能是因为当前刚好处于景气周期的高点，利润很高，分母大，则相应市盈率较低，此时买入，未来会逐渐进入景气度下行周期，业绩不断下滑，股价随之不断下跌，市盈率反而因业绩的下滑而被动提升。因此，有可能出现低市盈率买入、高市盈率卖出却带来投资亏损的情况。另外，在行业极度低迷时，可能会出现行业内大量公司亏损的情况，此时市盈率指标也会失效。

还有一类衰退型公司，这些公司通常处于夕阳行业，长期来看，股价处于下降通道中，虽然市盈率很低，但随着业绩不断下滑，股价的下跌跟不上业绩下滑的速度，后期市盈率反而越来越高，这也是人们常说的“市盈率陷阱”，如果仅看市盈率低就买入股票，很容易陷入其中。

因此，虽说市盈率指标是最常用的估值指标，但是它更适合给业绩稳定的、处于成熟期的企业估值。

可能有人会有疑问：市盈率表示每单位盈利的价格，理论上每一元钱都是一样的，为什么股票A的市盈率为30，股票B的市盈率为10呢？难道公司A赚的1元顶公司B赚的3元？

根据市盈率的定义，市盈率公式中的盈利一般代表公司去年或过去4个季度的净利润。之前在“绝对估值法”一节中分析过，决定一只股票内在价值的是公司未来长期盈利的折现总和。

买股票买的是未来，而不是当前的盈利。因此，市场上股票的市盈率有高低之分并不奇怪，市盈率高是因为市场预期该公司的未来盈利增长快，盈利折现的总和高，市盈率低则是因为市场预期该公司未来没有很好的成长性。因此，不能简单地认为市盈率30的股票A就是高估，市盈率10的股票B就是低估，更不能简单地认为A比B高估。举一个简单的例子，在通常情况下，成熟行业代表的主要消费行业的股票要比代表新兴产业的信息技术行业的股票估值低，主要因为人们对行业未来的成长性预估不同。

那么，如何确定低估还是高估呢？还是应该从股票内在价值出发，虽然无法准确预测未来的盈利，但是可以从公司基本面、行业前景等方面大致进行比较来估计。衡量公司质量，可以参考公司的财务指标，常见的盈利类指标有毛利率、净利率、净资产收益率；成长类指标有净利润增长率、营业收入增长率；杠杆指标有资产负债率等。如果股票A和B同属于一个行业，且基本面都差不多，那么可以认为A和B的市盈率应该大致相当。

综上，市盈率不仅与盈利有关，还与公司未来的成长性有关。成长性越高、未来盈利预期越稳定，市场往往愿意给其越高的市盈率。由于人们给予的盈利预期不同，不同行业之间、不同类型的公司之间的市盈率并不具备可比性。

四、市净率

市净率（PB）是市值（P）和净资产（B）的比值，表示每单位净资产的价格。和市盈率一样，市净率的计算方式也包括两种：市值/净资产或股价/每股净资产。其中，净资产=总资产–总负债，通常取最近一期财务报表中公布的数据。从定义来看，公司的市值、总资产以及负债情况都会影响市净率。

市盈率的适用范围主要是净利润较为稳定的弱周期性行业，对于业绩波动较为剧烈或业绩呈周期性变化的公司，通常用市净率指标进行估值。

此外，当市盈率指标因为特殊事件暂时失效时，也可用市净率作为辅助的估值判断指标，例如，2008年次贷危机时的美股，当时，由于企业净利润短期出现了大幅下滑，市盈率被动大幅提升，此时如果用市盈率作为估值判断标准，那么很难做出买入的决策，但事后看来，当时恰恰是应该“用桶去接股票”的黄金时刻。

对于强周期性行业，如钢铁、煤炭、有色等，这些行业往往产品同质化现象严重，企业没有自主定价权，市场竞争激烈，利润受经济周期影响较大，特别是当行业处于极度低迷时，可能出现全行业中多家公司发生亏损的情况。因此，这些行业用市净率估值更适合。

当前我国股市监管机制和市场环境尚不完善，上市公司调节利润的情况时有发生，相对于净利润来说，公司的净资产更为稳定，相应地，市净率往往比市盈率更稳定。

价值投资大师格雷厄姆推崇“捡烟蒂”的投资方法，其核心就是买入市值低于账面资产的股票，格雷厄姆经历过1929年的经济危机，资产曾遭遇大幅缩水，因此，他对投资股票的安全性非常重视，力求买得够便宜，最好股价能低于清算价值，市净率一定程度上可以衡量购买股票的安全性。

当市净率小于1时，相当于打折购买公司净资产。例如，近些年的银行业，市净率非常低，价格经常跌破每股净资产，虽然银行业整体盈利能力呈现出缓慢下滑的趋势，但只要投资者在市净率很低的时候买入，依然可以获得不错的回报。

然而凡事有利亦有弊，市净率较稳定，也意味着对公司盈利能力的变化反应较为迟钝。当公司的盈利能力出现趋势性变化时，用市净率进行历史纵向比较，容易做出错误的估值判断。还是以银行业为例，由于银行板块近十年来净资产收益率处于下降通道，当前的1倍市净率和十年前的1倍市净率不具可比性。换句话说，目前的1倍市净率比十年前的1倍市净率高估。

投资一家公司，最重要的还是要关注其创造利润的能力，而不仅是公司的净资产值多少钱。就像投资一家餐馆，你不会希望以低于净资产的价格买下来，然后去卖锅碗瓢盆。

从定义中可以看出，市净率这个指标并不能反映公司的盈利水平，因此，市净率通常要和反映盈利能力的指标配合使用，例如净资产收益率。净资产收益率衡量的是每单位净资产的盈利是多少，反映公司资产的运营效率，净资产收益率越高，净资产的“含金量”就越高，每单位净资产的价格也应该更高，即市净率应该更高。

在实际应用中，对净资产的考量，还要注意如下几个问题：

一是注意区分资产的实际价值和账面价值。例如，白酒的库存，一般来说是时间越久，价值越高，而一些更新换代快、时效性强的产品，如消费类电子产品、汽车以及女装等，如果没有及时销售，那么未来大概率会贬值。还有一些生物资产，价值不仅很难衡量，稳定性也较差，之前就有公司发生过扇贝“跑路”、猪被饿死等事件。

二是净资产的价值与行业有关。对于钢铁、煤炭、房地产等行业，其净资产账面价值通常较高，且较容易确定，而一些轻资产行业，如电子商务公司、游戏类公司、律师事务所、广告传媒公司、软件企业等，这些公司的净资产账面价值往往较低，但不代表公司的价值就低。

三是计算净资产时，还要考虑商誉的影响。商誉是企业收购时，购买成本超过被收购企业净资产公允价值的差额。例如，收购一家公司花了1亿元，但是被收购公司的账面价值只有8 000万元，那么，这2 000万元资产便被记录为商誉，体现在资产负债表的资产端，而实际上它是虚资产。那些热衷于频繁收购、高溢价收购、跨界收购、涉嫌利益输送的公司一般是高商誉产生的密集区。在投资的过程中，一定要注意回避那些商誉占净资产比例太高的公司，在计算市净率的时候，分母使用扣除商誉之后的净资产更合理。

此外，诸如品牌价值、优秀的管理能力、销售渠道网络等无形资产并未计入净资产中。

最后，和市盈率一样，不同行业间的市净率同样不具备可比性，比如食品饮料行业的净资产收益率高，盈利预期稳定，其市净率通常都比较高。反之，一些重资产行业，如采掘、钢铁、煤炭等重资产行业，净资产收益率低，市净率通常很低，但这并不意味着低估。

总之，市净率指标的使用，应该综合考虑公司净资产的盈利能力、预期业绩的成长性和确定性等因素，投资者不能单纯用市净率一个指标来判断股票估值的高低。

五、市销率

市销率（PS）是公司市值（P）与营业收入（S）的比值，也等于股价和每股营业收入的比值，表示每单位营业收入的价格是多少。

营业收入是盈利的基础，在实际应用中，常使用公司营业收入在行业中的占比来计算公司的市场份额。营业收入的变化趋势能够反映公司经营发展状况的变化趋势，随着公司营业收入的不断提高，公司价值会跟着上升，市销率也会趋于降低。

对于很多创业型、电商类公司，比如京东、亚马逊等，初期通常需要大量地投入，盈利较低甚至亏损，但随着销售收入的增加，其市场占有率迅速提升，为后期的盈利打下了良好基础，因此，这些公司用市销率估值更为合适。

相对于净利润而言，营业收入的变化趋势较为稳定，不容易出现大幅波动，也不会出现负值的情况，并且营业收入作为一种上游指标，不容易受到人为操纵，更加可靠。其缺点是，营业收入是公司运营的中间过程而非目的，利润最大化才是企业经营的最终目的，由于营业收入中没有考虑运营成本和费用，不同行业的公司之间营业利润率不同，不能简单地仅通过看市销率来区分公司估值的高低。同一公司进行历史纵向比较时，如果营业利润率发生了趋势性变化，那么同样的市销率反映出的实际估值也会不同。

六、市现率

市现率是公司市值与现金净流量的比值，或股价和每股现金净流量的比值，表示每单位现金流的价格。市现率越小，表示公司每股现金流越多，投资股票安全性越高。

市现率的优点是比较可靠，因为现金流不易造假，能够较好地反映公司盈利的质量和运营的风险。缺点是由于净现金流包括经营、投资、筹资活动产生的现金流，通常变化很大，导致市现率波动十分剧烈，不便于股票间横向或历史纵向间的比较。

七、股债收益比

股债收益比是股票收益率和债券收益率的比值，可作为衡量股票市场整体估值高低的有效指标。其估值的逻辑主要基于资金的逐利行为，股市和债市是两大金融市场，且二者的相关性较低，而投资无非是在不同性价比的标的之间进行选择，当股市低估、投资价值较高时，资金会流向股市。反之，当股市高估、隐含的收益率较低，而债市收益率较高时，资金会流向债市。因此，可以用股票收益率和债券收益率的对比来判断股市估值的高低。

这里的股票收益率也称为盈利收益率或静态收益率，定义为净利润除以市值，是假设未来股市整体利润保持不变且全部分红时的投资收益率。盈利收益率是市盈率的倒数，市盈率越高，盈利收益率就越低。债券收益率可以用十年期国债到期收益率表示，国债由国家的信用担保，安全性非常高。因此，十年期国债到期收益率经常被用来表示无风险收益率。

如果股市的市盈率为20，则盈利收益率为5%，而此时十年期国债到期收益率为6%，那么谁还持有股票呢？即使二者收益率相等，也是持有十年期国债更划算，因为国债更安全。

例如，20世纪80年代的美国，当时美国的十年期国债利率达到10%以上，股票资产的估值必须要足够低才能吸引投资者，同期，美股的估值被压制，标普500市盈率最低到了8倍左右。

人们常说“高风险、高收益”，其含义是指高风险的资产，人们要求的回报率也更高，最简单的例子就是，钱存银行的利率远比不上民间借贷的利率高。又比如，短期存款的利息通常低于长期存款，抵押贷款的利息低于无抵押贷款。因此，不同风险资产要给予相应的风险回报。股市的风险高于国债，因此投资者要求的股市收益率势必也高于国债收益率，只有当股市预期收益率明显高于国债收益率时，投资者才愿意投资股市。

股债收益比是把股票市场的盈利收益率除以十年期国债到期收益率，衡量股市相对于债市收益率的高低。股债收益比很高时，资金会进入股市推高股价，从而降低股市的盈利收益率。反之，股债收益比很低时，资金会从股市撤出，引起股市下跌，又提高了股市的盈利收益率。不合理的股债收益比会引起资金的这种套利行为，推动股债收益比向合理区间变化。

图6—1所示为2007年至2020年间A股市场整体股债收益比的历史走势，可以看到，股债收益比历史走势（实线）和代表A股整体价格走势的中证流通指数

（虚线）有着明显的镜像关系。股债收益比的底部对应中证流通指数的顶部，股债收益比的顶部对应中证流通指数的底部。就近十年而言，A股熊市底部对应的股债收益比通常超过2，这也印证了格雷厄姆的观点，只有当股票的盈利收益率至少高于长期国债收益率的两倍时才有吸引力。

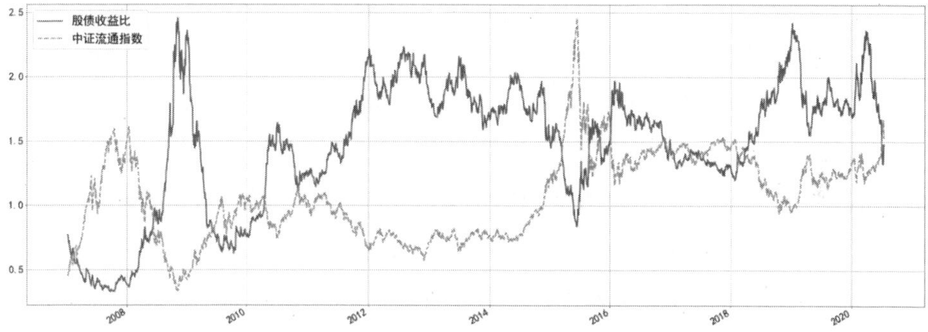

图6—1　A股市场股债收益比的历史走势

需要注意的是，股票的盈利收益率是基于股票最新市值和上市公司过去一年盈利计算出的收益率，是面向过去的指标，而国债到期收益率则是实实在在的未来持有到期收益，这种期限上的错配说明它并非真正意义上的股市和债市的收益率比较，尽管如此，股债收益比还是可以作为评估股市估值水平的一个有效参考。

八、估值指标的历史百分位

本章前面介绍的市盈率、市净率、市销率等估值指标，优点是简单直观、意义明确。比如，某股票的市盈率为7，就表示其市值和盈利的比值为7。具体含义是，假设该公司未来盈利不变，且全部利润用来分红，以目前的价格买入，靠分红，7年就可以回本。但是，其缺点也很突出，市盈率反映的是当前价格和过去盈利的比值，并未考虑公司未来的成长性如何。不同公司由于盈利能力、成长性、杠杆水平等不同，直接用市盈率、市净率等指标来比较估值高低，有时并不合理。实际上，不但不同行业的股票不具备可比性，甚至同行业的股票之间的比较也未必合理。

一只股票的历史估值体现了过去较长时期内，市场对该股票的估值范围，市场可能会出现一时定价错误，一般不会出现长期的定价错误。历史百分位估值就是通过衡量股票当前估值指标在其历史区间内所处的位置高低来判断目前估值水平的高低，即用股票现在的估值和历史上的估值进行纵向比较，从而避免了不同股票间横向比较不合理的问题。

百分位是统计学的概念，估值的历史百分位是指目前的估值在历史上的位置。例如，某股票目前市盈率为10，历史百分位为20%，表示该股历史上有20%的时间市盈率低于10，80%的时间高于10。如果该历史区间取十年，那么表示这只股票过去十年中有累计两年的时间市盈率低于10，另外8年时间高于10。

如果一只股票的基本面在历史上没有发生很大的变化，就可以用当前估值指标的历史百分位大致地判断目前的估值高低，比如，低于20百分位可以认为该股较为低估，高于80百分位则高估。

在投资中，任何一种估值方法都不是完美的。估值百分位的使用也是有条件的。其有效的前提是，同一股票的估值指标会向历史中枢作均值回归，估值高了会跌下来，估值低了会涨上去。根据估值百分位进行投资，隐含的假设是，影响股票估值的因素，如盈利能力、成长性等，没有发生永久性的变化，历史估值范围也是将来合理的估值范围，即股票的估值能够回到历史上的平均估值水平。

需要注意的是，截取不同时间长度的历史区间，例如，10年或5年，计算出的估值百分位是不同的。理论上截取的历史区间越长越好，但实际上，时间太长，股票的基本面或者市场整体的估值中枢很可能已经发生了趋势性的变化，也就是历史的估值中枢已经回不去了，历史估值区间也就失去了参照意义。

图6—2所示为上证指数市净率的历史走势，可以看出，估值下降的趋势很明显。从宏观经济基本面来看，2007年我国GDP增速为14.2%，而2018年GDP增速下降为6.6%，未来大概率也很难回到两位数的高增长。投资者对股市未来业绩增速的预期也随之下降，在这种情况下，就不能指望估值还能回到历史均值，相应地，计算估值的百分位时也就不能取太长的时间区间。

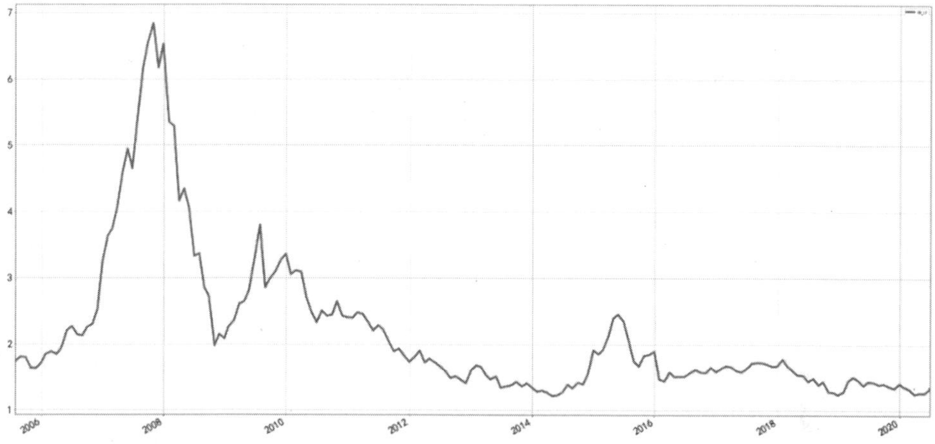

图6—2　上证指数市净率的历史走势

同时，如果时间取得太短也不合适，市场不仅受到业绩影响，还会受到市场情绪的影响，估值的回归不是一蹴而就的，都要有一个过程，如果截取时间太短，那么估值指标可能短期内一直处于高估或者低估的偏离中枢的位置，不具参考性。A股市场历来牛短熊长，而且牛市和熊市中同一股票的估值差别巨大，如果截取时间太短，那么可能都取在熊市了，股票稍微上涨，就到了较高的估值百分位，而此时有可能牛市才刚刚开始，如果据此而卖出股票，就很可能错过大行情。

九、如何对指数进行估值

本书主要内容是介绍指数基金投资。因此，前面介绍的股票估值指标以及估值方法，主要目的是为介绍指数估值做准备。指数是股票的组合，可以看成一只特殊的“股票”，同股票一样，指数也可以用市盈率、市净率、市销率、市现率、估值历史百分位等指标来进行估值，指数估值指标的基本含义和股票是一样的，但在计算和实际使用方面，又有其特殊性。

以市盈率为例，按计算方法的不同，常见的指数市盈率有平均市盈率、中位数市盈率、加权平均市盈率和整体市盈率。

平均市盈率，即市盈率的算术平均值，是对指数所有成分股的市盈率求和，除以成分股个数，表示所有指数成分股市盈率的平均水平。

中位数市盈率，是指对指数所有成分股的市盈率按大小排序，然后取排在中间的那个作为指数市盈率，表示指数成分股市盈率的中间水平。相比平均值，中位数不容易受到个别极端值的影响。比如，某指数有5个成分股，市盈率分别为10、11、12、13、60，平均市盈率为21.2，而中位数市盈率为12，在这种情况下，中位数市盈率更能反映指数成分股总体的估值。

加权平均市盈率，根据指数中各成分股的市盈率分别乘以其在指数中的权重，然后求和。

整体市盈率则是用指数的整体市值除以指数对应的净利润之和，整体市盈率又可以分为考虑权重和不考虑权重两类。

概念比较抽象，下面举一个简单的例子来解释上述概念之间的差别。假设有一只指数由A、B、C三只股票构成，各成分股的权重、市值、盈利及市盈率如表6—1所示。

表6—1　示例指数成分股数据

股票	A	B	C
权重	0.2	0.2	0.6
市值	10	100	1000
盈利	2	3.33	50
市盈率	5	30	20

指数各种市盈率的计算方法分别如下。

平均市盈率：(5+30+20)/3=18.3。

中位数市盈率：20。

加权平均市盈率：5×0.2+30×0.2+20×0.6=19。

整体市盈率（不考虑权重）：(10+100+1 000)/(2+3.33+50)=20.1。

整体市盈率（考虑权重）：计算方法相对复杂一些，假设1份指数的市值为1，那么，其中分配给各成分股的市值分别是0.2、0.2、0.6，再根据盈利=市值/市盈率，可以求得各成分股对应的盈利分别是0.2/5、0.2/30、0.6/20，这时每1份指数对应的成分股数据如表6—2所示。

表6—2　每1份指数对应的成分股数据

股票	A	B	C
市值	0.2	0.2	0.6
盈利	0.04	0.00667	0.03
市盈率	5	30	20

因此，指数的整体市盈率（考虑权重）= 指数市值/成分股盈利，即1/(0.04+0.006 67+0.03)=13。

从上述例子中可以看出，各种方法计算出的结果，差距还是比较大的。平均市盈率、中位数市盈率、加权平均市盈率和整体市盈率（不考虑权重）、整体市盈率（考虑权重）分别从不同方面刻画了指数的市盈率估值，其中，平均市盈率和中位数市盈率计算最简单，也容易理解，如果指数内各股票市盈率区别很大，尤其是有特别大或特别小的极端情况，那么中位数市盈率更好一些。

整体市盈率（不考虑权重）是最常见的指数估值方法，其实是整体市盈率（考虑权重）的一种特例，即不论成分股实际权重如何，统一以成分股市值为权重，对于按市值加权的指数，成分股市值占比和实际权重接近，误差不大，但对于非市值加权的指数，例如等权指数，就可能产生较大偏差。如果采用不考虑权重的整体法，就会出现成分股相同，但加权方式不同的指数，市盈率完全相同的荒谬结论。例如，如果采用不考虑权重的整体法计算，那么300等权指数的市盈率和沪深300指数的市盈率相等。

相较而言，整体市盈率法（考虑权重）是最合理的指数市盈率计算方法，这种方法较为准确地反映了当前投资指数的每单位资金对应的公司盈利是多少，符合市盈率的原本含义。

最后，不同指数适用的估值指标不同。在之前的章节中提到，指数总体可以分为宽基指数、策略指数、行业/主题指数。沪深300、中证500等宽基指数通常以市盈率估值为主。行业指数估值指标的适用性则有所不同。一些弱周期性的、业绩较为稳定的行业，如主要消费等，一般用市盈率进行估值，而一些业绩波动较为剧烈或强周期性的行业，如煤炭、钢铁、有色、化工等指数，用市净率估值更合适。

十、指数的估值历史百分位

关于历史百分位的概念，前面介绍过。股票可以参考历史百分位进行估值，作为股票组合的指数同样可以用估值百分位作为判断当下估值水平高低的指标，但是，指数和股票有一个非常重要的区别，指数的成分股是定期调整变化的，一般按照季度、半年或一年的频率进行调仓，这也是指数能长期保持活力的原因。然而，随着时间推移，多次地调仓后，指数中的成分股可能已经“面目全非”。特别是一些策略类指数，如红利指数、低波指数、质量价值指数等，定期调整时成分股调换的比例通常很高。如果像股票那样，参照其历史的估值区间来判断指数当前的估值高低，那么有可能会出现误判，因为前后比较的对象（指数成分股组合）并不相同，不具可比性。

为了便于理解，举一个极端的例子。假设某指数只有一只成分股，前几年该成分股为股票A，市盈率为30，最近的成分股调整为股票B，市盈率为10，在这种情况下，如果简单地用市盈率历史百分位对指数进行估值判断，就会得出当前指数市盈率历史百分位非常低、指数被低估了的结论，但实际上当前投资该指数就是投资股票B，而股票B比股票A市盈率低，并不意味着股票B被低估，可能仅是因为A和B的风格不同，参考历史估值的前提是未来的估值大概率在历史估值区间内波动，而未来股票B的市盈率并没有理由向股票A的历史市盈率回归，这就属于错误的判断。

在我们实际查看指数历史估值曲线时，有时会看到某个时间点的指数估值指标突然发生非常陡峭的跳变，这种变化通常就是由指数中成分股调仓引起的，比如中证红利低波动指数（H30269），2016年年底和2018年年底的调整就导致市盈率出现了大幅跳变（见图6—3），在这种情况下，简单地用指数的历史估值来判断当前指数估值水平的高低，参考价值有限，甚至可能产生误导。

那么，如何正确地计算指数的估值历史百分位呢？

对于前面单股票指数的例子，既然指数当前的持仓就是股票B，那么买指数就相当于买股票B，因此指数的估值历史百分位就应该等同于股票B的估值历史百分位。对一篮子股票组合的指数而言，也是同样的道理。

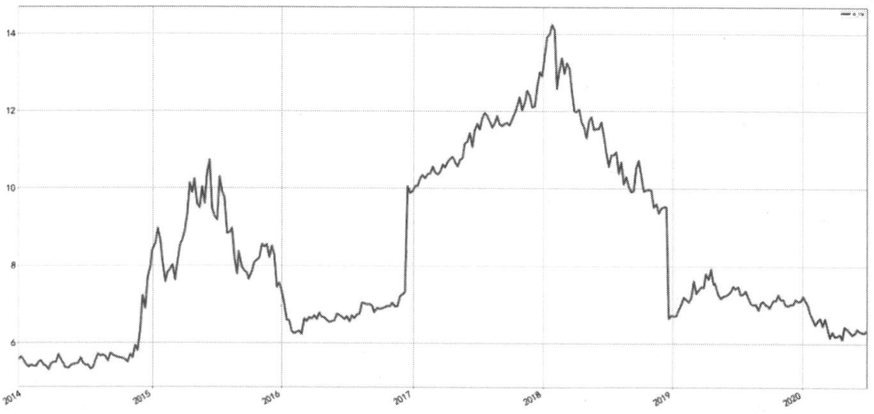

图6—3　中证红利低波动指数市盈率走势

买指数基金就是买入指数当前的成分股组合，已经调仓出去的那些股票对于当前指数的估值判断已经没有意义，指数当前成分股的未来表现决定着指数的未来走势。

投资者在参照指数的历史估值时，应该考虑这一点。如果指数成分股已经发生了巨大变化，那么通过简单地对比当前和历史的估值指标，可能会导致误判。

调整频率越高、每次调仓比例越大的指数，历史估值的可比性越差，一般来说，非市值加权的指数每次调仓的比例要高于市值加权的指数。

在指数估值历史百分位的使用上，也要注意不同指数的适用性。比如，在对行业指数进行估值时，看待成熟行业、朝阳行业和夕阳行业历史百分位的方法是不一样的。越成熟、历史业绩越稳定的行业，其历史估值百分位越有参照意义。对于业绩随着时间发生较大改变的行业，就要考虑这种变化对估值产生的影响。如朝阳行业、新兴产业等，随着业绩的不断提升，合理的估值区间可能会发生上移，而业绩发生趋势性下行的行业，如钢铁、煤炭等，合理的估值区间可能会发生永久性下移。因此，采用历史估值百分位进行估值水平的判断时，要考虑指数基本面的变化，不可生搬硬套、刻舟求剑。

十一、低估值价值股更安全

股价涨跌的影响因素很多，估值低并不代表未来就涨得好，在阶段性行情中，经常能看到一些高估值的成长股弹性更好，涨得更高，如创业板、信息技术板块等，那么低估值的股票有什么优势呢？

从历史长期表现来看，低估值价值股强于成长股。申万风格指数中，低市盈率指数、中市盈率指数和高市盈率指数从2000年到2020年的走势对比如图6—4所示，最上方的K线是低市盈率指数，中间的K线是中市盈率指数，最下方的K线则是高市盈率指数。

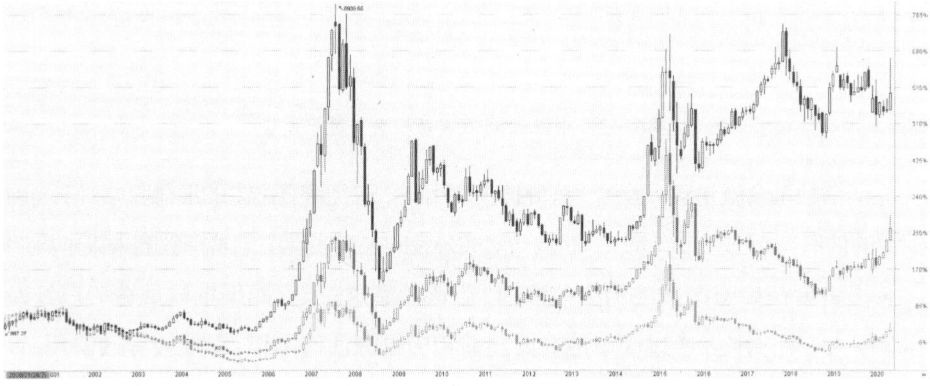

图6—4　申万低、中、高市盈率指数走势对比

该系列指数的编制方式是，剔除亏损股及市盈率高于500的股票，市盈率最高的200只股票作为高市盈率指数成分股，市盈率最低的200只股票作为低市盈率指数成分股，市盈率居中的200只股票作为中市盈率指数成分股。指数每年调整两次成分股。

显然，从历史长期表现来看，市盈率越低，收益率越好。虽然有些时段可能会出现高市盈率指数强于低市盈率指数，但长期表现孰强孰弱，一目了然。市场给予一只股票估值的高低有其背后的原因，低估值股票通常由于成长性较低或行业前景不好等各种原因不被投资者看好，而高估值股票通常是高成长、朝阳产业、前景光明，受市场追捧。在股票风格的划分上，低估值股票通常被划分为价值股，高估值股票通常被划分为成长股。为何预期高成长、前景光明的成长股长期来看收益还不如不温不火的价值股呢？

在前面的章节中简单介绍过股票绝对估值法中的股利折现模型，该模型通过股票未来股利的折现来确定股票的内在价值，用股票的内在价值除以盈利可以得到一个市盈率，在这里称之为合理市盈率。对指数来说，其内在价值无法用指数点位来衡量，但同样可以估算指数的合理市盈率。合理市盈率是对应股票内在价值的市盈率，表示理论上的合理估值，其值的高低受未来长期业绩增长率的影响很大。下面通过简单的例子，来观察合理市盈率和长期业绩增长率的关系。

假设一只股票的分红率为50%，折现率为10%，按照股利折现模型，不同的预期长期业绩增长率对应着不同的合理市盈率，二者的关系如图6—5所示。

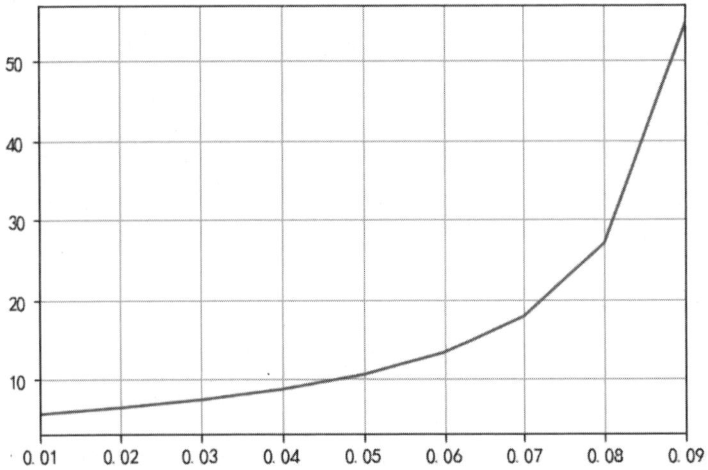

图6—5　预期长期业绩增长率与合理市盈率的对应关系

图6—5中的横轴是预期的未来长期业绩增长率，纵轴是合理市盈率。可以看到，股票的合理市盈率随着预期的长期增长率的上升而提高。

在增长率较低的区间，当增长率小于6%时，合理市盈率随着预期增长率的变化十分平缓；在增长率较高的区间，合理市盈率随着预期增长率的变化剧烈改变。同样是下降1%的预期增长率，在低增长区间，如果从5%下降到4%，那么对应的合理市盈率从10.5下降到8.7，下降幅度约17%；在较高增长区间，如果从9%下降到8%，那么对应的合理市盈率则从54下降到27，下降幅度高达50%。可见估值越高的股票对预期增长率的变化越敏感，越容易因增长预期的改变而导致价格大幅波动。

根据统计，无论是高增长还是低增长，业绩增长率长期都有向均值回归的趋势。原因不难理解，资本都是逐利的，高增长的行业容易吸引更多的资本进入，竞争愈加激烈，进而降低了行业的利润率。相反，低增长行业利润较低，吸引力弱，资本逐渐退出，竞争变小，反而容易慢慢提升业绩。

行为金融学研究表明，投资者普遍存在“近因效应”，即过度重视公司近期的业绩表现，把公司近期的业绩过度外推。对于近期业绩表现差的公司，投资者预期未来会更差，而对于近期高增长的公司，投资者认为未来将继续保持高增长。

在“近因效应”作用下，成长股容易受到投资者的追捧，市场对成长股大都抱着不切实际的想象，其预期通常过于乐观，相应地给予过高的估值，一旦业绩不达预期，便容易遭遇估值的大幅下杀。而对于低估值价值股，投资者往往又过于悲观，给出过低的估值。

低估值基于现实，它既是安全边际的体现，也是收益的一个来源，在不存在“价值陷阱”的前提下，估值大概率会向均值回归，这个回归的过程便会产生估值修复的收益。成长性却是基于未来，因此，投资成长股对投资者能力要求更高，需要对行业前景、公司在行业中的地位、公司的基本面以及未来的发展有着相对正确的把握，如果发生错误的预估，就可能带来投资亏损。

所谓“没有金刚钻，不揽瓷器活”，如果对公司未来的成长性没有把握，那么不妨把目光更多地投向那些估值较低的投资标的。当然，低估值标的并非没有风险，现在的低估值可能因未来业绩下滑而导致估值被动上升。因此，在低估值价值股的投资过程中，要特别注意回避那些业绩长期下滑的标的，避免陷入“价值陷阱”。

十二、低估值不等于低估，高估值不等于高估

从价值投资的角度来看，低估是指市场对股票的定价低于其内在价值，高估则是市场对股票的定价高于其内在价值。持有低估的股票，可能获得股票业绩增长和估值向上回归的双重收益，而持有高估的股票，如果未来的成长无法和高估值匹配，那么可能承担估值向下回归的损失。

在投资实践中，我们说股票的价格是高了还是低了，并非绝对值上的高低，而是指股价相对其内在价值来说，是高了还是低了。500元的茅台，人们觉得它便宜，而5元的乐视网，人们会觉得它很贵。估值也是同样道理。估值指标低并不意味着股票低估，同样地，估值指标高，也不一定就是高估，下面先看两个例子。

1.低估值股票未必低估

晨鸣纸业，2017年12月15日复权收盘价为9.69元，市盈率（TTM）为9.62，如果仅看其个位数的市盈率指标，那么会认为其低估而买入，到了2018年10月19日，复权收盘价跌至5.31元，市盈率仅为3.99。在低市盈率时买入并未带来估值向上的修复，反而继续下行。这种情况出现的原因在于，晨鸣纸业的每股收益逐年下滑，其扣非每股收益分别为：2017年1.52元、2018年0.32元、2019年0.01元。因此，对于业绩波动大、前景不稳定的公司，低市盈率不代表真的低估。

2.高估值股票未必高估

2018年1月2日，A股全市场股票市净率的中位数为3.3，此时，贵州茅台的市净率为10.5，高于绝大部分股票，当日贵州茅台的收盘价为703.85元，如果仅用市净率绝对值来判断估值高低，就会得出茅台此时极度高估的判断。实际上，到了2020年4月8日，贵州茅台涨到了1159.76元，市净率为11.6，估值不但没有向下回归，反而继续向上，期间股价上涨了64.77%。

为什么有些股票高市净率代表高估，有些股票高市净率又不算高估呢？看一个关键指标就可以一窥究竟，贵州茅台2018、2019年的净资产收益率平均为33，而A股全市场的净资产收益率中位数还不到8，盈利能力不同，估值指标的高低理应不同。

从上述两个例子可以看出，估值指标的高和低都是相对的，投资者使用估值指标时，应该结合其他基本面指标进行综合判断。那么，哪些基本面指标会影响估值指标的高低，该如何进行判断？下面介绍两种方法：

（1）市盈率+预期净利润增长率

市盈率是当前股价与过去一年每股收益的比，衡量的是过去每单位盈利的价格，股票的价值来源于未来的盈利，而增长率在过去盈利和未来盈利间搭起了桥梁，只要知道预期的净利润增长率，基于过去的盈利就可以得出未来的盈利。

预期净利润增长率越高的股票，市场给的市盈率往往就越高。因此，要用市盈率判断股票估值高低，应该参考预期的未来净利润增长率。

举一个例子。假设股票A和股票B去年净利润相等，其中，A的预期净利润增长率比B高，由于A预期的未来盈利更多，未来自由现金流更多，由绝对估值法可以得出，A的内在价值更高，所以，市场通常给A更高价格，即更高的市盈率。

如果两只股票预期的净利润增长率差不多，风险也大致相同，而市盈率却相差很大，那么大致可以判断出，低市盈率的股票相对于高市盈率的股票低估了。比如，一只主要消费股，一只科技股，假设预期净利润增长率都是30%，二者的市盈率理论上应该差不多，考虑主要消费股的业绩更稳定，风险相对更小，市盈率还可以更高一些，而现实中科技股的市盈率却往往比消费股高出许多。原因是，市场对科技股的未来成长充满了想象，对未来的业绩增长持乐观态度。如果两只股票的预期净利润增长率相差较大，那么市盈率不具可比性。

（2）市净率+预期净资产收益率+预期净资产增长率

市净率衡量的是单位净资产的价格，股票的价值来自未来的盈利。由于净利润=净资产×净资产收益率，未来净资产越多、净资产收益率越高，股票的价值越大。在现有净资产的基础上，未来的净资产增长率越高，未来的净资产规模就越大；预期净资产收益率越高，未来每单位净资产的盈利能力就越强，创造的净利润就越多，公司内在价值就更大。因此，预期净资产增长率和预期净资产收益率决定了净资产的含金量，从而决定了市净率的高低。

举例来讲，假设股票A和股票B，当前的净资产一样，A的净资产增长率高于B，那么A未来的净资产就大于B，再假设A未来的净资产收益率高于B，那么A的未来净利润就大于B。因此，A的内在价值更高，市场给予的市净率估值也应该更高。因此，在使用市净率时应该结合预期净资产增长率和预期净资产收益率。

银行股的市净率很低，甚至经常低于1，主要是因为银行净资产收益率逐年下滑，市场对其未来的盈利能力表示担忧。此外，对于银行这种高杠杆经营的行业，投资者对其净资产的质量，主要是坏账情况存在疑虑。而白酒类股票的市净率通常很高，因为其净资产收益率一直保持很高的水平，市场对其未来的盈利能力也比较乐观。因此，要用市净率进行估值比较，需要选择预期净资产增长率和净资产收益率接近的公司，主要是同行业或基本面相似的公司。

最后，虽然估值指标的高低不能完全说明股票实际高估还是低估，但是对于同行业的、基本面相似的公司，还是可以进行一定程度的对比。此外，从统计意义上看，估值低的股票实际低估的概率还是高于估值高的股票。相对于个股而言，作为一篮子股票组合的指数，估值指标有更强的参考意义。

十三、估值判断的辅助指标

前面介绍了股票和指数的估值指标以及估值方法。在投资实践中，除了常见的估值指标如市盈率、市净率等，还有一些间接的指标可以帮助投资者进行估值的判断，本节主要介绍流动性和波动性。

流动性与估值

流动性是用来衡量将一项投资性资产转换成现金所需要的时间和成本，流动性越好，转换时间越短、成本越小；流动性越差，转换时间越长、成本越高。它是资产定价的一个重要影响因素。同类资产，流动性高的，往往能够得到更高的报价，这也叫流动性溢价。这种现象其实很常见，20世纪末，国内的住房改革极大地推动了住房商品化进程，房产的商品化、市场化提升了房子的流动性，本世纪以来，商品房价格一路上涨，其中就包含了不小的流动性溢价。

股票市场的流动性溢价也不少见。B股市场是当初为了吸引外资、增加外汇而设置的一个市场，随着A股市场的开放性逐步增强，B股日渐边缘化，参与的投资者越来越少，流动性随之越来越低，同一个公司的股票，B股的价格相对于A股大幅折价。

股票的内在价值是公司未来现金流的折现，取决于公司的经营情况，并不会因股票流动性的好坏而发生改变。因此，流动性影响的是股票的交易价格，并不会影响其内在价值。由于流动性溢价的普遍存在，可以认为，流动性较低的股票低估的可能性较大，而流动性较高的股票，则高估的可能性较大。

对股票来说，流动性的代表指标有成交额、成交量或换手率等。下面从选时和选股两个方面来分析流动性溢价和高低估之间的关系。

1.从选时角度来看流动性和估值

图6—6所示为2006年6月至2020年6月的上证指数及相应的成交额，可以明显看到，几次大牛市的高点都伴随着成交额的高点，几次熊市的低位也是成交额

的低位，牛市的高股价中包含了大量的流动性溢价，而熊市则相反。

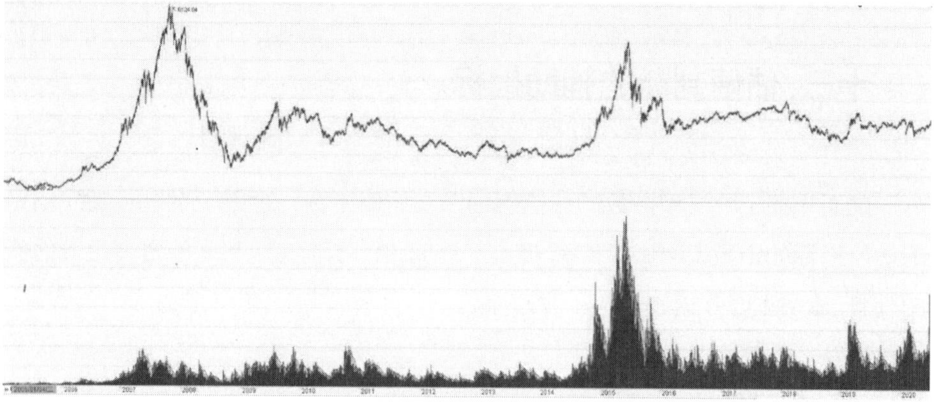

图6—6　上证指数及相应的成交额

2.从选股角度来看流动性和估值

申万曾经编制过一个申万活跃指数(801862)，该指数以换手率为成分股选取的依据，主要用来反映交易活跃股票的股价走势。该指数成分股每周调整一次。具体调仓过程是，每周最后一个交易日计算本周周换手率，并确定新成分股，下周第一个交易日启用新成分股。成分股按照如下规则调整：选取周换手率最高的前100家公司，如果周换手率相同，那么以周涨幅为标准，选择涨幅大的作为活跃股指数成分股；如果涨幅再相同，那么以周成交量为标准。

申万活跃指数基期设定于1999年12月31日，起始点位为1000点。该指数于2017年1月20日收盘后，不再更新，报收于10.11点。从1000点跌到10.11点，下跌幅度高达令人震惊的99%。这表明了高流动性的股票往往被高估，而在大家热捧时追涨买入，未来面对的很可能是估值的向下回归。

广大中小投资者通常没有很大的流动性需求，没必要为股票的流动性付出太多溢价。因此，在投资实践中，应注意回避那些由高流动性带来的高估值股票，同时，对高流动性时段的投资风险保持警惕。

波动率与估值

价格波动率表示股票价格的变动幅度，低波动的股票走势平稳、波澜不惊，高波动股票价格上蹿下跳、吸引眼球。股票价格的波动率通常被认为是股票的风险指标，高波动股票风险大，低波动的风险小。

按照传统的金融学理论，风险和收益匹配，高风险高收益，低风险低收益，事实果真如此吗？事实上，笔者认为，风险和收益关系的正确表述应该是，对于高风险的投资标的，人们要求有更高的收益率，而对于低风险投资标的则相反。要求的回报率和实际获得的回报率是两码事，在投资实践中，高风险投资不一定就能获得高收益，低风险投资的收益不见得就不好。

由于注意力有限，人们容易记住的通常是那些新奇的、冲击力大的事物，并以此作为决策的参考因素，而容易忽视那些司空见惯的事物，也即人们常说的“熟处无风景”，这种现象在心理学上被称为“易得性偏差”。这种偏差也体现在投资决策中，两年时间上涨20%的股票不会有很多人注意，而一个月内上涨20%的股票会成为市场的明星。

在各种股票软件、财经媒体中，显示在首页的通常是波动幅度大的热门板块和股票，高波动的股票永远是股民和分析师关注的焦点，也是游资炒作的最爱。被市场关注过多的股票，往往容易被炒高，存在关注度溢价。正是由于关注度溢价的存在，买入那些万众瞩目的高波动股票，后期收益通常并不理想，而那些“门前冷落鞍马稀”的冷门股票，长期表现反而更好。这在投资中，也被称为“低波动异象”。

用于衡量股票波动率的指标很多，常见的有收益率标准差、贝塔系数等。收益率标准差表示股票过去一段时间内收益率的变化幅度大小，收益率标准差越大，表示股票收益的波动越大；贝塔系数反映的是个股相对于大盘的波动性的大小，值越大就表示波动性越强。贝塔系数为1表示个股波动率等同于大盘，超过1表示个股波动率高于大盘，小于1表示个股波动率低于大盘。

1.从选股角度来看波动率与估值

如果把全市场的股票按照波动率（标准差）分为5组，第一组波动最低，第五组波动最高，每月调整一次，那么可以得到如下5组净值走势（见图6—7）。该图中，波动率最低的一组位于最上方，长期表现最好，而波动率最高的一组位于最下方，长期表现最差。

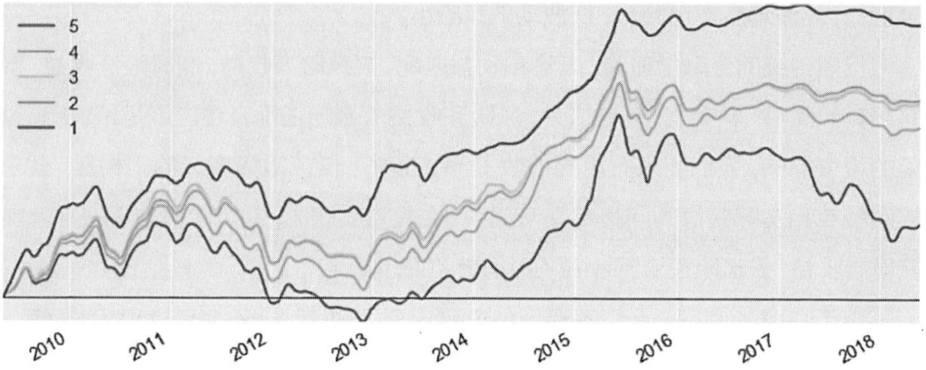

图6—7　波动率分组股票组合净值走势

中证指数公司发布了不少低波动指数，图6—8所示为中证800行业中性低波指数和中证800指数的历史走势对比，该图中上方的曲线是中证800行业中性低波指数，下方的曲线是中证800指数，中证800行业中性低波指数的历史走势显然要好于中证800指数。

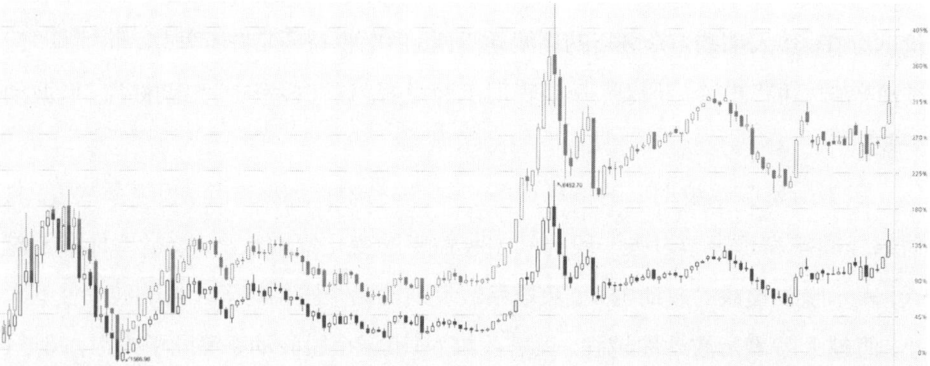

图6—8　中证800行业中性低波指数和中证800指数的历史走势对比

低波动反而表现更好，主要原因在于：在同一市场中，高波动股票容易被资金追捧，相对于低波动股票来说被高估了，后续大概率将面临估值的回归。

2.从选时角度来看波动率与估值

当行情处于牛市时，市场情绪高涨，人们热衷于投机，市场波动率很高，而当行情处于熊市时，市场交投清淡，行情死水一潭、波澜不惊。

图6—9所示为上证指数（上方主图）和对应的波动率（下方副图）的关系，很

明显，在牛市区间内波动率特别高，而在熊市区间内，波动率很低。

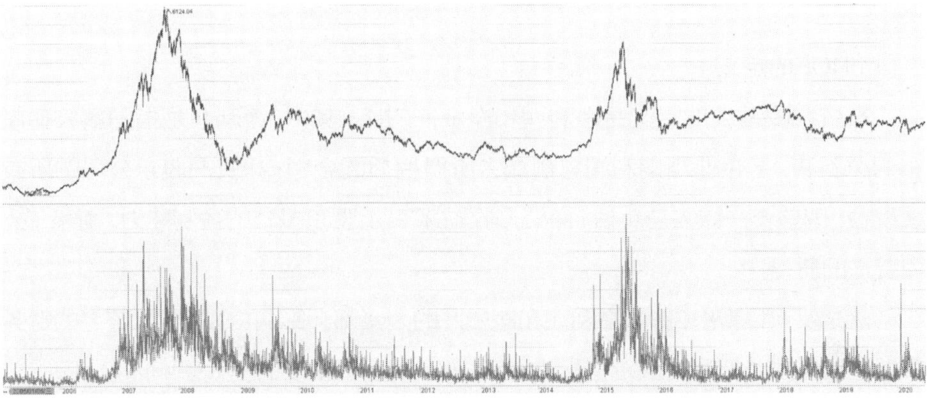

图6—9 上证指数和对应的波动率的关系

2017年经济学诺贝尔奖得主理查德·塞勒在其著作《赢家的诅咒》中，总结了一种现象：拍卖中胜出的竞拍者往往支付了过高的价格，导致其最终无法得到预期的收益，甚至陷入亏损，他称这种现象为“赢家的诅咒”。在股市中购买热门股、在市场狂热时买入股票，就如同参加了一场竞拍人数众多、出价活跃的拍卖会，买入者同样要承受“赢家的诅咒”，付出了过高溢价，从而导致最终投资收益不佳。

总之，不管流动性还是波动率，虽然本身不属于估值指标，但都能间接地反映股票估值的高低。对于市场热度考量的类似指标还有：股市新增开户数、股票关键词搜索热度、股票型及混合型基金的发行规模、融资余额等。当然，这些都是统计上的规律，对于某些个股未必成立，但是，对于一篮子股票组合的指数来说，却具有很好的参考价值。不存在某个指标能完美地反映估值高低，在投资中应该放宽视野，从多个角度来进行综合评估和相互印证，提高正确判断的概率。

十四、在投资中需要理解的关键指标——ROE

衡量公司基本面的财务指标很多，净资产收益率（ROE）是其中最关键的指标。绝对估值法告诉我们，股票的内在价值是公司未来自由现金流的折现，而自由现金流的来源是公司的盈利，净资产收益率则是衡量公司盈利能力的核心指标。

1.ROE的定义

净资产收益率的定义是净利润和净资产的比。其中，净利润是指归属公司股东的净利润，是企业当期利润总额减去所得税后的金额；净资产表示公司的所有者权益，即总资产减去总负债。净资产收益率表示股东投资的盈利能力，衡量了公司资产的质量。

从定义可以看出，影响净利润和净资产的因素都会影响ROE水平。著名的财务分析框架杜邦分析法对ROE指标进行了分解，揭示了ROE的三大影响因素。即：

净资产收益率=销售净利润率×总资产周转率×财务杠杆

这3个因素同时对应了3种典型的业务模式，分别为高利润率模式，例如白酒企业；高周转率模式，零售类企业多采用此模式，例如沃尔玛；高杠杆经营模式，如银行、地产等企业。

2.ROE与成长性

在前面章节中介绍过，投资收益的来源主要有公司的盈利增长、估值提升和分红收益。对长期投资而言，最主要来源就是盈利和分红，而无论盈利还是分红都要依靠公司业绩的增长。那么，ROE和公司成长性之间有什么关系呢？

一方面，ROE高的公司不一定成长性好。一些处于成熟期的公司，虽然规模大、盈利稳定且通常ROE较高，但是行业遇到了天花板，净利润增速缓慢，这样的公司往往更乐于分红，因为利润留在公司里，如果无法获得原来资产同样的收益率，就会拉低公司的ROE水平。

另一方面，如果公司长期保持低ROE，就说明该公司净资产的盈利能力较差，成长性肯定不会好。试想，假如你投资一家饭店，每年只有5%的净资产收益率，投资了100万元，每年利润才5万元，还能指望它获得长期稳定的高增长吗？

3.ROE与护城河

在市场经济体系中，只要一个行业有超额利润，就会引来越来越多的竞争者进入，从而导致产能扩张、供应增加、利润率下降。一家好公司，必须要有护城河，将竞争者挡在城外，以维持自己的竞争优势。因此，能够长期稳定地保持高

ROE的公司常常意味着其有较深的护城河。这个护城河可能源自规模效应、地理位置优越等带来的低成本，可能源自其拥有独特的自然资源（比如矿藏类资源），可能是周转速度快、运营效率高，也可能是品牌效应带来的品牌溢价，如茅台、海天等，还可能是网络效应和用户黏性，如腾讯、阿里等。此外，技术创新能力、专利权、法定许可权等无形资产都有可能成为阻止竞争对手侵蚀其市场份额的护城河。

长期投资看重的是ROE的稳定、可持续。强周期性股票也可能在短暂年份里出现盈利很好、ROE很高的情况，但它通常不稳定，并且不可持续。例如，证券行业，在牛市中业绩亮眼，但在熊市中业绩却乏善可陈。这类行业或公司并不适合长期持有。

需要注意的是，公司分红、财务杠杆、非经常性损益等因素都会影响ROE。高比例的分红会减少公司净资产，从而提高ROE。巴菲特的伯克希尔哈撒韦常年不分红，原因在于其超强的投资能力，把利润留在伯克希尔，获得的收益大概率能超过投资者自己拿着分红去进行投资的收益，而在这种常年不分红的情况下，依然能保持高ROE，比靠分红被动提高ROE更为优秀。

融资增加财务杠杆，也可以提升公司的ROE，但财务杠杆的提升是有限的，而且会增大财务风险。出售资产、政府补贴、短期投资收益等非经常性损益也能带来短期盈利的提升，从而提高ROE，但这种短暂的提升是不可持续的，对股票内在价值影响不大。

常言道，好公司还要有好价格，净资产收益率的高低和股票的估值息息相关。持续的高净资产收益率为公司的持续成长提供了可能性，而成长性又是估值高低的关键因素，市场往往对成长性好的公司给出较高的估值。从另一角度来看，市净率表示单位净资产的价格，净资产收益率代表单位净资产的盈利能力，盈利能力越强的资产，市场给的价格自然越高。指数基金的长期投资者，应该重点关注净资产收益率高且较为稳定的指数。

第七章

指数基金定投

上一章介绍了如何对指数进行估值，了解估值可以尽量避免在指数基金贵的时候买入，对指数估值最终是为了制定投资策略。投资策略就像烹饪时的菜谱、打仗前的作战计划，没有策略地随意操作是投资中的大忌。因此，建立适合自己的投资策略并坚持执行，对投资尤为重要。

指数基金的投资策略很多，本章及后一章将陆续介绍一些常见的指数基金投资策略。先从最常见的基金定投开始说起，基金定投是近年来基金投资界的热词，各大媒体平台、基金公司都非常推崇这种简单易行的投资方式。大众对于基金定投各有说法，有人奉若瑰宝，宣称十年十倍，也有人不屑一顾，弃之如敝履，认为它不过是机构割韭菜的工具。面对针锋相对的观点，普通投资者到底该何去何从？本章将介绍指数基金定投的相关知识。

一、什么是定投

定投是指固定时间间隔投入特定金额到某投资标的，最简单的定投方式是每次投入的金额为固定值，也即“定期定额”。实际上，定投的逻辑非常简单，用一句话概括就是：通过定期买入，分散入场时机不同带来的择时风险，以获取定投期间投资标的的平均收益。

市场时时刻刻都在起伏波动，投资者如果能准确把握每一个波段，在波段低点买入，高点卖出，那么用不了多久，就成了世界首富。然而，理想很丰满，现实却很骨感，时机的选择恰恰是投资中最难把握的部分，投资者也永远不知道股市下一刻的涨跌。

刚入市的新股民大都喜欢频繁交易、追涨杀跌，甚至做变相的“T+0”交易，希望尽可能抓住市场中的波段机会，然而，这种操作往往带来更多的亏损。他们或在牛市“赚钱效应”的带动下，高位入场，成为接盘侠，或听消息、看K线形态进行短期的频繁择时换股，除了给证券公司贡献了不少佣金，投资收益却没有因此见涨。

无法判断买卖点，又想分享股市的收益，怎么办？这时就可以考虑定投。定投实际上是一种“弱者思维”。对于买卖点，我们既然无法把控，那么选择放弃，把自己置于弱者的位置，通过机械地定期投资，放弃对市场时机的选择，把一个入场点变成多个入场点，分散掉错误择时的风险，使得投资收益不再依赖于入场时机，仅寻求平均回报。下面举例来说明。

假设某标的在一个时期内呈震荡走势，末期价格等同于初期价格，其间总收益为0，如图7—1所示。

在其间任何一个时点一次性买入，到期末可能盈利，也可能亏损。如果随机买入，那么盈亏概率一样，运气好的买在低位赚钱，运气不好的买在高位赔钱。如果投资者感觉自己择时能力很差，那么最安全的做法是把资金分成多份，每个时点买入一份，这样就可以获得投资周期内不同时点入场的平均收益。

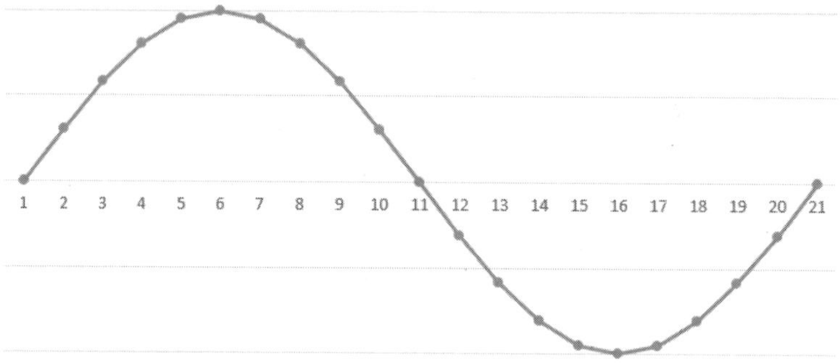

图7—1 定投标的的价格走势

为了更好地理解定投如何获取不同入场点的平均收益，下面看一个例子。假设定投标的初期价格为2元，末期价格涨为4.4元，如图7—2所示。

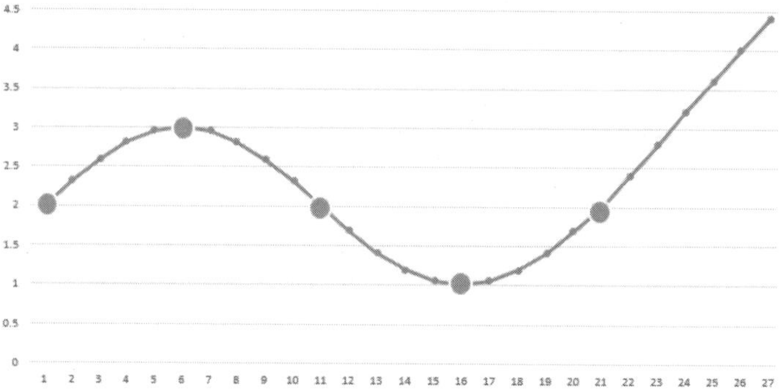

图7—2 定投位置示意

假设期间一共定投了5次，各期投入资金到末期的收益率如下：

第一笔定投价格为2元，到末期的收益率为（4.4−2）/2=120%；

第二笔定投价格为3元，到末期的收益率为（4.4−3）/3=46.7%；

第三笔定投价格为2元，到末期的收益率为（4.4−2）/2=120%；

第四笔定投价格为1元，到末期的收益率为（4.4−1）/1=340%；

第五笔定投价格为2元，到末期的收益率为（4.4−2）/2=120%。

5笔投资的平均收益率约为：(1.2+0.467+1.2+3.4+1.2)/5=149%。

如果不考虑时间价值，那么这里的平均收益率也就是定投收益率，虽然这只是一种粗略的计算，但从中可以看出，定投平滑了不同入场点的收益率差异，消除了入场时间不同带来的不确定性。

实际上，场内大资金的买入也经常采取类似做法。在股票行情软件中通常都提供交易的均价，单笔交易量比较大时，买卖可能对价格产生冲击，对很多机构交易员而言，能够在均价附近成交是一个比较好的结果。为实现这个目的，他们通常把大单拆分成多个小单，在多个时点分别下单，避免买在高点，从而使得买入成本接近均价，这也算是一种“定投”。

从这个意义上来讲，基金定投也可以理解成将一个大买单拆为多个小买单，分不同时间逐个下单，使买入成本接近定投期间投资标的的平均交易价格，从而获取平均收益。

定投的根本作用是分散选时风险，简单的等额定投获取的是各入场点的平均收益率，其本身并不会带来多少超额收益，能否盈利、盈利多少，主要还是依赖于定投标的在定投期间的走势。因此，在进行指数基金定投时，我们要选择那些走势长期向上的指数品种。

二、基金定投的优点

定投以其简单易操作、门槛低等优点，深得投资新手特别是上班族的青睐。

首先，上班族有本职工作，往往没有太多时间和精力用于研究投资，这种被动跟随市场，不谋求战胜市场的投资方式，反而容易获得更好的结果。

其次，简单易操作。基金定投可以提前设置每月自动扣款，到扣款日，直接从货币基金或网银账户中扣款即可，这无疑为繁忙的上班族提供了极大的便利。

再次，分批投资的方式契合上班族的现金流状况。大多数上班族的工资发放日固定，金额也比较稳定，定投可设置为相应的日期。在具体操作中，可将定投时间设定在工资发放的第二天，这样便可以充分发挥资金的时间价值。

最后，对“月光族”而言，定投还有强制储蓄的作用。每月预留一部分钱用于定投，长期坚持，能起到积少成多、聚沙成塔的作用。

作为一种投资策略，除了实施上的便利性，更重要的是能不能赚钱。定投作为一种广为投资者接受的投资方法，在获取投资收益方面有其特定的优势。具体

表现在如下几个方面:

1.定投适合A股“熊长牛短”的市场

定投之所以在A股奏效，是因为A股的熊市通常很漫长，而牛市又十分短暂。从时间跨度上看，熊市时间大约占8成，牛市时间大约占2成。在这样一个“熊长牛短”的市场中，基金定投便于投资者在熊市低估值区间收集更多的便宜筹码、降低持仓成本，然后等待牛市高估时卖出，从而获取较好收益。

2.定投有助于践行逆向投资

行情有轮回，人性永不变。当牛市来临时，很多人会在周边的情绪感染下入市，殊不知牛市往往是散户的“绞肉机”，大部分散户亏损就是源于高位入场，而当熊市来临时，又有很多投资者熬不过漫漫长夜，在底部恐慌割肉，却不知此时才是开始买入的最佳时机。定投按计划分批买入，无视价格波动，特别是在熊市中，越是漫长的市场下跌或震荡，收集到的低位筹码就越多，越有助于降低持仓成本。这种方式在很大程度上有助于投资者克服情绪波动，使之能在不利的市场行情中坚持下去，实现了“别人恐惧我贪婪”。

从这个角度来讲，指数基金与定投也算得上“相互成就”。只有持有代表市场的一篮子股票，我们才敢于越跌越买，因为相信只要市场回暖，指数就一定会涨起来，而持有个股的投资者在面对股价“跌跌不休”以及伴随而来的各种“鬼故事”时，很难一直淡定持有。

3.定投弱化了择时、降低了交易频率

短期频繁择时是投资者亏钱的重要原因之一。在市场中每天都充斥着各种纷繁的消息，相对于机构，普通投资者往往处于信息链的末端，得到的消息往往是过时的甚至是虚假的。此外，大部分普通投资者没有能力去客观评估消息对市场的影响程度，难以判断价格对消息的反应是恰当的、过度的还是不够充分的。事实上，大多数专业投资者并不具备短期择时能力，更别说普通投资者，择时越多，失误的可能性越大。定投按计划实施，不受短期消息影响，避免冲动交易，降低交易频次，减少了操作失误的可能性。

在投资领域，有诸如选股、择时、轮动等众多策略，然而，并没有任何一种策略是“一招鲜、吃遍天”，基金定投也不例外。下面谈谈定投的缺点。分析其缺点，并不是要否定它，而是为了更全面、客观地认知，从而趋利避害，更好地使用这个投资方法。

三、基金定投的缺点

基金定投的缺点主要体现在如下几个方面：

1.定投不是每种市场环境都适合

定投主要适用于波动较大、震荡上行的市场行情，尤其适合A股这种“熊长牛短”的市场。这是优点，但也是它的局限性。随着A股市场监管、投资者教育、交易机制等各方面不断成熟，不排除以后出现美股那种长期慢牛走势的可能性。在长期慢牛的行情下，定投策略的效果便会大打折扣。因为，买入后不断上扬，定投的成本会被一路抬高。最典型的如美股市场，自2009年到2019年这十年间，美股市场总体呈一路上涨的慢牛走势，如果采用定投的方式，那么每一期的投入成本都比原先高，起不到摊低成本的作用。在美股这样的市场行情下，采取一次性投入、长期持有的方式，效果要好于定投。

2.定投没有解决卖的问题

任何投资都要通过卖出才能落袋为安、实现盈利。有些推崇定投的人认为只要能坚持定投就万事大吉了，然而，一个完整的交易过程，应该包括买入、持有过程中的仓位管理、卖出3个步骤。定投策略在低估时开始买入，按照定期定额或不定额的方式进行加仓，它只教人如何买，并没有教人如何卖。从这个角度来看，定投并非一个完整的交易策略。

3.定投存在钝化效应

钝化效应是指定投到了后期，本金积累较多，每期新投入的资金占总资金的比例太小，已经起不到摊低成本的作用。例如，每期投入2000元，投资了20期后，总金额累积到4万元，再投资2000元，只占到总资金的4.76%（2000/42000）。此时，定投摊低成本的作用就很小了。

当然，需要说明的是，底部定投有两个作用，一个是摊低成本，另一个是积累便宜的筹码。此时投入，即使由于钝化效应不能很好地摊低成本，但只要估值仍然处于低估区域，那么还是应该继续定投，获得更多的便宜筹码。在实际操作中，可以通过定期不定额的方法，在底部适当增投来缓解定投的钝化效应。

此外，对存量资金较大的投资者而言，采用定投方式，资金的使用效率较低。定投之所以被称为最适合上班族的懒人投资法，原因之一就在于它与上班族稳定的现金流相匹配。对拥有较多存量资金的人来说，例如，别人归还了一笔借款、获得卖房收入、信托资产到期、年底有一大笔奖金等，如果还是每期定投，就会造成资金闲置，降低整体收益率。因此，当存在较大的存量资金时，如果市场处于估值底部区域，那么可以视资金量的情况，采用底仓加定投的方式，先建立一定比例的底仓，再将剩余的资金进行分批定投。

四、基金定投的注意事项

为更好地践行定投的理念，提高投资收益率，在定投的实际操作过程中，还有一些事项需要注意。

1.合理配置存量资金和增量资金

对大部分初次定投的投资者而言，资金可以分为存量资金和增量资金，存量资金是指资产中可以用于投资的资金。增量资金通常指每个月的工资收入。一般来说，可以将工资收入减去生活等各种开支后的一半用于定投。那么，在既有存量又有增量的情况下，如何定投呢？

举例来讲。假如小王目前有20万元可投资的存量资金，另外每个月工资收入除去各种开支后剩下2000元，那么，可拿出1000元用于定投，剩下的可用于应急。在同时拥有存量资金和增量资金的情况下，可以根据资金和股市整体估值情况，采取底仓加定投的方式。假设当前股市整体处于低估区间，那么，可以先拿出10万元，一次性投入5个投资标的，再将剩下的资金分为20期，每期5000元，作为每月的定投资金，暂时不用的资金可放置于货币基金。

资金如何分配主要取决于市场估值、对后市的看法以及个人风险偏好。估值很低，可以配置较多的底仓，估值高则少配或不配。如果认为后市会有所表现，则配置较重的底仓；如果认为后市很长时间都不会有什么起色，反复震荡，甚至下探，那么可以建立少量底仓，再慢慢定投。这里主要提供配置思路，并没有一个统一的标准。

2.选择适合的指数基金

回顾一下指数基金投资的3个收益来源：业绩增长、估值提升和指数分红。由于估值的提升在大多情况下和盈利变化相伴而生，通常盈利上涨，市场便倾向给予更高的估值，当然，那些靠概念炒作而被炒高估值的不在此列，而分红的多少往往取决于其盈利状况，毕竟有盈利才能分红。因此，决定一只指数基金长期投资收益的最重要因素便是指数成分股公司的赚钱能力。

指数的净值曲线长期向上是定投获得正收益的前提，因此，长期定投应该选择业绩优秀的品种。可以考虑同时配置宽基指数基金和优质行业指数基金，由于行业指数的风险通常高于宽基指数，整体仓位配比上可以以宽基指数为主，行业指数为辅。

在具体操作上，可以选择沪深300、中证500等为代表的宽基指数基金，分享中国经济的增长，也可以选择一些长期历史表现好的策略指数，以期获取超额收益，比如，中证红利、基本面50、500低波等指数对应的指数基金。在行业指数的选择上，可以选择商业模式好、长期业绩优秀的行业，如主要消费、医药等行业。

3.定投要结合估值

有的人宣称，定投在任何时候都可以开始，笔者对此持反对态度。虽然定投弱化择时，但是，如果在大牛市顶峰入场，买在高位区域，未来就势必要经历一个漫长的降低成本的过程。这里的“弱化择时”是指让投资者摒弃受情绪或消息面影响而进行的短期频繁择时，而不是指基于估值的择时。

因此，笔者认为，再好的指数基金也不能买贵了，即不能在市场高估时买入，如果高位入场，那么即使指数业绩增长了，也可能被估值的下降所抵消。相反，如果在市场低估时买入，那么可以获得估值修复和业绩增长的双重收益，享受“戴维斯双击”。

4.投资标的不宜过多

在投资实践中，笔者接触过一些投资者，他们同时持有十几只甚至几十只指数基金。持有标的过多会加大仓位管理的难度。人的精力有限，且大部分投资者都是非专业人士，标的太多，无法持续跟踪和关注。定投之所以被称为“懒人投资”，其最大的优点是简单易操作，如果标的持有太多，就会有悖于定投的初衷，让定投很难坚持下来，而一个不能坚持的策略无异于纸上谈兵。

实际上，我们并不需要投资很多品种才能够获得满意的回报，投资更多时候是一个不断做减法的过程。我们应该在买入之前就深研指数，对历史业绩、历史回报率、估值走势、重仓股基本面等情况充分了解，在此基础上精选指数，并动态跟踪。这里的历史业绩主要是指指数的基本面情况，如盈利能力等。

5.定投要适时止盈

很多人听过“定投止盈不止损”这句话。定投的操作过程就是在指数低估区域持续收集筹码，待到高估区域，止盈卖出。试想，当你熬过腥风血雨的熊市，挺过提心吊胆的“猴市”，终于迎来行情回暖，如果因为没有及时止盈，让收益坐了“过山车”，岂不是追悔莫及？特别是到了定投后期，积累的资金规模往往比较大，当市场出现高估时，就应该分批卖出，否则一旦市场掉头向下，资金就可能遭遇大幅回撤。

此外，对定投要有耐心，要做好3~5年的心理准备。当然，这并非指一定要坚持投满3~5年，本质还是要盯住投资标的的估值水平。定投和时间长短并没有直接的联系，定投要做的是低估区间持续投入，等待盈利。假设市场情绪高涨，几个月就已经高估，那么不必执念于长期。此时，即使积累的筹码还不够多，也不能盲目追高。

关于止盈的方法，后面会有专门的章节介绍。

6.定投最重要的是坚守纪律

强调一下“纪律”在定投中的重要性。刚开始定投的人总是信誓旦旦地说自己可以坚持下来。然而，在实际操作过程中，真正坚持下来的人只是少数。所谓“坚持的理由只有一个，放弃的人却是各掉各的链子”，例如，没有做好资金规划，扣款金额不够；忍受不了账面的浮亏；中途更换标的；小赚后拿不住早早止盈；这期暂停，等回调了再投，等等，各种理由都会让投资者放弃定投。

以某种程度上来说，定投是一种信仰。2018年，由于质押爆仓加之市场整体行情萎靡、业绩差等负面影响，券商行业遭遇了大幅杀跌，这时，可能要面对20%

以上的浮亏，你还能不能坚持？事后看容易，然而，每次大熊市总是充斥着各种“这次不一样”的论断。处在当时的环境中，只有坚定地看好中国经济的未来，相信股市最终会涨起来，才能保持良好心态坚持下去。

学会定投以后，投资者有时会有这种感觉，下跌了反而高兴，因为可以收集更多的便宜筹码。然而，在上证指数5000点时追涨是贪心，在2500点时希望再往下跌一点再买也是一种贪心。对定投而言，纪律显得尤为重要，定投就是要摒弃短期择时行为，如果你看到下跌了就贪心不买，希望再跌一点，这样选择就破坏了定投的节奏，最终让定投难以坚持。

还有一种情况，当市场处于熊市，有低估品种时，定投纪律容易遵守，但随着大盘上涨，定投反而容易动摇。当市场处于上涨通道中，一些高弹性品种，如券商、信息、TMT等短期可能大幅上涨。此时，如果你仓位过轻，就很容易在情绪和赚钱效应的影响下，这山望着那山高，萌发追涨的冲动。

诚然，如果大牛市来临，那么这些高弹性品种大概率可以跑赢指数，但是，如果牛市不来，行情半途夭折，那么这些品种一旦掉头向下，追涨杀入的仓位就会遭遇大幅回撤。投资永远是“盈亏同源”，高弹性品种，涨得快，跌得也比较急。在这种情况下，定投投资者应该坚守初心，进入高估区间后绝不加仓，反而应该随着估值上涨而不断减仓，这就是投资中的“逆向思维”。

播种和收获不在同一个季节，凡事不要急于回报，投资亦如是。指数基金定投看似容易，然而知易行难，能够在各种市场环境下坚持下来的人并不多。因此，利用场外定期自动扣款的方式进行定投不失为一个好方法。在投资中，有时候离市场越远，反而离成功越近。

五、“微笑曲线”最美

本章的后面部分将介绍几种常见的指数基金定投策略，分析各个策略的利弊。有效的投资策略应该合乎逻辑，并且具备简单、易操作的特点，这是长期执行下去的必要条件，如果不能做到长期坚持，那么再好的策略也枉然。

在介绍策略之前，先介绍什么叫定投的“微笑曲线”，如图7—3所示。

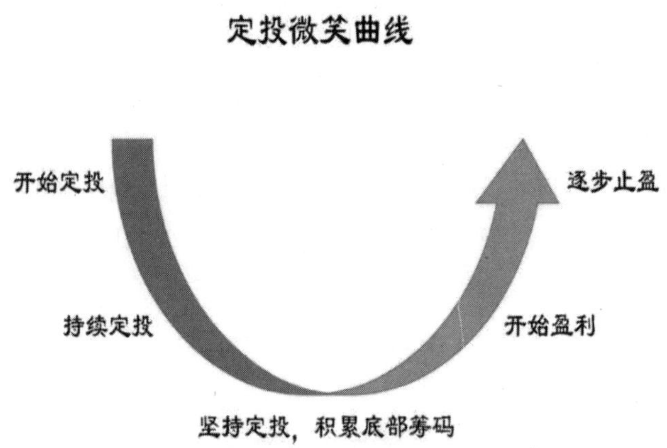

图7—3　定投“微笑曲线”

市场涨涨跌跌、阴晴不定，然而，不论什么样的市场，截取其中一段，大致都可以分为单边上涨、单边下跌、横盘震荡、震荡上行、震荡下跌。定投的“微笑曲线”生动地刻画出了一个完整的定投历程，即开始——亏损——收益——卖出。它也是最适合定投的行情走势。

在开始定投时，遇到下跌不要惊慌，下跌的市场更利于投资者不断地向下摊低成本，微笑曲线的左端，就是成本不断被摊低的过程。如果一开始定投就遇到上涨，反而成本越投越高，不利于收集便宜筹码。

有人会问，如果能在最低点一次性买入，那么岂不是可以获得更高的收益率？这是一种理想化的投资状态。择时的难度犹如徒手接飞刀，妄图买在最低、卖在最高，是无法实现的，而定投就是为了解决该问题或者说就是为了让投资者尽量避免短期频繁择时而来。

“微笑曲线”的行情走势最利于定投，那么什么行情不适合定投呢？

前面讲过定投能否盈利、盈利多少，主要还是取决于定投标的的长期走势能否向着“东北角”。因此，最不适合定投的走势其实就是单边下跌或震荡下跌，这样的走势，单向做多的投资都很难获利。不过，在一个不断向前发展的经济体中，股市的走势总体是长期向上、重心不断上移。

此外，一路单边上涨的行情，定投的收益也不如一次性投资，但是，对绝大部分投资者来说，可以用来投资的资金是逐步获得的，从这个角度来说，定投也算是不得已而为之。

下一部分开始陆续介绍定投的3种策略：定期定额策略、价值平均策略和按估值定投的策略。

六、指数基金定投方法之——定期定额

根据每期投入资金是否相等，定投可以分为定期定额和定期不定额两大类。下面开始介绍最简单的不考虑估值的定投策略——定期定额。所谓定期定额，是指在每个固定的时间间隔，使用等量的资金进行投资，比如，每个月月底固定投入1000元购买某指数基金。

该策略适用的基本条件是，不管股市如何波动，长期总体趋势都是向上的。定期定额是最基础的定投策略，对刚入门的新手来说，这种策略最为简单易行，也是实际中使用最多的方法。下面是定期定额投资示例，看看该策略的历史表现如何。

假设定投的历史区间为2010年1月1日到2019年10月1日，每个周四交易日固定投资1000元，定投标的为完全复制全收益指数的指数基金，分红方式设置为红利再投资，且不考虑税费。

以沪深300指数基金为例，假设定投的指数基金完全复制沪深300全收益指数。定投期间总投入资金为478000元，最终获得的持仓市值为684289.8元，总盈利为206289.8元，总收益率为43.2%，定投资金的年化收益率为7.2%。期间沪深300全收益指数涨幅约为30%，年化涨幅约为2.7%，如图7—4所示。

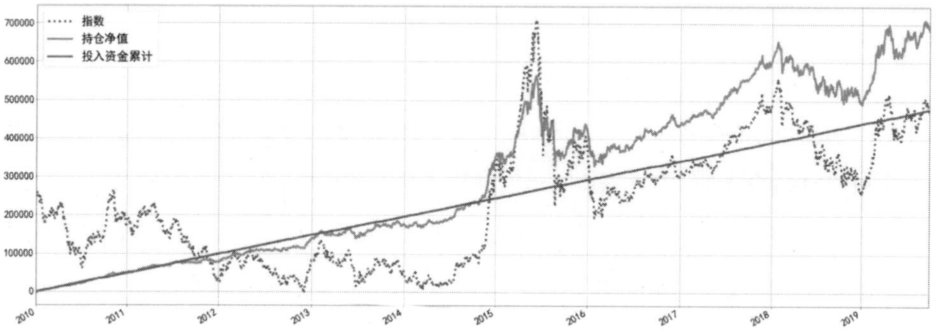

图7—4　沪深300定额定投

图7—4中斜线表示累计投入的资金总额，实曲线表示定投策略的持仓市值。实曲线和斜线之间的距离表示定投持仓的盈亏程度，实曲线在斜线上方表示持仓处于盈利状态，实曲线在斜线下方表示持仓处于亏损状态。虚线是作为参照的沪深300全收益指数走势。

从2010年到2014年，由于沪深300处于下跌态势，策略的持仓市值（实曲线）大都处于累计投入资金（斜线）的下方，持仓市值小于投入本金，这表示本金出现了亏损，期间最大亏损为22%，到2015年后，策略持仓市值都在累计投入资金的上方，表示投资处于盈利状态。

以中证500指数基金为投资标的，假设定投的指数基金完全复制中证500全收益指数，定投的期间、间隔和金额与前面的例子一致，总投入资金也是478 000元，最终持仓市值为525 567.7元，期间总盈利为47 567.7元，总收益率为9.95%，定投年化收益率为1.93%。期间中证500全收益走势涨幅为19.8%，年化涨幅约为1.87%，如图7—5所示。

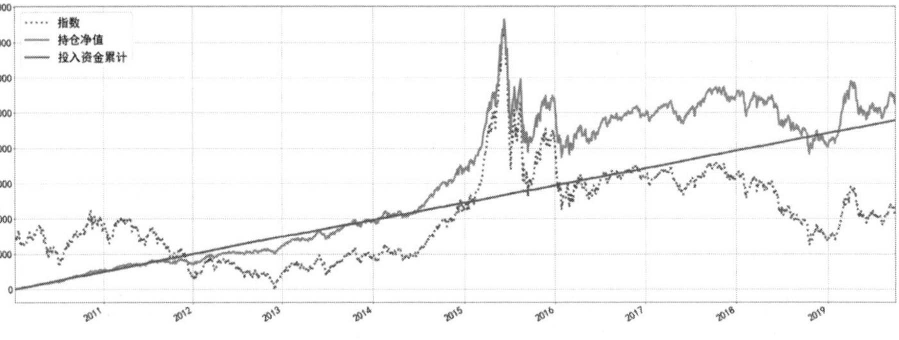

图7—5　中证500定额定投

从2015年到2018年，策略持仓市值（实曲线）一直在累计投入资金（斜线）的上方，表示期间定投持仓处于盈利状态，但2018年第四季度到2019年第一季度也出现过策略持仓市值（实曲线）低于累计投入资金（斜线）的亏损情况。

不考虑估值的定期定额策略的特点是操作简单、便于执行。这种投资方式忽略了市场波动，无论牛熊，均买入同样的金额。虽然每期买入金额相同，但实际上此种方法也在一定程度上实现了低位多买，高位少买。

举一个例子，当定投的指数基金净值为1元时，每月定投1 000元，买入1 000份；当定投的基金净值跌至0.8元时，每月定投1 000元可以买入1 250份，实现了低位多买。当然，由于每期投入的金额相等，这种等额定投的方式在低位多买的份额是有限的。

考虑每年的通货膨胀，长期应用该方法容易导致实际投入的资金变少，十年前的1万元和现在的1万元的购买力有着天壤之别，因此，在长期定投的具体操作中，可以结合工资收入的增长和通胀情况，适当调增每期定投金额。

定期定额的投资方式，随着时间推移，仓位前轻后重，这种不对称性会导致越到后期，行情走势对投资收益影响越大，而且越到后期，每一期的定投金额相对总仓位的比例越来越小，摊平成本的效果有限。

从上述两个例子来看，定投在2015年之前积累了非常多的底部筹码，2015年的牛市带来了持仓市值的巨大提升，盈利幅度很大，但随着定投后期仓位越来越大，2015年下半年以及2018年市场下跌也带来了盈利的巨大回撤，定投中证500甚至一度出现了本金亏损，后期指数的大幅下跌直接导致最后定投收益率较低。此时，如何适时止盈成了决定定投收益率的关键因素。

简单的定期定额方法，在各个时点投入相同的资金，本质上是希望排除不同入场时间的差异，熨平波动、被动寻求获取投资标的平均收益率。如果期望获取超额回报，就要在定投中加入择时、选基等主动管理的因素。下面开始陆续介绍定期定额的增强版“价值平均策略”以及基于估值的定投策略。

七、指数基金定投方法之——价值平均策略

相对于简单的定期定额策略，本部分介绍的“价值平均策略”，可以做到在便宜时积累更多的筹码，在上涨途中慢慢减仓，从而更好地实现“下跌多买、上涨少买”。

价值平均策略和定期定额策略最大的区别是，定期定额策略每期投入的资金固定不变，而价值平均策略要求每期投入后，所持有的基金市值按照固定值增长。因此，相较于定期定额的现金流可预期，价值平均策略的每月定投金额随着行情涨跌而发生变化，未来行情不可预期，每月定投金额难以提前确定。

比如，在上述例子中定期定额每个月投入1 000元，金额固定，而价值平

均策略要对每个月的投入资金进行调节，使得持有的基金市值呈固定幅度的增长。

下面举例来说明，假设要通过调节每个月的投入资金，使得每个月持有的基金市值增长1 000元：

第一个月基金净值为1元，买入了1 000份，持仓市值为1 000元；

第二个月基金净值跌为0.9元，这时，持仓市值下跌到了900元，为了保持总体持仓市值固定增加，这个月要投资1 100元，才能保证持仓市值为2 000元；

第三个月，由于市场上涨，基金市值涨到了2 600元，那么只需要再买入400元，就可以保证持仓市值增长到3 000元；

第四个月，持有的总市值继续上涨到4 200元，超过了计划的目标市值4 000元，这时需要赎回基金200元，以保持持仓市值按固定幅度增加。

可见，此种策略在下跌时增加买入金额，在上涨时减少买入金额或赎回，在一定程度上克服了追涨杀跌的人性弱点。

然而，投资是科学和艺术的结合，没有任何一种投资策略是完美的，价值平均策略也不例外。采用此种方法，当市场连续下跌且下跌幅度较大时，可能需要投入较大的金额，对每个月收入相对均衡的上班族来说，可能拿不出那么多资金。比如，当持有基金市值积累到10万元时，如果基金短时间下跌了20%，本月持有的市值下跌了2万元，变成了8万元，那么下个月投资的金额就应该首先补齐这2万元，然后加投本月应增加的持仓市值1 000元，即2.1万元。一下子投入这么多资金，很多投资者会有压力。

当出现大牛市时，随着市场的上涨，资金不断赎回，持有的基金份额不断减少，也会降低牛市的收益。因此，在大牛市时，价值平均策略的收益可能不及普通的定期定额，一般来说，价值平均策略更适合震荡市。

此外，价值平均策略的收益与投资标的的波动幅度有关。在表7—1和表7—2中，定投基金的净值都是从1到1，但中间的振幅有所不同，表7—2中投资的基金标的波动幅度大于表7—1中的，对比定期定额和价值平均策略的收益情况，如表7—1和表7—2所示。

表7—1　不同波动下，定期定额和价值平均策略对比（1）

月份	净值	定期定额				价值平均			
		当月投入	当月份额	累计份额	累计价值	当月投入	当月份额	累计价值	累计份额
1	1	1000	1000	1000	1000	1000	1000	1000	1000
2	1.2	1000	833.33	1833.33	2200.00	800	666.67	2000	1666.67
3	0.8	1000	1250	3083.33	2466.66	1666.664	2083.33	3000	3750
4	1	1000	1000	4083.33	4083.33	250	250	4000	4000
合计		4000				3716.664		4000	
收益率		2.08%				7.62%			

当月份额＝当月投入／当月净值　累计价值＝累计份额×当月净值
累计份额＝当月份额+上月累计份额　收益率＝（累计价值－总投入）/总投入

表7—2　不同波动下，定期定额和价值平均策略对比（2）

月份	净值	定期定额				价值平均			
		当月投入	当月份额	累计份额	累计价值	当月投入	当月份额	累计价值	累计份额
1	1	1000	1000	1000	1000	1000	1000	1000	1000
2	1.3	1000	769.23	1769.23	2300	699.998	538.46	2000	1538.46
3	0.6	1000	1666.67	3435.90	2061.54	2076.924	3461.54	3000	5000
4	1	1000	1000	4435.90	4435.90	−1000	−1000	4000	4000
合计		4000				2776.922		4000	
收益率		10.90%				44.04%			

当月份额＝当月投入／当月净值　累计价值＝累计份额×当月净值
累计份额＝当月份额+上月累计份额　收益率＝（累计价值－总投入）/总投入

为了说明波动对两种定投策略的影响，文中设置的波动幅度比较大，现实中，短时间内一般不会出现这么大的波动。从上述两张表的结果来看，在震荡市中，价值平均策略相比定期定额有着非常明显的超额收益，并且波动越大，超额收益越多。同时，也可以看出，价值平均策略各期投入的现金流随着行情涨跌发生了大幅变化。当资金积累得越来越多时，一旦发生较大幅度下跌，投入的资金就可能非常大，对收入固定的人来说，不利于长期坚持。

此外，由于每期投资金额不固定，到了中后期，为防止短期下跌幅度大带来的资金短缺，要提前多准备资金以备不时之需，这样无形之中会降低资金的使用效率。

没有完美的定投策略，适合投资者自己的、能够长期坚持下来的才是最好的。

八、指数基金定投方法之——基于估值的定投

前面介绍了定期定额及价值平均策略这两种定投方式，定期定额操作简单，使用广泛，其投资目标仅限于获取定投期间所投基金的平均收益；价值平均策略则通过每期对资金量的调节，实现每期增加相同的持仓市值，此种方式，能够更有效地实现低位多买、高位少买，但存在每期投资的资金量波动较大的问题。

实际中为了提高定投收益，还可以结合一些指标进行择时操作，常见的择时参考指标包括估值指标、均线偏离度等，下面介绍根据估值指标来调整定投金额的方法。

估值始终是投资的“锚”，再好的标的买得太贵，也会透支未来的涨幅。基于估值的定投能够获利的要点在于，每期的定投金额根据标的指数的估值进行动态调整，以尽量确保本金大比例地投资于低估值区间。

在每期定投前，使用估值指标判断当前的估值水平。如果在低估区域，就增加定投金额，以获取更多的便宜筹码；如果估值适中，即估值不高也不低，就停止定投；如果在高估区域，就停止定投并逐步卖出止盈。当然，如果在估值适中区域内，仓位还比较轻，那么也可以继续定投，积累筹码，这有一定的灵活性。投资有大原则，但没有定式，定期不定额的大原则就是尽量让自己收集更多的便宜筹码。

由于指数基金是被动跟踪指数的基金，指数基金的估值可以用指数的估值指标来衡量。实际使用的估值衡量指标可以是市盈率、市净率等指标，也可以是市盈率历史百分位、市净率历史百分位等相对指标。

下面就以定投沪深300指数基金为例，看看基于估值的定投方法历史表现如何。假设定投的区间为2010年1月1日到2019年10月1日，且定投的指数基金完全复制沪深300全收益指数，每周的周四定投1 000元，不考虑税费。

要根据估值水平调整每期的定投金额，首先要选定一个代表估值水平的指标，这里使用的是沪深300指数市盈率的4年历史百分位，百分位越低表示越低

估，应该多投。反之，百分位越高表示越高估，应该少投或者赎回。

示例一：先采用最简单的方法，基于估值指标的某个阈值决定是否定投。

沪深300指数市盈率历史百分位小于50时定投，大于50不再定投。可以得到如图7—6所示的结果。

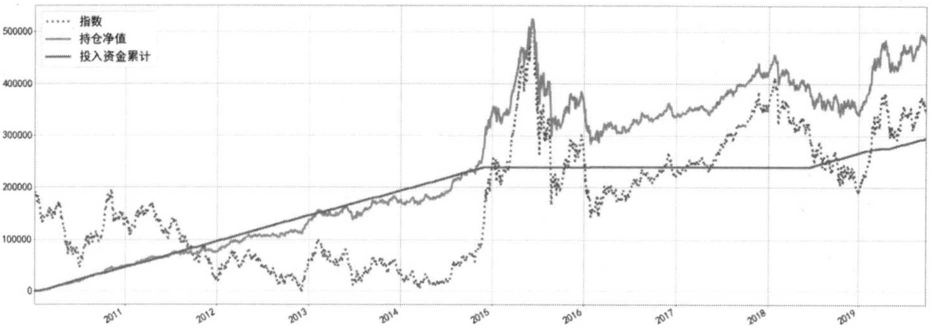

图7—6　基于阈值决定是否定投

图7—6中的折线表示累计投入的总资金，实曲线表示策略持仓市值，实曲线和折线之间的距离表示定投持仓的盈亏程度，实曲线在上方表示持仓处于盈利状态，实曲线在下方表示持仓处于亏损状态。虚线是作为参照的沪深300全收益指数走势。

定投期间累计投入资金295 000元，最终价值为476 974元，总盈利为181 974元，总收益率为61.69%，定投资金的年化收益率为7.91%。对比前面章节介绍的定期定额方法，本方法的总收益率和年化收益率都有所提高，但由于在高估区间停止了定投，投入的总资金少了，总盈利有所减少。

从图7—6中可以看出，代表总投入资金的折线自2015年后就停止上升，一直到2018年年中都保持水平状态，这表示2015年到2018年由于沪深300市盈率百分位超过了50而停止了定投，直到2018年下半年又重新开启了定投。

上述策略通过对估值的判断，在沪深300超过50百分位估值区间停止投入，是一种较为简单粗暴的限定，如果进一步提高主动性，控制得更细致，那么在低估时，越低估买得越多，在高估区间逐步撤出，越高估持仓越低，效果会不会更好？

示例二：在低估区间逐步加大投入金额，在高估区间逐步撤出已有持仓。

当沪深300市盈率百分位低于30时，每周的定投金额加倍为2000元，当市盈率百分位高于80时，每周撤出3000元（直到本金全部撤出），其他时间每周定投1000元，得到如图7—7所示的结果。

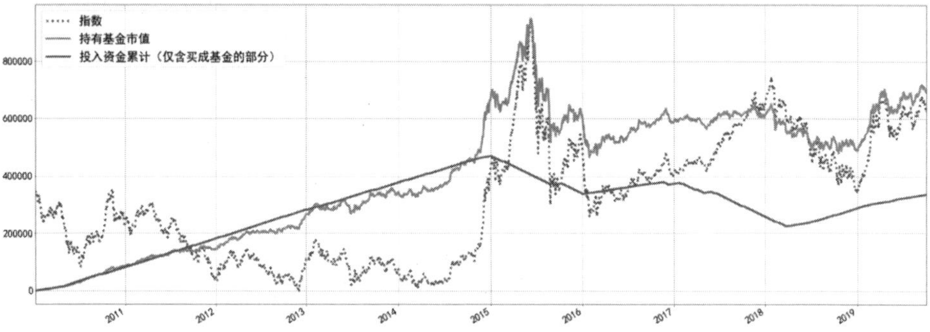

图7—7　基于估值调整定投金额（扣掉卖出金额）

总共投入资金337 000元，最终价值为692 432元，总盈利为355 432元，总收益率为105.47%，定投资金的年化收益率为9.22%。

该方法在投入总资金少于定期定额方法的情况下，总盈利大幅增加，总收益率和年化收益率都有了较大提升。

图7—7中的折线代表累计投入的本金扣除卖出获得的资金后剩余的部分，折线在2015年和2017年出现了下降，表示因沪深300市盈率百分位高于80撤出了部分持仓，降低了仓位，从而减少了回撤。该图中的实曲线仅表示持仓基金的市值，其波动中包含了由于主动卖出引起的持仓基金市值下降，不能体现实际整体投资仓位的市值波动。如果把卖出获得的现金加回到持仓市值和累计投入资金中，那么得到如图7—8所示的结果。

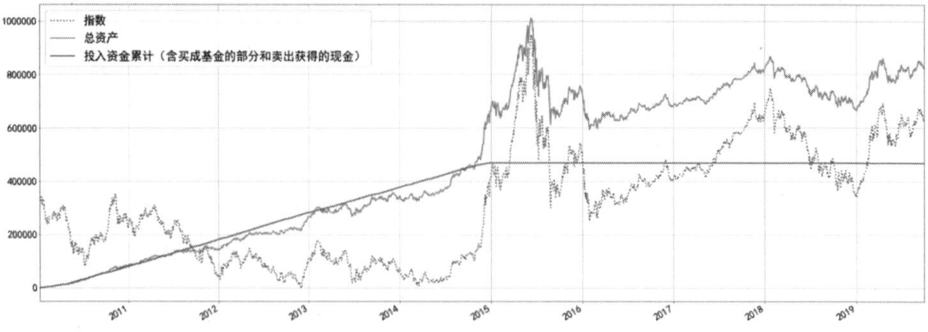

图7—8　基于估值调整定投金额

图7—8中的实曲线代表总资产，包括持仓的基金市值加上卖出部分市值获得的现金，可以看出，该方法比示例一总仓位市值的回撤更小。

折线代表累计投入资金，其在2015年以后一直保持水平状态，表示2015年以后就没有再追加过额外的资金，后续的定投资金仅来自持仓卖出后获得的现金。

上述是对基于估值的定投策略的简单示例，根据估值指标动态调整定投金额的方法明显提升了定投的收益，同时降低了市值波动。其中的估值方法、金额调整方法都可以根据实际情况来优化调节。需要指出的是，投资策略有利必有弊，由于未来的行情走势无法预测，越复杂的策略往往依赖的假设条件越多，策略失效的风险也越大。

常言道：会买的是徒弟，会卖的才是师傅。下一部分重点介绍如何止盈的问题。

九、投资指数基金如何止盈

定投被认为是“傻傻地投、聪明地卖、稳稳地赚”，投资者即使能坚持不断地买入，如果不能聪明地卖出，也无法实现稳稳地赚。实际上，不仅是定投，任何一种指数基金的投资策略都涉及止盈的问题。因为，在A股这样一个波动巨大的市场中，一旦在大牛市中不止盈，盈利就可能如“昙花一现”，浪费了资金的时间成本和机会成本。例如，2015年创业板的市盈率涨到了100多倍，如果没有及时止盈，就要面对后续几年的下跌，一直到2019年2月，创业板才重新开启一波上涨。

止盈并非易事，它并没有一个统一的标准，而是建立在客观数据上的主观判断。估值从低估到正常估值这段收益大概率可以获得，无非是等待的时间，但是，正常估值到高估值这一段则属于“非理性繁荣”，最终泡沫能吹多大，存在较大的不确定性。下面主要从卖出原则和止盈方法两个方面来进行阐述。

卖出原则

对价值投资者而言，卖出通常基于如下几点原因。

一是价格相对于内在价值来说，已经高估了。比如，当初低估买入某指数基金，现在已经不便宜了，甚至高估了，这是止盈的最常见原因。

二是基本面永久性变坏。这一点在指数基金投资上体现得不那么明显，因为指数基金是一篮子股票的集合。一般来说，其盈利具有一定的稳定性，即使有黑天鹅，对整体业绩影响也有限。此外，指数一般半年到一年便会调仓一次，有的甚至一个季度调仓一次，此时，会将一些不符合选股规则的股票调出指数，使其满足编制规则的要求。正所谓"流水不腐，户枢不蠹"，有规律地调仓、更新优化标的是指数长期保持活力的重要原因。

三是遇到更有吸引力的投资标的。投资无非是与标的未来回报率之间的对比，如果遇到更优质的投资机会，并且持仓标的性价比已经不高，那么投资者可以逐步止盈换仓。比如，当股市出现泡沫时，债权类资产可能会有机会，例如，2015年后期分级A大幅折价。正是由于人们过分追逐股权类资产，抛弃固定收益资产，给债权性质的资产带来了不错的投资机会。

止盈方法

没有任何一种投资策略是完美的，同样地，没有任何一种止盈方法是完美无缺的。实际上，在投资的过程中，我们经常能体会到"模糊的正确"这几个字的含义。无论是估值的判断、买卖时点的把握还是仓位的配置及动态调整，都没有一个固定的模式，作为社科类的证券投资学，终究不必像自然科学般精确，适合自己的才是最重要的。

不同市场行情适用不同的止盈方法，然而，行情走成什么样永远是过后才知道，难以提前判断当前正处于什么样的市场，是牛市、熊市，还是震荡市。在具体实践中，投资者可以结合如下几种方法和自身的风险偏好进行操作。

1.估值止盈法

所谓估值止盈法，简单来说就是当估值处于高估区域时，开始慢慢减仓，估值越高仓位比例越低。可以根据不同投资标的选用合适的估值指标，比如，成熟行业适用于市盈率估值，而强周期性行业适用于市净率估值。

在采用估值止盈的过程中，对估值指标并没有统一的量化标准。这里提供一个参考，比如，参考市盈率历史百分位止盈。当历史百分位在30以下，被认为属于低估区间，可以开始慢慢买入，而高于70百分位，则被认为是进入高估区域，可以逐步开始止盈。

对于卖出的方式，投资者可以选择一次性卖出，也可以分批卖出。例如，达到70百分位，卖出三分之一，达到80百分位，再卖三分之一，到了90百分位清仓。每次减仓比例根据投资者对后市的判断以及风险偏好而有所不同。

估值止盈法本着“吃鱼吃中段”的原则，属于左侧止盈的方法。它更适合震荡市或小牛市，在震荡市或小牛市中可以较好地兑现利润。此种方法配合着低估逐步建仓，就是一个完整的基于估值的网格交易系统。

这种方法的不足之处在于，如果遇到大牛市，比如2007、2015年这种行情，那么可能会“左侧卖飞”，过早清仓，错过高峰。

2.目标止盈法

目标止盈法的最大优点在于简单易行，达到上涨目标就止盈，但是，该如何设定这个收益目标，成了难点。如果设置得过低，很容易就达到，未来的涨幅就错过了，尤其在大牛市中，一旦设置得过低，容易白白浪费一波牛市。反之，如果目标设置得过高，那么可能迟迟达不到止盈的标准，最后可能又跌回去，坐了“过山车”。

关于如何设置收益目标，这里提供一个思路，以沪深300全收益指数为例，从该指数自2004年12月31日的基期以来，年化收益率大致为12%，那么，投资者可以将年化12%作为其止盈目标。在现实操作中，可以根据不同指数的历史收益率情况给予其不同的止盈标准。

需要提醒的是，止盈的目标应该设定为投资标的某个时期的涨幅，比如，年化涨幅达到多少，而不是投资者个人的持仓收益率，因为同一个投资标的，不同投资者由于持有时间不同，持仓收益可能截然不同。

3.最大回撤止盈法

为了在一定程度上避免过早止盈出局，错过后续的大行情，投资者可以采用最大回撤止盈法。它是指持有的标的或重要指数（例如上证指数）从最高点下跌超过特定比例时止盈。这种止盈方法适合用在牛市中。

比如，在经过一波较大的上涨后，可以设定指数从最高点下跌超过15%清仓。这里的比例也要根据个人偏好来设定，比例取得小，容易被一波回调震出场，后续的上涨就与你无关了，而比例取得太大，又要回吐一大块利润，影响投资收益。一般而言，比例取在10%~20%。

这种止盈方法属于右侧止盈，其优点是，在大牛市中不会早早离场，能够享受牛市的泡沫。其缺点也很明显，如果遇到震荡市或小行情，一波回撤后，要止盈时，就可能已经没什么利润了。

4.情绪止盈法

情绪止盈法是一个辅助的止盈方法，常见的判断情绪的方法有：股市整体的成交额、两融余额、市场整体估值、股票型和混合型基金发行情况、股票的新增开户数等量化指标，当然，还有一些我们可以切身感受到的情绪，当你周围的同事开始聊股票、当你的朋友让你推荐股票，当身边很多平时不关注股市的人开始高谈阔论时，这时往往就是发挥“人弃我取、人取我予”的时刻了，把筹码交给想要的人，止盈离场。

其他止盈方法还有很多，比如，市场超买止盈法，如价格触及布林带上沿止盈或价格乖离率止盈法等；趋势破坏止盈法，如价格跌破250日均线就止盈出局等。

第八章

指数基金的其他投资策略

第七章重点介绍了最常见的指数基金投资策略——基金定投，基金定投之所以受欢迎，并非这种策略收益特别高，主要是因为其简单易行并且适合大多数普通人。本章开始介绍基金定投以外的其他投资策略，分析各策略利弊。

一、简单的股债平衡策略

股债平衡策略是最基本的股市投资策略之一，格雷厄姆在《聪明的投资者》一书中就提出，防御型投资者可以将资金“对半开”地投资于高等级债券和高等级股票。如果股价上涨导致股票持仓价值过高，那么应该卖出部分股票投到债券，以保持股票和债券资金的同等比例。

这种策略虽然简单，却大道至简、充满智慧。由于股票和债券之间的相关性很低，这样的分散配置能够有效地降低整体仓位的风险。在很多人眼里，牛市是实现财务自由不可多得的机会，然而，现实中很多人在牛市中只是“赚过”，而不是“赚到”。股市行情持续走牛时，大量投资者被赚钱效应吸引，在周围人的带动下入市，市场越上涨、投资者越加仓，这种“倒金字塔式”的加仓方式，会导致市场越接近顶部，仓位越重，一旦行情反转，收益就会大幅回撤。相反，在熊市中，投资者又经常因恐惧下跌而不敢加仓，甚至割肉离场。

股债平衡策略控制股票仓位和债券仓位的市值比例，牛市因股价上涨，股票市值上升，超过债券，此时减少股票的持仓。反之，熊市因股市下跌，股票市值下降，低于债券，此时加仓股票，无形中就实现了低买高卖。

关于股债平衡操作，举一个简单的例子。假如起始资金为20万元，开始时，股市为2000点，然后涨到4000点，中途又跌回2000点，最后涨回3000点。假设所投资的指数基金净值严格跟踪股市点位，在4000点和2000点分别通过股债平衡操作来调整股票和债券持仓比例，使平衡后的股票仓位和债券仓位市值相等，各点位的资产变动情况如表8—1所示。

表8—1　股债平衡策略资产变动示例

单位：万元

股市点位	操作前后	股票市值	债券市值	总资产
2000	—	10	10	20
4000	平衡前	20	11	31
	平衡后	15.5	15.5	31

续表

股市点位	操作前后	股票市值	债券市值	总资产
2000	平衡前	7.75	17	24.75
	平衡后	12.375	12.375	24.75
3000	—	18.56	13	31.56

表8—1显示了4000点和2000点股债平衡前后的股票和债券不同的市值情况：股市涨到4000点时，通过股债平衡操作，降低了股票仓位，增加了债券仓位；股市跌回2000点时，通过股债平衡操作，加大了股票仓位，降低了债券仓位。

在表8—2中对比了分别采用全仓股票的方法和股债平衡方法，在不同的股市点位下的持仓市值。二者总收益率接近，但全仓股票的最大回撤为50%，股债平衡策略最大回撤约为20%，股债平衡策略起到了较好的平滑资产波动的作用。

表8—2 股债平衡与全仓股票市值对比

单位：万元

股市点位	全仓股票市值	股债平衡市值
2000	20	20
4000	40	31
2000	20	24.75
3000	30	31.56

减小回撤、降低资产组合波动的一个重要作用就是让投资者能够拿得住，而长期投资获取收益的关键一点是确保大部分时间能留在市场中。

下面以指数基金投资为例，看看股债平衡策略在A股市场的历史表现。假设投资者投资了沪深300指数基金和中证国债指数基金，且沪深300指数基金严格跟踪沪深300全收益指数。下面就用沪深300全收益指数代表股票持仓，以中证国债指数代表债券持仓，在每年年初第一个交易日进行股债平衡调整，使得股债持仓的市值相等。

为了尽量排除特定入场时间对收益的影响，分别在长、中、短3个不同时间长度的历史区间内进行回测，不考虑税费影响，得到了如下结果。

在如下3个回测结果图中，波动最小、走势最平缓的虚线是中证国债指数走势；波动最大的虚线表示沪深300全收益指数走势；波动性居中的实线表示股债平衡组合的净值走势，在不同历史区间内的表现分别如图8—1~图8—3所示。

区间一：2005年年初至2019年10月1日（约15年）。

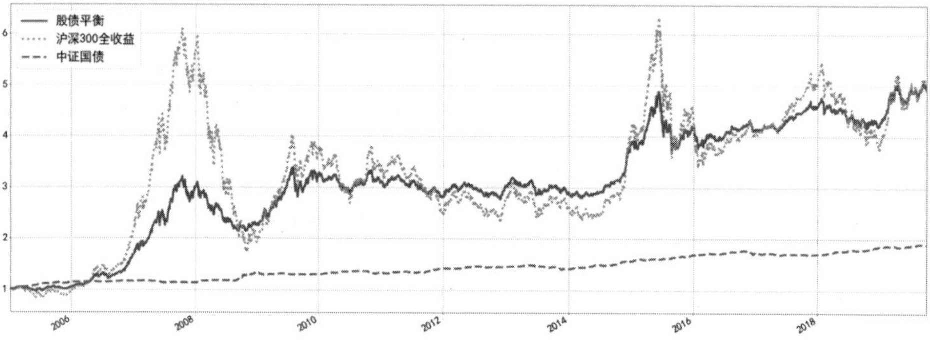

图8—1　股债平衡回测区间一

区间二：2010年年初至2019年10月1日（约10年）。

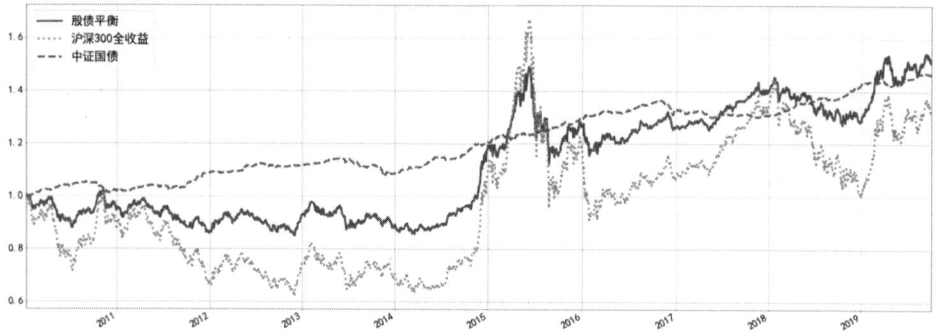

图8—2　股债平衡回测区间二

区间三：2015年年初至2019年10月1日（约5年）。

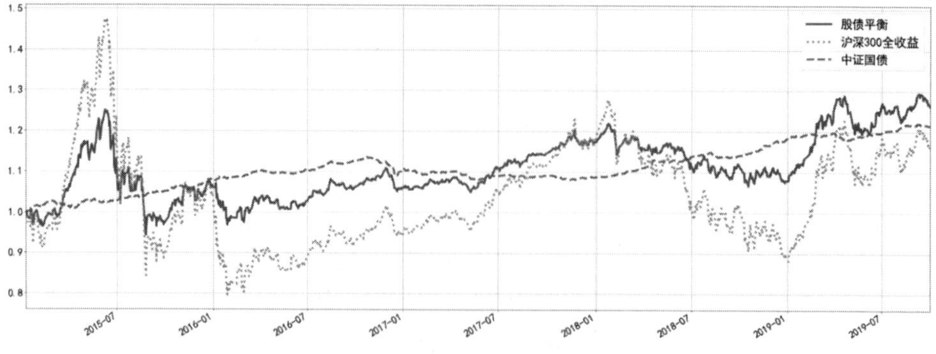

图8—3　股债平衡回测区间三

尽管3个不同历史区间经历的市场行情有所不同，股债平衡策略却表现出了共同的特点。股债平衡策略的净值波动均明显小于沪深300全收益指数，而且多数时间运行于沪深300全收益指数的上方，这表明股债平衡策略起到了降低风险和增强收益的作用。

股债平衡策略根据股市所处的位置被动调整股票持仓，平滑了持仓总市值的波动率，适合波动幅度较大的市场。由于该策略在持续上涨过程中不断地被动减仓，在长期慢牛的单向行情市场中收益不如单纯全仓持有股票。

这种每年平衡一次、把股债持仓市值调至相等的策略，简单易行，使用起来门槛较低，是一种适用性广、效果较好的策略。不过，这种策略只是机械地定期平衡股债持仓市值比例，并未考虑股市的估值情况，如果结合股市估值，那么收益风险比会不会有所提升呢?下面来探讨这个问题。

二、基于估值的股债平衡策略

从世界各大股市的历史来看，股权溢价是长期存在的，即股票市场的长期收益总是高于债券市场。没有全仓股票而要做股债平衡的原因，一方面是为了分散，另一方面则是希望在股市高估时降低股票持仓，在低估时增加股票持仓，实现高抛低吸。

简单的股债平衡策略根据股票和债券持仓市值的比例来调整仓位，实质上是根据股票的每年价格变动反向调整持仓，背后的逻辑是股票涨多了就表示股票贵、该减仓了，而股票跌多了就表示股票便宜、该加仓了。

价格高低不一定代表估值高低，价格上升可能是由估值上升引起的，也可能是由业绩增长引起的，业绩增长带来的价格上升是良性的，并不意味着股票变贵，以此为依据卖出指数基金就未必合理了。同样，股票价格的下降未必是估值便宜，也可能是指数业绩变差，以此为依据买入指数基金也不合理。

因此，相比用股票价格涨跌来调整持仓大小，用估值高低来控制股债持仓市值的比例，逻辑上更加合理。

这里使用市盈率的4年历史百分位作为估值指标，表示股票指数当前市盈率在过去4年里所处的位置高低，市盈率历史百分位越低表示股票估值越低，市盈率历史百分位越高表示股票估值越高。

同前面的示例一样，假设投资者投资了沪深300指数基金和中证国债指数基金，以沪深300全收益指数代表股票，以中证国债指数代表债券，在每年年初第一个交易日，根据沪深300指数的市盈率历史百分位对股债仓位分配比例进行调整，使得调整后，沪深300指数基金仓位占比=（100-市盈率历史百分位）/100。

如果沪深300指数市盈率历史百分位为20，那么表示估值较低，这时调仓后，沪深300指数仓位占比是（100-20）/100=80%，剩下20%仓位为中证国债指数基金。

如果沪深300指数市盈率百分位为80，那么表示其估值较高，这时的沪深300指数基金仓位占比就是（100-80）/100=20%，剩下80%仓位为中证国债指数基金。这种方式基于估值实现了对股票持仓比例的调节。

下面看看这种策略从2010年年初至2019年10月1日的历史表现如何。在图8—4中，波动最剧烈的虚线表示沪深300全收益指数走势，最平滑的虚线表示中证国债指数走势，波动性居中的实线表示基于估值的股债平衡组合净值走势。

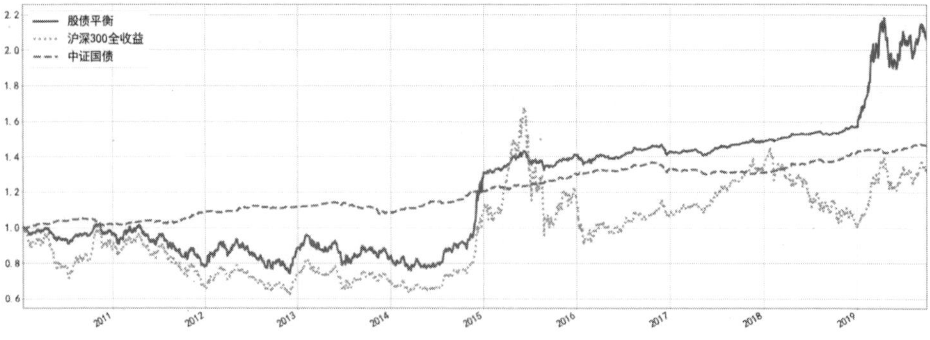

图8—4　基于估值的股债平衡组合走势

从图8—4中可以看出，基于估值的股债平衡组合净值波动幅度明显小于沪深300全收益指数，而且策略组合最终收益大幅高于沪深300全收益指数。

这种调整是如何实现的呢？可以观察一下沪深300指数市盈率历史百分位走势。图8—5所示为股债平衡策略调仓所依据的沪深300指数市盈率4年历史百分位在回测期间的变化情况。

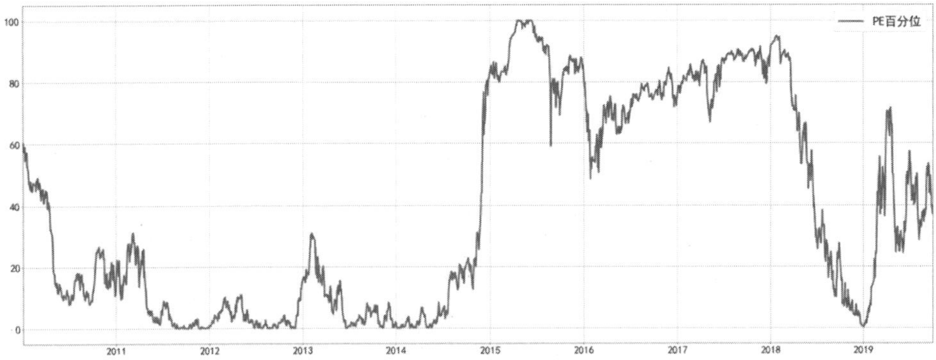

图8—5 沪深300指数市盈率历史百分位走势

在图8—5中，从2011年至2014年股市低迷，市盈率历史百分位较低，基于估值的股债平衡策略配置了较大比例的仓位在股票指数基金上，从而跟上了2014—2015年牛市前半段沪深300指数的涨幅。

从2014年下半年开始，股票指数的市盈率历史百分位快速爬升，表示股市估值开始抬升。2015年年初，沪深300市盈率历史百分位到了超过80分位的高位，经调整后，此时的大部分仓位调到了债券基金上，股票指数基金仓位比例降到很低，从而回避了2015年下半年到2016年市场的大幅下跌，避免了净值大幅回撤。

从2015年到2018年年初股票指数的市盈率历史百分位都比较高，因此，股票指数基金仓位也比较低，回避了2018年的大幅下跌。直到2019年年初，股票指数的市盈率历史百分位降到了0附近，此时，经平衡调整后，股票指数基金比例大幅提升，从而赶上了2019年上半年的上涨。

需要注意的是，由于每年只在年初调整一次，策略的历史回测表现具有一定的偶然性。该策略在不同的市场环境、平衡时点、调整频率下，会有不同的表现。上述介绍了一种基于估值的股债平衡策略，在投资实践中，还可以在指数的选择，估值指标的选择，指数基金仓位的调整频率、调整比例等方面进行优化和改进。

三、网格策略

网格策略是根据投资标的的波动范围，预先规划好买卖的价格区间，在下跌过程中越跌越买，在上涨过程中越涨越卖，期望获取超额收益的投资策略。

举一个简单的例子。假设股票A围绕10元的价格中枢长期波动，可以制定一个最简单的网格操作计划：当股价跌破8元时开始买入，8元（含）以下每下跌1元加仓1手，12元（含）以上开始卖出，每上涨1元卖出1手，如此反复操作，从股价的波动中获取收益。假设股票从10元跌到6元，涨到14元，又跌回10元，价格走势如图8—6所示。

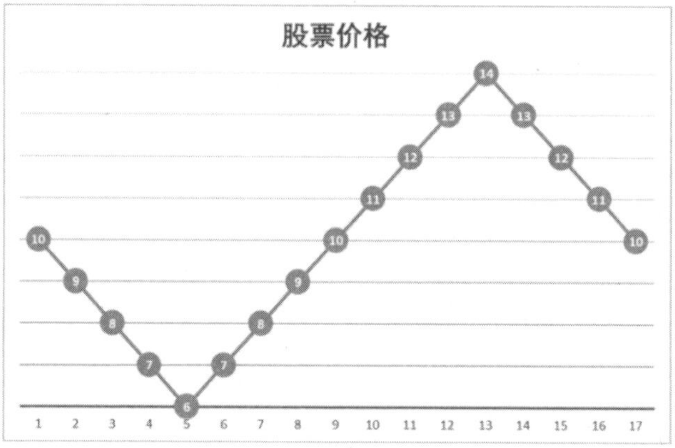

图8—6　股票A价格走势

按照前面设置的网格操作策略投资的效果如何呢？且看表8—3，其中（100）表示卖出100股。

表8—3　网格操作

股价（元）	买入（卖出）数	总盈亏（元）
10	0	0
9	0	0
8	100	0
7	100	−100
6	100	−300
7	0	0
8	0	300
9	0	600
10	0	900
11	0	1200
12	(100)	1500
13	(100)	1700

续表

股价（元）	买入（卖出）数	总盈亏（元）
14	(100)	1800
13	0	1800
12	0	1800
11	0	1800
10	0	1800

如果没有采用网格策略，那么股价从10元到10元，并未产生收益，但是采用了网格策略可以获得1800元的收益。

上述是为了便于理解，列举了一个理想化的例子。从中可以看出，网格策略的本质是高抛低吸，在价格下跌过程中逐步买入、增加仓位，在价格上涨过程中逐步卖出获利。

同样地，要用好这个策略工具，就需要了解工具的优点、局限性以及策略的适用范围，网格策略的使用前提是投资标的的价格在一个相对固定的区间内波动，价格上有顶、下有底。

在短期内，可以粗略地用价格来做网格，在实际投资过程中，并不仅局限于参照价格。对股票或股票指数而言，估值指标往往比价格本身运行更稳定，更容易确定相对的顶和低。因此，长期投资参照估值指标来实施网格策略是更好的选择。下面以指数基金网格策略投资为例，来看看利用估值指标来实践该策略的效果如何。

这里选择的投资标的是沪深300指数基金300ETF（510300），网格参照的指标为沪深300指数的4年市净率历史百分位。依据市净率历史百分位确定300ETF的仓位占比，制定网格操作方法如下：

百分位为0～20时，仓位占比为100%；

百分位为20～40时，仓位占比为80%；

百分位为40～60时，仓位占比为70%；

百分位为60～80时，仓位占比为60%；

百分位为80～100时，仓位占比为30%。

回测区间是2012年10月1日到2019年10月1日，共7年，结果如图8—7所示。

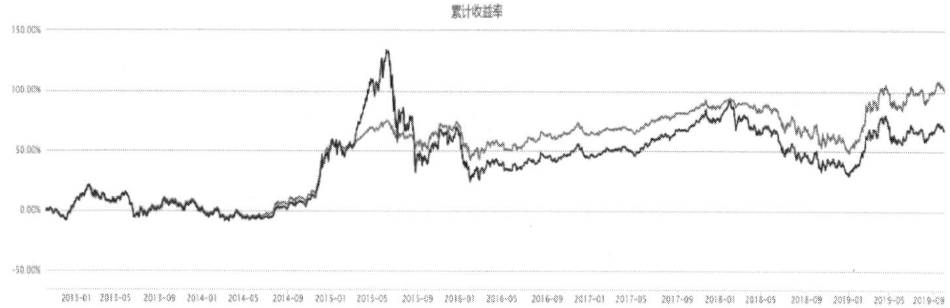

图8—7　网格策略回测

在图8—7中，波动较为平缓的曲线是网格策略的净值走势，波动较剧烈的曲线是沪深300指数。从收益率来看，网格策略年化收益率为10.7%，同期沪深300指数为7.8%。相对于基准指数而言，网格策略不仅提高了收益，还显著降低了净值的波动幅度。

从上述例子可以看出，网格策略要求提前做好投资计划、按纪律执行，避免了情绪波动和追涨杀跌。它类似于定投，定投是固定的时间间隔投资，而网格策略则是在价格或估值的固定区间内投入资金。

前面讲过，每个投资策略都有其优缺点，网格策略也不例外。其主要优点是实现了逆向投资，低位加大仓位比例、高位降低仓位比例，减少了净值波动，增强了收益。然而，它的缺点也同样明显。网格策略适用于震荡行情，并不适用于长期单边行情。对于单边上涨的行情，网格策略容易早早减仓，踏空后续行情，俗称“卖飞了”；对于单边下跌的行情，网格策略需要一直加仓，对投资者后备资金量要求较高。如果投资标的基本面发生了永久性恶化，价格持续下跌，未来价格中枢下移，那么网格策略将面临较大亏损。另外，网格策略是阶段性地分批次买入，需要提前准备好后备资金，以备不时之需，这样容易降低资金的使用效率。

最后，梳理一下网络策略成功使用的3个关键因素。

（1）尽量选择波动区间稳定可预期的投资标的。就指数基金投资而言，选择有稳定业绩支撑的宽基或行业指数基金，估值波动区间会相对稳定。

（2）选择合适的网格参照指标。网格策略参照指标可以是价格、技术指标、估值指标等，应根据不同的投资品种、不同的投资期限选择合适的指标。短期的网格操作可以直接选择价格作为参照，中长线网格操作选择估值指标更合适。

（3）设置合适的网格档位及投资金额。根据网格参照指标的历史波动情况及其波动逻辑，提前设置好网格的档位。在设置网格档位前，要对波动的范围有清晰的认识。根据历史数据，统计出参照指标的分布情况，然后按照该指标的分布概率来确定网格的档位和各档的投资金额。

最后需要注意的是，历史不代表未来，投资标的未来有可能由于业绩、市场情绪等各种因素重新定价，超出原先的波动区间，即俗称的"穿网"，制订计划时应该把这种情况考虑在内。

四、"二八轮动"策略

在股市投资中常说的"二八轮动"，通常是指大盘股和中小盘股的轮动，"二"是指大盘股，"八"是指中小盘股。该策略主要基于A股历史上存在明显的大小盘风格轮动的特点，希望通过大小盘的持仓切换来获取超额收益。本部分主要介绍二八轮动的方法，统计该策略的历史表现，并说明其原理，分析该策略的收益和风险。

在指数基金投资中，常用沪深300指数代表大盘股，中证500指数代表中小盘股，二八轮动策略，即按照一定的规则，轮流持有沪深300指数基金和中证500指数基金。

沪深300指数和中证500指数的轮动方法有多种，比如，基于过去一段时间的涨幅比较、基于估值比较、基于某个技术指标等，其中，最为常见的是基于过去一段时间的涨幅对比，持有其中较强势的指数基金，该策略的逻辑是基于股票的"动量效应"，即过去一段时间表现较好的那个，其未来表现也会比较好。

具体轮动策略如下。

轮动标的：沪深300指数基金和中证500指数基金。

轮动依据：前4周两只指数的涨幅。

轮动规则：每周一开盘时轮动，对于前4周涨幅较大的指数，如果该指数在前4周内获得了正回报，那么持有相应指数基金一周。如果两只指数前4周收益均为负，那么本周持有货币基金（假设货币基金年化收益率为3%）。

回测时间：2009年11月至2019年11月，共10年。

交易费用：假设各种费用、交易滑点共千分之二。

策略的历史表现如图8—8所示。

在图8—8中最上方的曲线为二八轮动策略的净值走势，居中的曲线为中证500指数走势，最下方的曲线为沪深300指数走势。

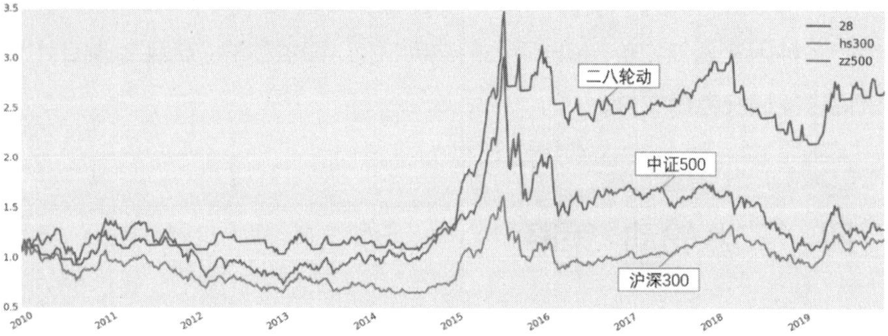

图8—8　二八轮动历史表现一

十年间，二八轮动策略的净值从1涨到约2.7，年化收益率约为10.4%，远超同期的沪深300指数和中证500指数，最大回撤约为38%，低于两只指数。2016年之前，策略表现非常好，一定程度上回避了2011年至2013年的下跌和2016年市场的大幅下挫，牛市的涨幅也没有落后，总体大幅跑赢了沪深300指数和中证500指数。

图8—9所示为2016年到2019年的策略净值表现，其中，二八轮动策略的净值走势居中，好于最下方的中证500指数，略输于最上方的沪深300指数。

图8—9　二八轮动历史表现二

图8—10所示为按季度统计的二八轮动策略相对沪深300指数的超额收益情况，0轴上方的柱体表示，该季度策略的收益超越了沪深300指数，0轴下方的柱体表示该季度策略跑输了沪深300指数，柱体的高度则表示跑赢或跑输沪深300指数的超额收益率大小。

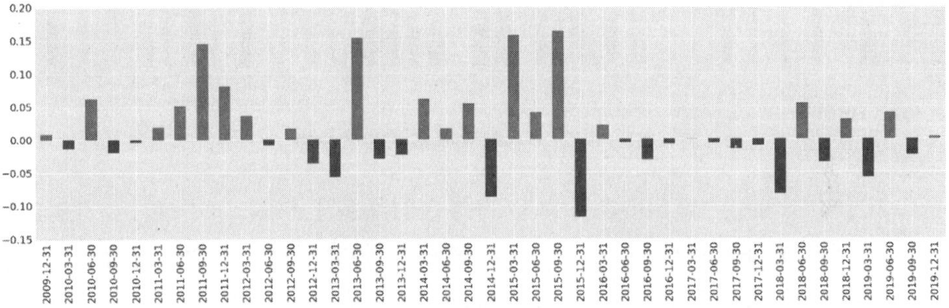

图8—10　二八轮动相对沪深300指数的超额收益

可以看到，2016年之前策略相对沪深300指数的超额收益率很高，而且比较稳定，2016年以后则略输于沪深300指数，十年间策略收益超越沪深300指数的季度比例为48.8%。

图8—11所示为二八轮动策略相对中证500指数的季度超额收益情况，0轴上方的柱体表示，该策略季度收益超越了中证500指数，0轴下方的柱体表示该策略季度跑输了中证500指数，十年间策略收益跑赢中证500指数的季度比例为53.7%，2016年后超额收益率比较稳定。

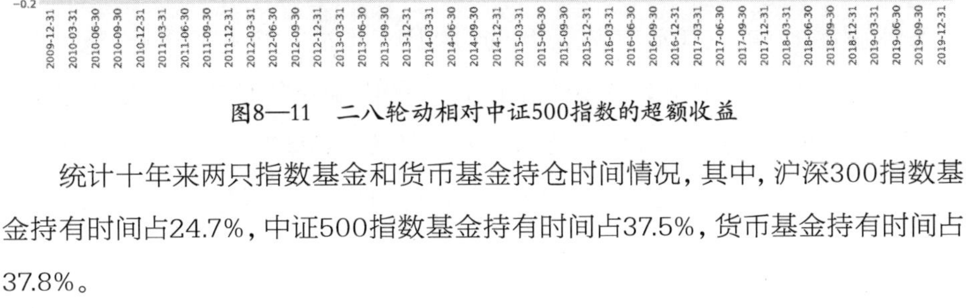

图8—11　二八轮动相对中证500指数的超额收益

统计十年来两只指数基金和货币基金持仓时间情况，其中，沪深300指数基金持有时间占24.7%，中证500指数基金持有时间占37.5%，货币基金持有时间占37.8%。

图8—12所示为十年间不同标的的持仓时间分布情况，图中上半部分的阴影表示持有沪深300指数基金的时段，下半部分的阴影表示持有中证500指数基金的时段，剩余的空白表示持有货币基金的时段。

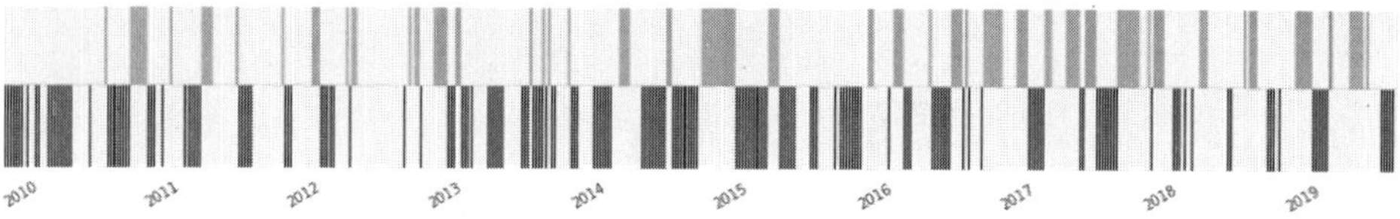

图8—12　二八轮动策略的持仓分布

2016年之前，中证500指数基金的持仓时间多于沪深300指数，2016年以后，沪深300指数基金的持仓时间多于中证500指数，2012年和2013年的熊市中，货币基金持仓占多数时间，2015年到2016年市场下跌期间也是货币基金持仓时间占多数，正是这种持仓结构，使得二八轮动策略避开了熊市的部分下跌，并且在结构性行情中持有更强势指数基金，从而获得了超额收益。下面梳理一下二八轮动策略的基本原理。

（1）轮动标的的相关性要小。如果走势几乎一样，就失去了轮动的意义。经统计，这10年间，沪深300指数和中证500指数周收益率的相关性为0.81，货币基金和股指的相关性则是微乎其微。

（2）市场存在大小盘轮动效应。大小盘轮动是A股市场的惯有现象，沪深300指数和中证500指数是大盘股和中小盘股具有代表性的两只指数。

（3）二八轮动依据的是股票的动量效应，即过去4周表现强的股票指数，则该股票指数下一周表现也更强。

最后，提示一下二八轮动策略的风险。动量效应是一种统计效应，是通过历史回溯找到的价格关联模式，并没有可靠的经济学逻辑基础。未来很可能因市场环境、投资者结构的变化而变化，而且在每只指数上的动量效应可能不一样，不具备普适性。比如，在美股市场，常用的动量因子是过去1年扣除最近1个月后的涨幅，而过去4周的涨幅通常是反转因子，即过去4周强势的股票，下周反而趋向弱势。此外，对A股市场的大部分个股而言，动量效应并不稳定。

二八轮动作为一种趋势交易策略，其内在原理不够明确，投资者难以根据市场环境的变化做出合理的调整，还可能由于市场环境的改变引发策略失效，从而导致亏损。此外，缺乏严格逻辑基础的策略，很难区分过去的优异表现是偶然还是必然，未来能否继续有效也很难说。因此，投资者应该注意投资策略上的分散。

五、核心—卫星策略

下面介绍一种简单实用的指数基金仓位配置方法，也是被广泛使用的一种方法，即核心—卫星策略。该策略最早发源于20世纪90年代，指数基金的先驱——先锋集团非常推崇该策略，他们建议投资者用先锋的指数基金作为核心资产，紧跟指数的表现，再通过选取主动型基金充当卫星资产，以博取超额收益。

这样配置的好处是既能跟得上市场，避免踏错风格，还可以根据自身的投资能力做出个性化配置，获取更好的收益，而且结构清晰，易于管理。

核心—卫星策略其实并非某一种固定的模型，而是一种仓位配置思路，其内容如下。

核心部分：占比高，以稳健为主，获得市场平均收益。

卫星部分：占比低，以进攻为主，期望获得超额收益。

简单来说，即大比例的稳健资产+小比例的激进资产的搭配，如图8—13所示。

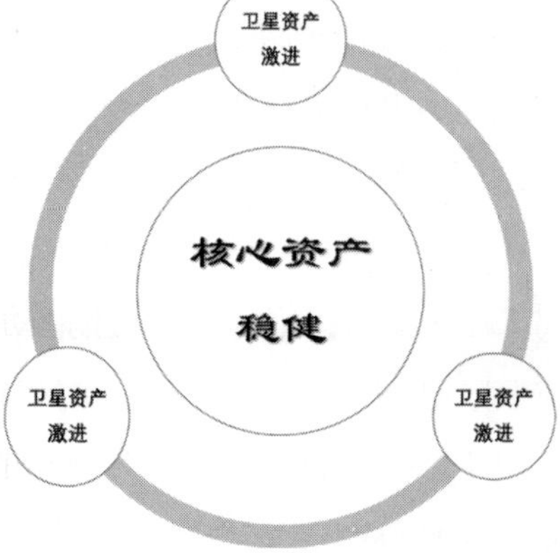

图8—13　核心—卫星仓位配置

核心—卫星策略主要提供了一种仓位配置的思路，具体资产品种和配置比例是灵活的，并没有硬性规定。

因此，你可以按如下策略进行配置：

80%的债券型基金+20%的股票型基金。

也可以按如下策略进行配置：

80%的指数基金+20%的个股。

70%的宽基指数基金+30%的行业指数基金。

还可以按如下策略进行配置：

80%长期持有低估值的指数基金+20%做短期的波段操作。

……

当然，在仓位配置的过程中，如果能尽量降低各类别资产之间的相关性，那么会起到很好地降低组合波动的作用。

在各种个性化的核心—卫星策略中，笔者认为，七成宽基指数基金加三成行业指数基金的形式是比较适合大部分指数基金投资者的配置方法。宽基确保投资者能跟上市场，同时，期望通过风险更大的行业指数为投资者博取超过市场的超额收益。

相对于宽基而言，优秀的行业长期来看可以获得不错的超额收益，但是，行业也有其自身的风险。比如，地产行业、医药行业会受到国家政策的影响；汽车、传媒等可选消费会受到经济周期的影响等。鉴于此，为稳妥起见，新手投资者可参照宽基为主、行业为辅的思路。

至此，本章介绍了5种指数基金投资策略，即股债平衡策略、二八轮动策略、网格策略和核心—卫星策略，以及前面介绍的定投策略。其中，简单易操作的有基金定投、核心—卫星策略以及简单的股债平衡策略，其他的策略相对复杂。策略只是一种投资思想，具体实践不拘一格，可以根据每个人的实际情况来制定。投资是一件很个性化的事情。认知、风险偏好、资金期限长短等不同，适合的投资方法及投资品种也随之不同。

首先是认知。认知取决于投资者的专业背景、工作经历、后天学习等，这些因素决定了一个人的能力圈。比如，从事医药行业的人对于医药类的公司或指数会有着比较深入的认识和理解。

其次是风险偏好，这主要与性格、年龄和经历有关。性格、年龄自不必说，经历也会影响一个人的风险偏好，所谓“一朝被蛇咬，十年怕井绳”。

最后是资金的期限长短。现金管理强调安全性和流动性，适度的收益率即可，这种超短期的资金可以投向货币基金、做逆回购等；1年以内的资金适合银行理财类产品或债券类基金等；只有3~5年不用的资金才适合用于股权类资产的投资，这是从中国股市的牛熊更迭情况统计出的大致规律。

实际上，投资就是在收益性、安全性、流动性这3个方面进行权衡，不可能面面俱到，这一点类似于经济学理论中的“不可能三角”。对于满足高收益和流动性好的资产要警惕其安全性，比如，股票型基金，虽然不像P2P那样，可能血本无归，但其收益的波动性较大，投资者没有相关的投资知识和经验，可能会遭遇本金的大幅亏损。满足高收益和安全性的资产，往往流动性不够好。比如，定期存款相较于活期存款，收益性更好，但是流动性欠佳。满足安全性和流动性的资产，收益往往不会太高，如货币基金、活期存款等。

投资就是要在这3种需求中做出平衡，选择适合的投资品种，并在此基础上，建立适合自己的投资策略。只有真正适合自己，才能够长期坚持下去。何为适合？简言之就是，符合自身的风险偏好和资金使用期限；了解自身的能力圈边界，在能力圈内投资；能理解投资背后的逻辑，不懂不做。

第九章

资产配置

前面介绍了指数基金的基础知识、如何对指数进行估值以及指数基金的几种投资策略，这些内容主要针对股票型指数基金。长期来看，股权类资产是收益最高的一类资产，因此，笔者将本书的重点放在了股票型指数基金的介绍上。然而，股权类资产长期收益好，不代表我们就要时时持有、满仓持有。当市场上股权类资产定价过高时，我们可以转向债类或商品类投资，这就涉及大类资产配置的问题。

很多人一听到资产配置，就觉得那都是有钱人的事，如果资金不多就没必要做配置了，或者觉得资产配置假大空，自己专注做好某一项投资，如房产投资、股票投资等就行了。

实际上，任何一个家庭，即使不做证券类投资，也不可避免地涉及家庭资产如何配置的问题，比如，一个家庭投在房产上、保险上、银行存款上的资产大致比例是多少？这就是一个最简单的资产配置问题。而对于一个想要通过学习来提升自己投资理财水平的人，资产配置是必须要掌握的一门课程。本章介绍资产配置的相关内容，主要涉及资产配置的必要性、大类资产之间的相关性以及一些简单的资产配置理念和方法。

一、免费的午餐：分散投资

“不要把所有鸡蛋放在同一个篮子里”，几乎每个投资者都听过这句话，但践行起来并非易事。有的投资者持有很多股票或基金，但最终依然摆脱不了资产大幅波动的困境。

网络上流传过一段话：“自从跟网贷大佬们学会了分散投资，鸡蛋不要装在一个篮子里，聪明的我把资金分散放到了以下平台：投融家、钱妈妈、银票网、善林金融、唐小僧、联璧……结果现在所有维权群里都能看到我的身影。”这固然只是一个笑话，但也证明了，资产配置不是简单地将鸡蛋放在不同的篮子就可以，如果这个篮子被放在了同一辆车上，一旦车翻了，那么鸡蛋同样会被打破。

巴菲特的伯克希尔哈撒韦公司管理着庞大资产，前十大重仓股通常占其股票资产的九成以上，持有一只股票的市值动辄数十亿甚至数百亿美元，2019年年末，其持有的苹果公司股票市值为736亿美元，美国银行股票市值为333亿美元，可谓集中投资的典范。

国内也有不少人因重仓某股获得大量财富而被口口相传。比如，重仓网易获得巨大回报的段永平，重仓万科获百倍回报的刘元生，重仓茅台的董宝珍等。这些市场上声名显赫的投资明星，似乎都是在做集中投资，而分散投资的成功案例却少得多，也很少有经典事迹。不是说鸡蛋要放在不同的篮子里吗？难道分散投资错了？作为一名普通投资者，到底该分散投资还是集中投资？对于这个问题，我们要一分为二地看。

一方面，集中投资的成功案例中相当一部分来自“幸存者偏差”。举一个例子，假设某个市场5年整体上涨了1倍，其中有10%的股票上涨了10倍，而其他90%的股票原地踏步、涨幅为0。

由于市场上投资者人数众多，每只股票都有很多人持有，每只股票总有极少数投资者非常看好，并始终坚持长期重仓持有。在所有这些信仰坚定的投资者中，重仓持有上涨10倍股票的人获得了巨大的回报，事迹广为流传，他们被称为投资大师，其观点、理念被奉为圭臬，而同样长期坚定、重仓持有另外90%未涨个股的投资者，成了沉默的大多数，他们悄无声息，没有人会赞叹他们同样坚定的信念。

另一方面，还有一类投资者，他们对持有单只或某几只个股没有坚定的信仰，选择了分散持仓，假设他们持有代表整个市场的指数基金，于是，获得了1倍的市场收益率，和那些坚定持有某只10倍股而暴富的人相比，这个收益率平淡无奇、乏善可陈，公众不会关注，媒体更不会报道，因此，也就不会出现什么分散投资的大师。

当然，我们也不能认为所有的集中投资成功案例都源自“幸存者偏差”。集中投资的成功者中也不乏投资能力超强的人，他们对公司所处的行业、公司的基本面以及未来发展有着深刻的认知。就像巴菲特，他更推崇集中投资，是因为他有“金刚钻”，即便如此，他在个股投资中也有犯错的时候，也保持了适度的分散，从不过分重仓一两只股票。对于广大普通投资者，巴菲特的建议则是持有标普500指数基金。对绝大部分普通投资者而言，如果没有真正看懂一家公司的能力，那么分散投资是最好的选择。

提到分散投资，不得不提到马科维茨的投资组合理论，该理论的重要结论是，分散投资能够降低投资风险，减少资产波动，而这种风险的下降并不会带来期望收益的下降，为此，分散也被称为投资中“免费的午餐”。

假设有两个资产，资产A和资产B，二者期望收益相同，风险也相同，并且A和B的收益不相关。如果分散持仓，一半仓位持有A，另一半持有B，那么该投资组合的期望收益不变，等同于单独投资A或B，而风险却下降为单独投资A或B的一半。

这么说比较抽象，还是举例来说明。假设有股票A和股票B，月期望涨幅都为1%，风险（波动率）都为5%，并且二者的收益相关性很低。图9—1中的两条曲线，分别代表单独持有A或B的净值走势。

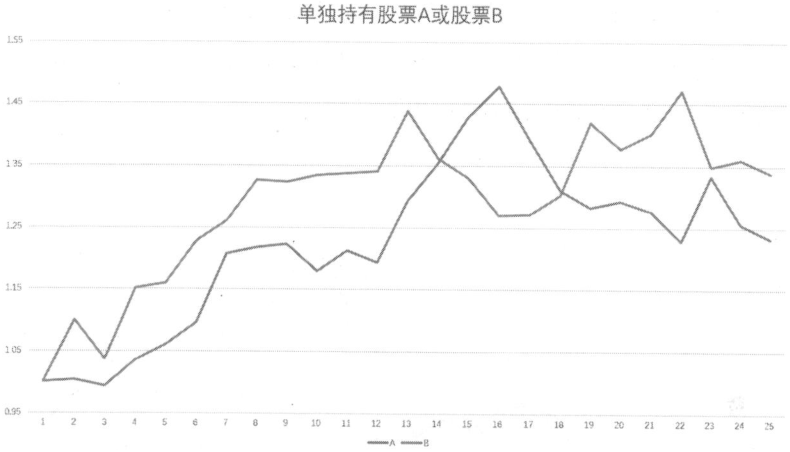

图9—1　单独持有A或B的净值走势

如果进行分散持仓，半仓持有A，半仓持有B，那么得到的净值走势如图9—2中的实线所示。为便于比较，在该图中同时给出了单独持仓的走势（虚线），可以看出，分散持仓的净值波动要小于单独持仓，但收益率和单独持仓接近。

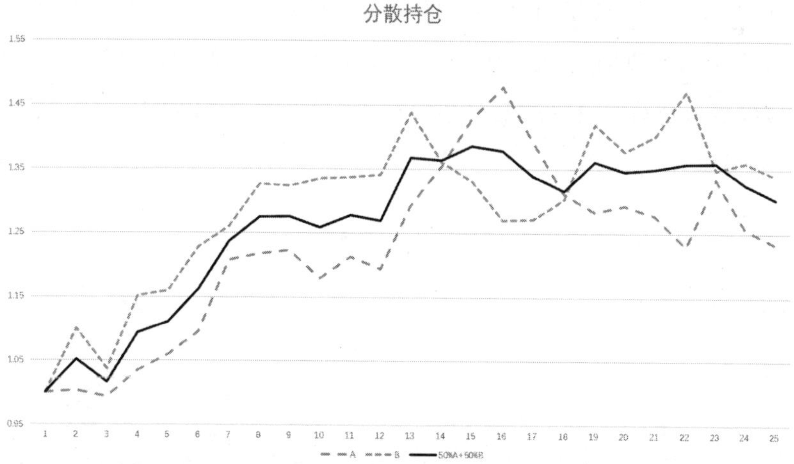

图9—2　分散持仓与单独持仓的净值走势（A、B各半）

分散投资是降低风险的重要方法，而能否真正实现风险的分散以及分散的效果如何，关键在于投资标的的相关性。各资产间相关性越低，分散风险的效果越好，相关性越高，分散风险的效果越差。

投资高度相关的资产起不到分散风险的效果。图9—3所示为分散投资到高度相关的股票A和股票B的结果，虚线表示A和B的走势，实线表示分散投资后的资产净值走势，三者几乎重合，这种分散就没有太大价值。

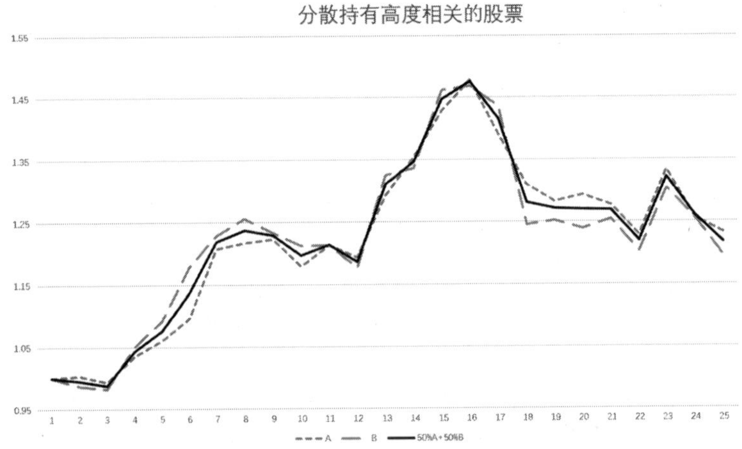

图9—3　分散持仓与单独持仓的净值走势（A、B各半且高度相关）

理论上，分散投资到两个负相关的股票，分散风险的效果最好，图9—4中的两条虚线表示两个负相关股票的走势，二者都实现了上涨，但上涨中途波动方向相反。实线表示分散投资后的资产净值走势，从该图中可以看出，分散后的净值曲线非常平稳。

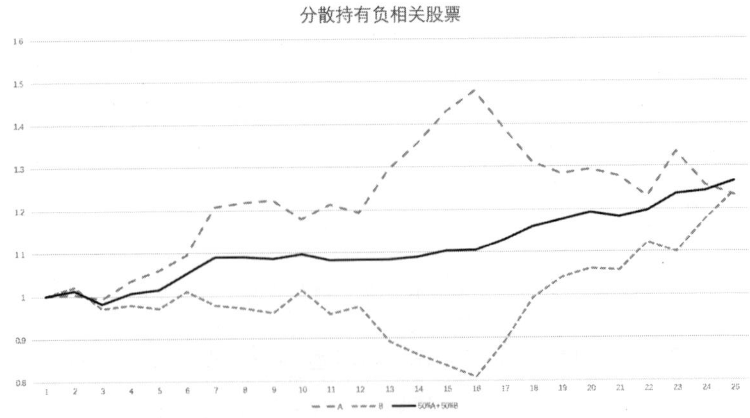

图9—4　分散持仓与单独持仓的净值走势（A、B各半且负相关）

当然，现实中很难找到这种都是正收益却高度负相关的投资标的，投资者能做的是尽可能把资产分散到低相关的投资标的中。

很多投资者认同分散的理念，也持有了很多股票和基金，却并未达到降低风险的效果。有的投资者用持有标的数量的多寡代表分散的程度，这是一个典型的误区。在投资实践中，我们可以从如下几个方面进行分散。

1.股权类资产在风格、行业上的分散

在市场中不同行业、不同风格的股票间的收益率差距可能非常大，投资股票或股票基金时，过度集中投资于某个特定行业要承担很大的行业风险，一旦赌错方向，就很容易跑输市场。同样，过分偏向大盘股或小盘股、成长股或价值股，都有可能面临风格踏错的风险。

2.国别上的分散

不同国家的经济发展阶段以及发展情况不同，股票市场所面临的风险也不同，各国股市之间的相关性通常比较低，尤其是新兴市场和发达国家市场之间股市的相关性更弱。投资者可以通过QDII基金或直接投资的方式在全球范围内做资产的分散。

3.大类资产配置

大类资产主要包括股票、债券、商品等，商品主要包括原油、黄金、农产品等，当然还有用来投资的房地产。这些大类资产拥有不同的风险收益属性。根据“美林投资时钟理论”，在经济周期复苏、繁荣、衰退、萧条的不同阶段，各大类资产的表现强弱不同。大类资产之间的相关性通常较低，分散配置可以起到降低组合风险的作用。因此，在投资过程中，我们可以将资金分散投资到股票、债券、商品等不同风险属性的资产类别中。实际上，人们常说的“鸡蛋不放在同一个篮子里”主要指不要将资金放在同一类资产中。

4.投资策略上的分散

世界上不存在能够适应任何市场状况的投资策略，一个特定的投资策略可能在某国表现好，而在其他国家表现并不好；在同一个市场中，可能某个阶段表现很好，过一段时间表现又不好。如果只使用一种策略，就可能会导致资产大幅波动，因此，进行投资策略上的分散非常有必要。

二、常见大类资产间的相关性

分散投资是降低风险的重要方法，而能否真正有效地实现风险的分散，其关键在于投资标的之间的相关性。相关性越小，分散风险的效果越好。因此，如果想进行大类资产配置，就不得不了解大类资产之间的相关性。

投资标的的相关性是指两个投资标的在某个区间内涨跌的相似性，如果二者同涨同跌，就表示它们高度相关；二者涨跌越不同步，它们的相关性就越低。相关性的大小可以用相关系数来衡量，相关系数取值范围从-1到1之间，-1表示完全负相关，即二者涨跌完全相反；1表示高度正相关，即二者涨跌完全同步；0表示不相关，即二者没有关系，完全独立。在相关系数为正数的情况下，值越大表示相关性越高，值越小表示相关性越低。

本部分介绍的投资标的包括A股主要宽基指数及行业指数、海外主要股市指数、债券、原油和黄金。下面统计从2015年6月到2020年6月，这5年间的月度收益率相关性。

1.A股市场主要宽基指数间的相关性

A股市场主要宽基指数间的相关性如表9—1所示。该表中每个数值表示该行对应指数和该列对应指数间的相关系数，值越大表示相关性越高，涨跌一致性越强。比如，该表中沪深300和上证50的相关系数为0.96，表示二者月度涨跌高度相关。

表9—1　A股市场主要宽基指数间的相关性

	上证 50	中证 100	沪深 300	中证 500	中证 800	中证 1000	中小板指	创业板指
上证 50	1.00	0.99	0.96	0.78	0.92	0.72	0.76	0.67
中证 100	0.99	1.00	0.98	0.82	0.95	0.76	0.80	0.71
沪深 300	0.96	0.98	1.00	0.90	0.99	0.85	0.89	0.80
中证 500	0.78	0.82	0.90	1.00	0.95	0.98	0.96	0.92
中证 800	0.92	0.95	0.99	0.95	1.00	0.91	0.93	0.86
中证 1000	0.72	0.76	0.85	0.98	0.91	1.00	0.93	0.93
中小板指	0.76	0.80	0.89	0.96	0.93	0.93	1.00	0.94
创业板指	0.67	0.71	0.80	0.92	0.86	0.93	0.94	1.00

总体而言，A股各主要宽基指数的月度收益率相关性都比较高，沪深300和其他指数的相关性都在0.8以上。按照相关性大小大致可以把主要宽基指数分为两

组：上证50、中证100、沪深300之间高相关，中证1000、中小板、创业板之间高相关，这两组之间相关性略低。

2.A股主要行业指数的相关性

A股主要行业指数的相关性如图9—5所示，该图中每个色块表示对应的行和列行业之间的相关性，值越大、颜色越深表示相关性越高。为便于观察各行业和整体市场的相关性，将沪深300指数列入作为参照。

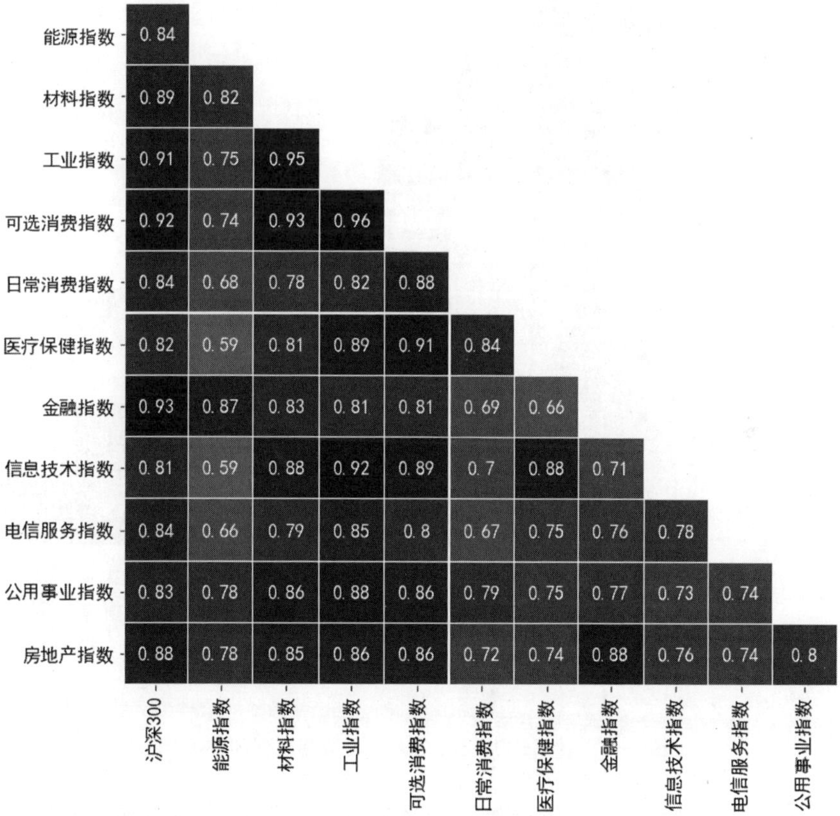

图9—5　A股主要行业指数的相关性

整个图表的颜色较深，表示各行业间相关性普遍较高。沪深300和各行业间的相关性也很高，相关系数在0.8以上，表示行业受市场整体走势的影响很大。

由于A股主要宽基指数和行业高度相关，如果仅投资A股指数基金，那么不论是宽基指数基金还是行业指数基金，都很难实现有效的风险分散。为了更好地分散风险，还可以配置海外资产。

3.国内外主要股指的相关性

下面看看国内外主要股市指数之间的相关性如何（A股用沪深300指数表示）。图9—6所示为沪深300指数、海外主要股指之间的相关性。

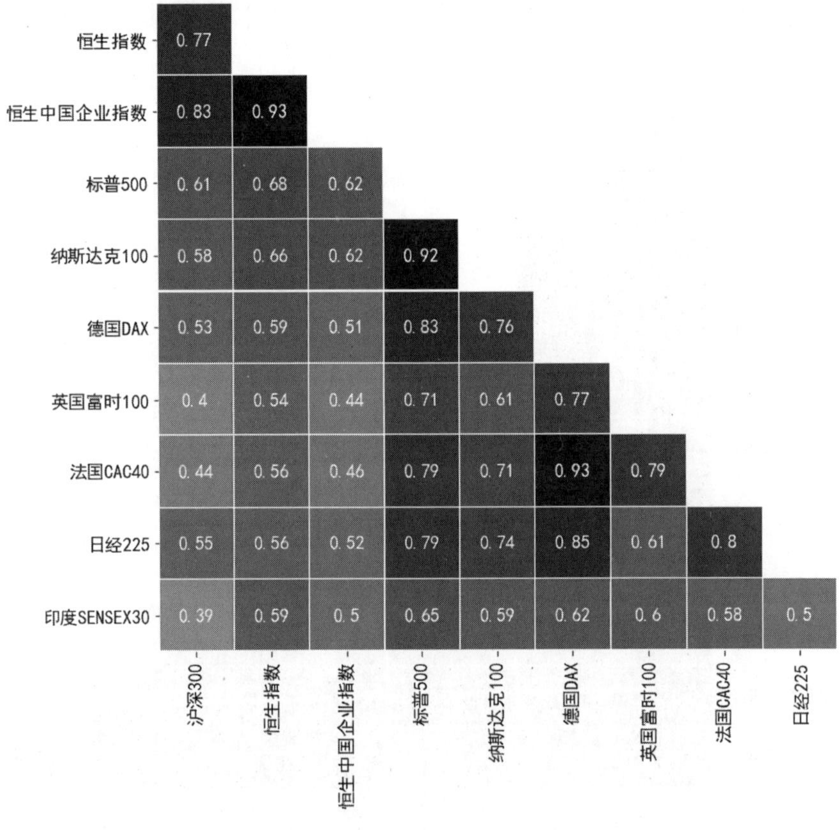

图9—6　沪深300指数、海外主要股指之间的相关性

很明显，同属于一个国家或地区的股指相关性较高，比如，同属美股市场的标普500和纳斯达克100即是如此。整体上，该图中颜色相对较浅、相关系数较低，表示沪深300指数与海外指数以及海外各指数之间的相关性较低。从沪深300指数与海外指数的相关性来看，和沪深300指数相关性最高的是恒生中国企业指数，其次是恒生指数，其他指数和沪深300指数的相关性都不高，而且海外主要指数之间的相关性大都不高。因此，对A股投资者而言，配置海外指数基金分散风险的效果比较好。

虽然海外股指相关性相对A股指数要低，但同为股权资产，在高度全球化的今天，还是会受到不少共同因素的影响，例如，全球贸易环境变化、金融危机、全球性突发事件等。为更好地分散风险，还可以在组合中加入商品或债券类资产。

4.商品、债券等的相关性

债券、黄金和原油是投资者经常配置的品种。表9—2所示为沪深300指数与债券、商品等之间的相关性。可以看出，沪深300指数和这些投资品种相关性极低，而且债券、黄金和原油之间的相关性也很低。因此，在投资组合中，适时地加入这些资产，能够起到很好地降低组合波动、分散风险的作用。

表9—2　沪深300指数与债券、商品等之间的相关性

	沪深 300	上证国债	NYMEX 轻质原油	COMEX 黄金
沪深 300	1	−0.06	0.25	0
上证国债	−0.06	1	−0.43	0.13
NYMEX 轻质原油	0.25	−0.43	1	0.06
COMEX 黄金	0	0.13	0.06	1

了解投资品种之间的相关性是做大类资产配置的基础，在实践中，应尽量避免在单一品种或高度相关的品种上投入过大仓位。为控制回撤、降低资产波动，应将资金分配到相关性较低的品种中。

三、资产配置的5个步骤

通过前面的介绍，我们知道，资产配置就是通过把资金分散投资到低相关甚至负相关的资产中，达到降低风险、提高收益的目的。下面分为5个步骤来介绍如何进行资产配置。

对一个家庭来说，资产配置就是将家庭所有资产分配到多个领域，常见的有保险、银行理财产品、债权、股权、商品、房产等。每一种大类资产都有其风险属性。建立家庭资产组合就像组建一个足球队，球队中有前锋、中场、后卫、守门员，为了风险收益的平衡，家庭资产也可以参照这样的方式进行配置。

从大类上划分，家庭资产有两个投向，即消费和投资。进一步划分，家庭资产可以分为消费的钱、保命的钱、保本的钱和增值的钱。消费的钱主要分为大额消费和日常短期消费。大额消费主要包括刚需房产、家庭用车等。除了大额消费就是日常短期消费，在通常情况下，我们要留出3~6个月的生活费，以备不时之需。除去消费的部分，剩余的资金便用于投资。有人说："我没有投资，除了消费，剩下的钱都放余额宝了。"这也是一种投资，余额宝其实是一个货币基金，买余额宝相当于投资了货币基金。

投资资金大体上可以分为三块，即前面所说的保命的钱、保本的钱和增值的钱。其中，社保、商业保险等各类保险属于保命的钱，低风险、低收益、高保障。它像是守门员，职责是守门，应对最危险的事发生。保本的钱可以投向一些固收类产品，如债券、银行理财、货币基金等，这些产品通常风险较低，收益稳定。它像是球队中的中场和后卫，主要负责稳健。而增值的钱，主要用于投资高风险、高收益的品种，如股票、股票类基金、商品等，它是球队中的前锋，主要负责进攻。

分配比例因人而异。这里提供一个参考，即资产配置的1234法则，具体来说就是，10%的钱用于日常消费，投资于流动性高的资产，随时支取；20%的钱是救命的钱，配置保险；30%的钱是增值的钱，可以配置高风险资产；40%的钱投资于稳健的固定收益品种。

这里讨论的主要是除去房产、保险、家庭日常开销后，剩余的钱该如何投资，即如何通过证券市场的投资，让我们的钱不仅能够保本，还可以获得不错的收益。那么，具体如何进行操作呢？笔者将资产配置过程拆分成如下5个步骤：

1.确定自身的风险偏好

确定自身的风险偏好是资产配置的一个重要前提。当我们在银行或网络平台进行某项投资前，银行或平台通常会对我们做风险偏好测评，测评结果一般分为保守型、稳健型、平衡型和激进型，这4种风险偏好等级逐渐增强。

每个人都应该对自己做一个风险偏好测评，确定自己的风险承受水平。风险偏好高的人通常更愿意配置股票、股票基金、商品、外汇等高风险品种，而风险偏好低的人则更倾向于配置债券基金、货币基金、银行理财产品等防御型品种。

风险偏好一般与年龄、性格、能力圈等因素有关。胆大、敢于冒险的人风险偏好高，而天性胆小、难以承受波动的人，风险偏好低。

风险偏好还与年龄有关。一般来说，随着年龄的增长，风险偏好会越来越低。年轻人积累的本金少、生活负担小，未来的收入会不断增加，即使投资判断失误，损失也不会太大，未来还有很多重新来过的机会，风险偏好通常比较高；进入中年，拥有本金变多，生活负担也变重，一旦遭遇重大投资失误，就可能很难翻身，对生活影响很大，因此通常会比较稳健；对老年人而言，其财富是一辈子的积累，往往基数较大，并且退休后收入减少，抗风险能力较低，他们的风险偏好通常较小，应该将资产中的大部分配置到防御性品种。

关于年龄和资产配置的关系，有一种简单的算法，即高风险品种的合理占比应等于（80−年龄）×100%。例如，你今年25岁，就可以将55%的资产用于高风险投资。也有人认为，应该用（100−年龄）×100%来确定高风险投资的比重。不管用什么样的方法，其基本思路都是随着年龄增大，逐步降低高风险资产的比例，而具体多少，还要结合个人的资产情况、风险承受能力、投资能力圈以及收益预期来确定。

2.确定资产配置的品种池

常见金融资产的大致划分如下。

股权：个股、股票型基金、偏股型基金等。

商品：黄金、原油、农产品等。

债权：国债、企业债、债券基金等。

另外，还有一些低风险的投资品种，如银行理财产品、货币基金等。

一般来说，股权类、商品类的风险较高，债权类、银行理财、货币基金等风险较低。

金融资产按国别还可以分为不同国家或地区的资产，股权投资可以包括A股、港股、美股等。有海外账户的投资者可以直接投资，没有海外账户的投资者可以通过QDII基金间接投资。例如，可以通过投资标普500和纳指100的指数基金来分享美股的成长，也可以通过持有恒生指数、H股指数等指数基金参与港股的投资。水往低处流，哪个市场投资价值更高，就配置更多的资金。

资产配置品种池的确定与个人的能力圈息息相关，投资一个标的前，务必弄懂它的基本逻辑。同时，在投资过程中，要不断学习，扩大自己的能力圈，这样有利于及时发现价值洼地，获得更多的投资机会。例如，在2015年A股泡沫阶段，分级A基金大幅折价，投资性价比很高，很多聪明的投资者通过分级基金套利或投资折价的分级A，不但逃过了股市的大跌，而且获得了不错的收益，但如果投资者不懂分级基金，这机会就与其擦肩而过。

另外，投资时切忌为了配置而配置，资产配置品种的选择应该基于两个原则：一个是投资的品种具有投资价值、性价比高，长期投资，能够带来正收益；另一个是配置的各品种间相关性较低，能起到分散风险的作用。

3.确定每个品种的比例

圈定了资产配置的品种池后，就要确定具体的投资品种以及每个品种的投资比例。这时要进一步厘清各品种的投资逻辑，明白这些品种什么时候值得持有，什么时候应该退出。对每种资产的基本面情况、历史收益情况、最大回撤、预期收益等做一个大致的判断，依照各资产的预期收益、风险以及相关性来分配资金。

股票市场反映的是经济的发展、企业的盈利，世界经济总体而言是螺旋向上的。因此，相对于其他资产而言，股市的长期收益率更高，可以适当多配。对于股票类资产，我们可以依据市场的估值来确定配置比例。历史上，2005年的A股、2008年的美股、2016年的港股、2018年的A股，都出现过非常好的投资机会，这时候投资对应的宽基类指数基金，长期来说，收益确定性非常高。

再来看债券基金，长期来看，债券基金可以获得6%~8%的投资收益，并且波动较小，只要持有超过一年，就较少会出现债券基金亏损的情况。

黄金，因其稀有性成为全世界认可的硬通货。所谓“乱世买黄金”，黄金具有明显的避险功能。从长期走势来看，黄金等商品类资产与股票、债券的相关性都比较低。因此，在资产组合中加入黄金的配置，可以起到降低整个组合波动的作用。关于债券基金和黄金的投资逻辑，下面还会详细介绍。

4.制订交易计划

所谓“不打无准备之仗”，投资之前要制订详细的投资计划，计划制订得越详尽具体、可操作性越强，就越容易执行。

首先要分析存量资金和增量资金的情况，增量资金主要取决于每月的收支。同时，还要明确资金的时间属性。按时间长短，可分为超短期的现金管理、一年以内不用的资金以及可用来进行3~5年甚至更长时间投资的资金，时间属性的划分和投资品种的选择密不可分。

投资计划可以通过表格的形式呈现出来，表格中可以包括如下内容：什么时间、什么价位、买入什么品种，买入比例是多少，什么价位卖出，卖出多少，买卖的理由是什么。确定买卖的方式，是一次性买入、定投，还是不定期分批买入。

5.动态跟踪调整配置比例

随着时间的推移，各资产有涨有跌，之前的配置比例以及投资逻辑可能已经发生了较大的变化。随着市场行情变化，有些资产可能已经不再低估，而有些资产可能已经跌到了非常便宜的位置。因此，要动态跟踪和监控各投资标的的变化，根据资产之间的投资性价比，适时调整各资产间的比例。

比如，当A股市场已经进入了估值较高的区域，此时，如果美股的投资机会不错，就可以增加对美股指数基金的配置比例，同时减少A股的配比。如果发现各股票市场都处于较高的估值水平，那么可以调低股票的总体仓位，增加债券的持仓比例。

为了丰富我们的投资品种，扩大投资的能力圈，下面将介绍如何进行债券基金的投资。

四、配置债券基金

债券是和股票相关性较低的品种。因此，谈到资产配置，就不得不提债券。在华尔街流传一句话：股票是小孩子玩的，债券才是大人们玩的。投资债市对投资者的专业度要求更高。宏观上不仅涉及对经济和利率走向的判断和把握，如果是信用债，还要通过对公司经营状况的分析，来评判个债的信用情况。个人投资者大都不擅长判断利率的走向以及对个债进行风险评估，并且个债的投资门槛较高。因此，对于债券市场的投资，笔者建议投资者选择债券基金。

债券基金是投资债券市场的基金，投资者通过持有债券基金分散地持有一篮子债券，可以防止个别债券暴雷的风险。长期来看，股票类基金的收益大于债券基金，那么我们为什么还要在投资组合中加入债券基金呢？主要有如下3个方面的原因：

首先，适时配置债券基金有利于提高投资组合的收益率。股票类资产受市场情绪的影响非常大，熊市时股市徘徊于低位，风险得到释放，隐含收益率较高，这时适合配置股票资产；当牛市来临，市场情绪高亢，股票大幅上涨后聚集了大量风险，隐含收益率下降，此时，股票类指数基金大部分已经高估，从风险收益匹配的角度来看，配置债券比股票更合适。

其次，配置债券基金有利于降低投资组合的波动。债券基金和股票基金收益的相关性很低，有时甚至是负相关，而投资组合中资产间相关性越低，组合整体波动性就越小。在股权资产中加入债券基金，可以有效降低整个投资组合的波动，特别是当股市大幅下跌时，可以减小投资组合的回撤幅度，平滑组合的净值曲线。

最后，配置债券基金有利于提高投资组合的流动性。由于A股历史上“牛短熊长”，对于股票类资产的投资一般要做好至少持有3年以上的准备，如果有突发性的现金需求，那么从股市中撤资可能要蒙受亏损，而债券基金走势通常平稳向上，而且流动性较好，能够应付不时之需。

按期限长短，债券基金可分为短期债券基金和中长期债券基金。按照投资的范围不同，债券基金可分为纯债基金、一级债基和二级债基。纯债基金，是指只投资债券，不投资股票，也不参与新股申购的基金；一级债基主要投资债券，原先可以参与新股申购，但目前已没有资格参与新股申购，因此，也可以将一级债基视作纯债基金；二级债基是指主要投资债券，但可少量投资股票的债券基金，股票类占比一般不超过20%。

需要注意的是，纯债基金还可以分为投资可转债的基金和不投资可转债的基金。可转债，即可转换债券，是指投资者可以在一定时期内按约定价格转换成股票的债券。可转债既有债性又有股性，其价格受到债市以及股市的双重影响，从历史走势来看，可转债的收益和股市的相关性更大，整体波动介于债券和股票之间。因此，投资范围含可转债的纯债基金，其风险明显要高于不投资可转债的纯债基金。

按发行主体的信用来分，债券可分为利率债和信用债。利率债主要是指国债、地方政府债、政策性金融债、央行票据等。利率债有政府信用担保，安全性较高。信用债是政府之外的主体发行的债券，发行人主要包括城投公司、商业银行、企业等。利率债几乎没有信用风险，其价格主要受利率变动的影响。信用债则更多地受到发行主体经营状况的影响。信用债存在一定的违约风险，风险相对更高，市场需要对其进行风险补偿，因此，信用债的到期收益率通常更高。

投资债券基金的收益主要来自两个方面。一个是债券会产生利息，随着利息的发放，债券基金的净值随之不断增长；另一个是市场利率升降导致的债券价格的变化。债券的价格和市场利率呈反向变动关系。市场利率上涨，会导致债券价格的下降。反之，市场利率下降，会导致债券价格的上涨。

为便于理解，这里举例来说明。假设市场无风险利率为2%时，A公司发行了面值为100元的债券，每年3%的利率。到了第二年，央行收紧货币政策，市场上流动性减少，要借到同样多的钱需要多给利息，市场无风险利率上升到5%。此时，A公司若发行新债，利率再保持3%就没人买了，因为市场无风险利率都升到5%了，假定新债发行的利率为6%。同一家公司的债券，投资者当然愿意买利率更高的新债。此时，如果旧债持有者想卖出手上的债券，就要降价处理，降到买家的收益率能达到6%，才会有人接手。

投资债券基金的风险主要来自两个方面。一个是违约风险。债券本质上是债权债务关系，债务有违约的可能性，一旦债券违约，无法兑付，投资者就可能血本无归。债券基金投资于一篮子债券，可以分散个别债券的风险。因此，广大普通投资者更适合通过基金的方式来投资债券，而非直接参与个债投资。

另一个是利率风险。收益和风险是相伴而生的。利率下跌会导致债券价格上涨，提高债券投资的收益。反之，利率上涨则会导致债券价格下跌，给投资带来风险。需要指出的是，债券期限的长短对市场利率变动的敏感程度是不同的。债券的期限越长，其价格受市场利率变动的影响就越大。

关于债券基金的配置，投资者要把握如下两点。

一是关注股票市场的估值情况。当股市火爆，市场估值较高时，应该结合市场利率情况，增加债券基金的配置比例，防止投资组合净值的大幅回撤。当然，当股市的整体估值适中，为了控制投资组合净值的波动幅度，也可以在投资组合中配置债券基金。配置多大比例的债券不仅取决于股债的相对性价比，还取决于投资者的风险偏好以及具体的投资策略。

二是关注市场利率的走势。当市场利率处于下行通道，即处于降息周期时，债券价格看涨，此时，应选择中长期债券基金；当市场利率处于上升周期，可配置受利率影响较小的短债基金或不配置债券。市场利率的高低走势，可以参照国债到期收益率的变化趋势。

五、货币基金投资知识

货币基金出现于美国的20世纪70年代，当时的美国经济处于“滞胀”时期。所谓“滞胀”，是指经济停滞和高通货膨胀并存。为了刺激经济发展，美联储做出规定：银行对于活期存款不得公开支付利息，并对储蓄存款和定期存款的利率设定最高限制。

银行为了揽储，推出了高于通胀率的大额定期存单，但是这种产品的门槛特别高，一般以十万甚至百万美元为最低投资单位，这么高的门槛，将广大民众挡在门外。

在金融史上，经济政策经常是倒逼金融创新的重要推手，为了规避限定，货币基金应运而生。货币基金其实就是“众人拾柴火焰高”，它集结了社会上的闲散资金用于高门槛的品种投资，收益共享，风险共担。当然，现在货币基金的投资范围比当时宽泛多了。

根据《货币市场基金管理暂行规定》，我国货币基金投资的主要范围包括：

（1）现金；

（2）一年以内（含一年）的银行定期存款、大额存单；

（3）剩余期限在397天以内（含397天）的债券；

（4）期限在一年以内（含一年）的债券回购；

（5）期限在一年以内（含一年）的中央银行票据；

中国证监会、中国人民银行认可的其他具有良好流动性的货币市场工具。

可见，货币基金投资的对象都是安全系数高并且收益稳定的品种。大部分投资者知道货币基金是在2013年，余额宝横空出世，随后，各种“宝宝”类产品如雨后春笋。余额宝其实就是天弘余额宝货币基金（000198）。截至2020年6月30日，天弘余额宝货币基金的规模超过了1.2万亿元，以至于有人戏谑说：“我国市场上有两种货币基金，一种是余额宝，另一种是其他货币基金。”

货币基金最大的优点就是：安全性高、流动性好且投资门槛低。对投资者而言，持有一定比例的货币基金可随时变现，便于应对突发现金需求。货币基金拥有活期存款的流动性，却拿着定期存款的收益，现如今已经成了银行存款最大的竞争者。

成书时，市场上的货币基金有600多只，面对如此多的货币基金，投资者该如何选择呢?

货币基金由于投资范围同质化，从收益来看，相差不会太大，可以观察某货币基金一年期的走势，看看走势是否平稳，收益情况如何，选择长期收益相对较高且波动幅度较小的品种。从费用来看，货币基金没有申购费和赎回费。因此，对比费用时，主要看管理费、托管费和销售服务费。

这里有一个选择的小技巧，货币基金可分为A类和B类，A类的投资门槛低，有的平台甚至低至1元，大部分普通投资者买的就是这类货币基金。还有一类货币基金，即B类，它起购门槛较高，通常为500万元。主要销售对象是机构投资者和高净值人士。由于门槛高，一次性投资金额大，B类的费率通常较低。以南方天天利货币B(003474)为例，其管理费、托管费和销售服务费合计只有0.21%/年，而天弘余额宝货币基金这3项费用合计有0.63%/年，相当于前者的3倍。

虽然B类的高门槛将普通投资者挡在门外，但还是有少量的货币基金B类降低了投资门槛。例如，南方天天利B，单笔最低起购金额由500万元调整为100万元。因此，可以通过投资此类费率更低的货币基金，来增厚我们的投资收益。

一般来说，规模较大的货币基金，对投资标的的议价能力较强，容易获得更好的收益，并且在应对极端行情时，赎回压力较小。如果规模太小，一旦发生大额赎回就可能被迫抛售部分资产，导致收益波动变大。货币基金这种类似活期的资金，对流动性要求很高，随时可能支取，应尽量选择波动较小的品种。因此，不建议选择规模太小的货币基金。

此外，在场外申购货币基金时，还需要注意计息日期。如果在当日15点前购买，那么下一个工作日开始计息，但是，如果在15点以后购买，就等同于第二天申购，第三天开始计算收益。特别是有长假期的时候，要尤为注意。以国庆节为例，如果想获取国庆节期间的收益，那么一定要在9月29日15点前购买，下一个工作日9月30日开始计算收益；如果在9月29日15点后买入，就相当于9月30日申购，到下一个工作日10月8日才开始计算收益，白白浪费了国庆七天的假期收益。

六、投资黄金

黄金，首先是一种金属，是首饰业、电子业、现代通信、航天航空业等部门的重要原材料，这是黄金的商品属性。其次，黄金由于其化学稳定性高、珍贵稀有，成了全世界通行的硬通货，这是黄金的货币属性。此外，俗语说“盛世古董，乱世黄金”，这句话揭示了黄金的又一个功能：避险。

由于黄金具有上述多种属性，其价格影响因素较多。政治环境、突发事件、经济发展状况、通货膨胀、汇率利率、美元走势以及本身的供求关系，都会影响黄金的价格。

从本书“常见大类资产间的相关性”小节中，可以知道，黄金与很多资产的收益相关性很低。因此，如果能够适时配置一部分黄金资产，就可以起到很好的分散风险、降低投资组合波动的作用。一般来说，世界经济发展过热，开始有衰退迹象时或政局趋于不稳定时，黄金便开始凸显其配置价值，而在政局相对平稳、经济繁荣时期，黄金价格则难有很好的表现。

长期来看，世界经济发展趋势是总体向上的，国际政治局势总体上是平稳的，并且黄金的长期投资收益远不如股票。如果长期持有黄金比例较高，在降低波动的同时，就会降低整个资产组合的投资收益。因此，黄金只能作为避险以及降低组合波动的配置之用，并不适合长期重仓持有。

总之，黄金价格的影响因素较多，投资难度较大，其主要投资价值在于避险和资产配置。投资黄金类资产的主要目的是追踪黄金价格，目前，市面上投资黄金的方式主要有黄金股、实物金条、纸黄金和黄金指数基金等。

黄金股主要受公司的业绩预期影响，虽然金价一定程度上会影响股价，但股价的表现还要受到市场情绪、公司基本面等多种因素的影响。

实物金条是指投资性金条，对黄金价格的追踪效果好，但是流动性相对较差，买卖、储存不便。

纸黄金是银行推出的黄金投资凭证，没有实物交割，与黄金价格存在一定的价差，而且每家银行的报价各有不同，价格相对于国际金价还有一定的滞后性。

还有一类参与黄金投资的方式就是持有黄金指数基金，以华安易富黄金交易型开放式证券投资基金，简称华安黄金易ETF（518880）为例，它跟踪的是国内黄金现货价格的表现，业绩比较基准是国内黄金现货价格收益率。场内的黄金类指数基金可以在证券账户中直接交易，买卖方便、流动性好，且对黄金现货价格的追踪效果好。没有证券账户的，可以申购场外的黄金类指数基金。笔者认为，黄金类指数基金是投资者参与黄金投资的较好方式。跟踪黄金的指数基金品种，在本书的第三章中已有列示，这里不再赘述。

七、商品期货ETF投资

下面开始介绍商品期货ETF，相对于股票型基金、债券型基金而言，它是指数基金中一个较为小众的品种。商品期货ETF投资于商品期货合约，其跟踪的指数是商品期货类指数。目前为止，国内市场上的商品期货ETF主要包括豆粕ETF、能源化工ETF和有色金属ETF。

华夏饲料豆粕期货ETF（159985）追踪大连商品交易所豆粕期货价格指数，主要投资于大连商品交易所豆粕期货主力合约。建信易盛能源化工期货ETF(159981)追踪易盛郑商所能源化工指数A，主要投资于PTA、甲醇、动力煤、玻璃等能源化工期货品种。大成有色金属期货ETF（159980）追踪的是上海期货交易所有色金属期货价格指数，主要投资于铜、铝、锌、铅、镍、锡等有色金属期货。

商品期货ETF持有商品期货合约的价值合计不低于基金资产净值的90%、不高于基金资产净值的110%，投资商品期货ETF基本可以认为是无杠杆持有商品期货合约，由于期货合约是保证金交易，除期货保证金和结算准备金外，剩余大部分基金资产都投资于货币市场。

投资商品期货ETF的收益来源于两部分，一部分是商品期货市场的价格变化，另一部分是货币市场的投资收益。其主要风险来自商品指数波动带来的风险。除此之外，商品期货ETF还要面对一些特有风险。主要体现在如下几个方面：

（1）流动性相对较低。商品期货市场的流动性低于股票市场，而且期货品种的涨跌停幅度小于股票。在商品期货市场中，如果交易的资金量很大，出现极端行情、价格急剧变化时，就可能需要较高的交易成本，甚至可能无法成交。

（2）基金持仓换手率较高。由于商品期货指数成分是主力期货合约，而商品期货主力合约切换往往比股票指数成分股调整的频率高，所示，商品期货ETF的换手率通常比较高，带来较大的交易成本。

（3）远期合约升水。基金持有的期货合约都是有期限的，每隔几个月就要把近期合约调换成远期合约，如果遇到远期合约升水，即远期合约比近期合约贵的情况，这种调换就会带来损失。这种升水体现了商品的持仓成本和市场对未来价格的预期，是持有商品ETF隐形的损耗。

此外，还有期货保证金、结算准备金、期货合约限仓等期货交易制度限制带来的特定风险。

商品期货ETF并不适合长期持有。因为商品本身是无法带来现金流的资产，我们持有房子（这里指投资性房产，非自住型房产）会有租金收入，持有股票会有分红收入，持有债券会有利息收入，而长期持有商品，不但不会产生现金流，还要付出仓储成本。另外，随着技术进步、生产效率的提高，很多能源类商品的实际价格随着时间在下降。

中短期配置商品期货ETF的可能场景有如下两个：其一，当某一种大宗商品出现低于生产成本的极端价格时。价格太低，生产该商品无利可图，厂家退出市场，会导致供给收缩，从而提升商品价格，但这种极端场景出现的机会较少，即使出现了，也可能在低价区长期徘徊。其二，面对严重通胀时，可通过持有商品来对抗货币贬值。不论何种场景，建议在资产中配置商品期货ETF的比例都不超过10%，并且仅限于中短期配置。

至此，本章介绍了资产配置的必要性、大类资产之间的相关性，资产配置的五大步骤以及如何投资债券基金、黄金、货币基金等相应的配置品种。资产配置是每一个家庭都要面对的课题，我们并不一定要去学习复杂的资产配置模型，只需要在自身的能力圈范围内寻找适合的投资品种，适度地将资产配置于相关性低的品种，以实现资产的保值增值。

第十章

建立正确的投资理念

庄子曰：以道驭术，术必成；离道之术，术必衰。没有正确的投资理念，很难在这瞬息万变的市场中实现长期盈利。本章分享笔者涉市至今的一些投资感悟，希望对读者有所启发和帮助。

一、普通投资者怎样才能在股市中赚到钱

入市这十余载，笔者见过股市中太多的起起落落，一路走来，感慨良多。在学习、思考、实践、再学习中不断循环往复，慢慢摸索出了些许盈利之道形成了对投资的一些认知，同时也结合以下笔者的投资经历，给普通投资者几点建议。

1.放弃炒股

放弃炒股，其实包含了两层意思，一层是放弃“炒”，另一层是放弃“股”。

人们习惯将“投资股票”说成“炒股”，一个“炒”字生动形象地勾勒出大部分投资者参与股市的方式，即快进快出、短线操作，而这种短期追涨杀跌的零和博弈正是大部分人在股市中亏钱的重要原因，关于这一点，在本书的第一章的内容“炒股为什么‘七亏二平一赚’？”中有过介绍，这里不再赘述。

放弃“股”的意思是放弃做个股。在各路媒体、投资论坛中，个股的讨论永远比基金热烈。个股单日涨5%~10%很常见，基金涨3%以上非常少见，尽管如此，无论从投资难度还是亏损的概率，个股都要高于基金。

个股的不确定性因素较多，研究起来难度较大，不仅涉及资产负债表、利润表、现金流量表中的各种财务指标，还要研究管理层是否诚信、公司有无护城河、在行业中的地位以及整个行业的发展前景等。此外，个股价格还会受到市场上各种消息、噪声的扰动。

实际上，真正对个股及所处的行业有着深刻认知的投资者，在市场中凤毛麟角，大部分普通投资者并不具备深研一家公司的能力，而研究得不透彻、确定性低导致大部分投资者在个股的持有过程中患得患失，且不敢重仓。仓位是获得满意回报的前提，即使某只股票收益率很高，仓位太小，也没有多大意义。

指数化投资则相对简单，指数可以规避个股黑天鹅的风险，且通过定期调仓进行新陈代谢，保持活力。只要相信国运，相信国家未来的经济会长期向上，普通投资者就可以将大部分的仓位分布在指数基金上，获取经济发展的红利。

2.严格控制买入成本

投资要做大概率的事，基于概率去分配仓位。就指数基金投资而言，如果我们能严格控制成本，在历史估值较低的区间买入，长期持有，那么大概率可以实现盈利。然而，投资不可能百分百地盈利，即使已经留有安全边际，我们还是需要分散持仓。在实际操作过程中，可以采用宽基加行业指数基金同时配置的形式。如果觉得不能规避A股的系统性风险，那么可以配置与之相关性低的债券、商品或者海外指数基金。

当然，买入这些资产，绝不是为了配置而配置，出击的时候必然是这些资产具备高性价比的时候。“冬梅夏荷，花开有时”，每个投资品种都有存在的意义，都有其高光时刻，我们需要做的就是监控、跟踪那些自己能够理解投资逻辑的品种，等它落到击球区，果断挥棒。

严格控制了买入成本，在大熊市中就不容易焦虑，因为回撤有限，同时，遇到大牛市时，也容易及时止盈，因为已经获得了不菲盈利。沃尔玛创始人山姆·沃尔顿曾经说过：“买得便宜，才能卖得便宜。”投资亦是类似。不同成本的投资者持有心态会完全不同，因为成本够低，才有了更大的获利空间；因为成本够低才能够拿得住，让投资者心态更加平和。

然而，现实中绝大部分投资者都是在牛市中被周边情绪感染而入市，此时，行情通常已经涨了一波，获利空间有限，加之初入股市者大都越涨越加仓，一开始买入1万元，赚了，再加仓2万元，又赚了，然后加仓5万元，10万元，终有一天，行情突然转头向下，由于积累的本金大，仓位重，遇到回调，资金回撤幅度通常较大。

3.严格控制回撤

关于控制回撤的必要性，先来看表10—1。

表10—1　不同亏损幅度回本需要的涨幅

单位：万元

本金	亏损幅度	剩余资金	回本需要的涨幅
100	10%	90	11.10%
100	15%	85	17.65%
100	20%	80	25%
100	25%	75	33.33%
100	30%	70	42.90%

续表

单位：万元

本金	亏损幅度	剩余资金	回本需要的涨幅
100	40%	60	66.70%
100	50%	50	100%
100	60%	40	150%
100	70%	30	233%
100	80%	20	400%
100	90%	10	900%

在投资中，回撤是不可避免的，没有人能够精准地买在最低点，买入后回撤非常正常，然而，一旦你买得太贵，当回撤幅度达到50%时，就需要翻倍才能够回本，想获得100%的涨幅，难度可想而知。

根据证券投资者保护基金有限责任公司发布的《2018年度全国股票市场投资者状况调查报告》，受调查投资者产生焦虑情绪的亏损比例集中在10%~30%（含）和30%~50%（含）两个区间。产生焦虑情绪，容易导致两个结果，或者割肉出局，或者冲动交易，引发更大亏损。实际上，股票的波动幅度经常超出人们的预期，而大部分人倾向于高估自己对亏损的承受能力。在投资之前，应该评估自己对回撤幅度的承受力，判断当下买入可能产生的最大回撤，同时了解投资标的历史最大回撤幅度，谨慎选择相应的投资品种。

从保持平和心态的角度来看，至少要将亏损控制在30%以内，而从投资收益的角度来看，最好能将浮亏控制在15%以内。回撤小，当行情到来时，很快就能扭亏为盈。

4.学会耐心等待

为控制买入成本，要等投资品种出现高性价比时再挥棒出击。如果一直不便宜，那么怎么办？有如下两种方法：

一是等待。这并非废话，在投资中，耐心是一种美德，机会往往是等出来的。现金其实是一种选择权，所谓“手里有粮、心里不慌”，如果子弹都打光了，即使好的机会来临，也只能望洋兴叹。对A股市场而言，大概每隔个3年，就会有一次比较好的入场机会，例如，2005年，2008年下半年，2010年上半年，2014年上半年，2016年熔断过后，2018年。想要抓住这样的机会，我们就需要在市场亢奋时及时离场，锁住利润，再耐心等待下一次机会的来临。

关于耐心在投资中的重要性，查理·芒格曾经说过“我们能有今天，靠的不是追逐平庸的机会”。这句话与巴菲特的“一辈子只打二十个孔”有异曲同工之处，假设你一辈子只有二十个投资机会，那么你一定倍加珍惜、耐心等待。

二是寻找其他价值洼地。世界上有这么多市场，我们完全可以从其他的市场寻找机会。此外，除了股票，可以投资的品种还有债券、商品等。因此，在投资的道路上，我们要不断拓展自身的能力圈，善于捕捉投资机会。

5.利用复利效应

复利被称为“世上第八大奇迹”。复利有3个要素：本金、收益率和时间。复利的威力超出了大多数人的想象。假如你现在30岁，以20万元作为本金，年化收益率为15%，30年后，总资产将达到1324万元。这里还没有考虑本金随着收入不断增加的情况。实现复利要求的是长期稳定的盈利，而非暴涨暴跌，如果中途大幅回撤，复利就会大打折扣。比如，在前面的例子中，如果投资者追求更高的收益率，采用更激进的策略，30年投资中有28年收益率达20%，但有2年分别亏损了50%，那么最后获得的总资产约824万元，远小于前面长期稳定盈利的例子。因此，保住本金的重要性再怎么强调也不为过，慢慢变富并非只是口号。

根据复利三要素，普通人想通过投资慢慢变富，就要不断积累本金，严格控制回撤，找到与自己风险偏好匹配的投资方式，获取长期稳定的投资回报。

最后，投资固然有一些运气成分，比如一两次成功抄底和逃顶，但是，要想长期留在市场并且实现长期获利，仅靠运气是远远不够的。放弃炒股、控制成本、降低回撤、耐心等待、慢慢变富。如果你初入股市，那么可能无法感同身受，但是笔者相信，这是大部分投资者在股市中的长期生存之道。

二、个人投资注重绝对回报

抛开赌博、娱乐的心态，对绝大部分人来说，做投资就是为了赚钱，希望通过投资，为自己和家庭提供一个可持续的财务解决方案，解决生活中诸如买房、买车、子女教育、养老等可以用钱来解决的问题。

如果只拿非常小的一部分，希望去做“以小博大”的短期博弈，那不叫投资，也解决不了任何实际问题。市场上有一句话："一年三倍易、三年一倍难"，想在这个"七亏二平一赚"的市场上获得长期稳定的收益谈何容易？你需要具备丰富的理论知识和实践经验，建立适合自己的、正确的投资体系，以获得长期稳定的年化回报。这里再次强调，由于A股波动较大，长期稳定的年化回报是从长期视角来看的，这种"稳定"是相对的，非均匀分布。

在与周围的朋友谈及股市时，笔者发现，大部分人尤其是新股民对于股市的收益预期普遍过高。要知道，巴菲特20%的长期年化收益率已被奉为股神，而许多普通股民却总想着实现短期资产翻番。

从新增开户数来看，大部分股民第一次入市是在牛市中，包括笔者在内，看到别人赚钱，想着自己或许可以趁着牛市赚一把，然而，结局常常事与愿违，牛市不仅不是实现财务自由的地方，反而更像散户的收割机。大部分投资者在牛市中是赚不到钱的，尤其是那些被赚钱效应带动，第一次踏进股市的人。聪明的人从别人失败的经验中吸取教训，而大部分普通人只能靠交学费来积攒经验。鉴于此，笔者建议，想通过投资证券市场实现财富增值的年轻人，早一点涉足，进入得早，本金少，绝对亏损小，不会伤筋动骨，并且要在具有一定的知识储备的前提下入市，而不是去"裸考"。

同步地，通过努力工作，增加收入，不断积累本金，然后在长期复利的作用下，寻求满意的绝对回报。试想，如果投资10万元本金，一年即使翻倍也只是赚了10万元，更为重要的是，这种翻倍收益必然不可持续。如果你的本金为200万元，长期年化收益率为10%，那么绝对收益为20万元，加上工资收入，基本可以覆盖一个家庭的日常支出。长期年化10%的收益率是普通投资者通过学习和实践大概率能够实现的。

市场上的投机主要分为两种：一种是带着小资金及侥幸心理来到股市，他们通常不了解股市的投资规则，进入股市的初衷，有的是为了娱乐，有的是想以小博大，赚钱了更好，赚不到也没关系，这样的人不少。

另一种是投入大资金来投机，希望实现短期暴富，这在笔者看来，无异于赌博，是一种非常危险的行为，而上述两种投机行为不仅不能解决问题，大概率还会遭遇亏损，让情况更糟。

大资金求的是确定性。轻仓的高收益没有意义，买了N只股票，碰巧有一只涨幅非常高，如果没有高仓位，那么绝对收益也不会高。同样地，也不能因为目前资金量小，就去做那些超越自己能力范围的高风险的事。常有这样的言论："我本金少，先追热点，赚够钱了，再来做长线投资。"好像追热点、炒概念一定能赚钱。市场不会因为你资金量小、风险偏好高，就给你高回报。

在投资中，机构投资者更在乎相对收益，例如，主动型股票基金通常有一个业绩比较基准，大幅跑赢比较基准才能证明其优秀的管理能力，而个人讲求的是绝对回报。绝对回报取决于两个方面：一个是本金足够多。另一个是长期收益相对稳定、可持续。满足上述两点，厚雪、长坡，投资才能像滚雪球那样，实现财富的复利增长。

因此，为了获得满意的绝对回报，我们首先要努力工作，积累起足够的本金，其次是设置合理的收益预期，建立适合自己的、能实现长期稳定回报的投资体系。这也是笔者建议普通投资者将主要仓位放在指数基金的一个原因。相对于指数来说，个股的不确定因素更多，且大部分投资者并不具备深度研究和评估一家上市公司的能力，通常不敢重仓持有，而投资指数基金，因为足够分散，回避了个股暴雷风险，并且我们可以在估值低的时候购买，严格控制买入成本。只要国家经济长期向上，上市公司不断创造利润，我们就可以享受经济发展带来的股市上涨收益，确定性高。在这样的投资方式下，我们才敢于下重注，即使收益率看起来不如动辄翻数倍的大牛股（大牛股往往是走出来才知道，有一定的后视镜效应），但可以踏实地持有，获取实实在在的绝对回报。

三、长期投资，应带着"非牛思维"

在投资中要有逆向思维和概率思维。逆向思维告诉我们要在别人恐惧时贪婪，在别人贪婪时恐惧。概率思维告诉我们投资要做大概率正确的事。那么，何为"非牛思维"？

"非牛思维"是指在投资的过程中，我们所做的投资决策不能建立在对未来的牛市预期上，要时刻保持一个舒适的仓位，进可攻、退可守，靠盈利增长或估值回归来获取收益，而不是靠泡沫推动的"非理性繁荣"来获得回报。

1.为什么要建立“非牛思维”

“非牛思维”是一种相对保守的思维方式。在投资这件事上，有时候是“有心栽花花不开，无心插柳柳成荫”，当你对未来的收益率没有过高期待时，反而有不错的收益。例如，笔者在2016年年初买入H股ETF，当时只是觉得市盈率不到6，股息率接近6，即使后续行情迟迟不发动，也可以获得接近6%的股息收益，长期持有，也还是不错的。事实上，后来该笔投资的收益远远高于预期。

“非牛思维”是指即使未来没有大牛市，仅靠业绩推动也可以获得不错的回报，或者持有低估品种获得估值回归到估值中枢的收益，如果遇到出现牛市估值泡沫，那么，就当是市场给予的额外馈赠，而我们在享受泡沫的同时，也要注意适时止盈，锁定利润。这样的思维方式决定了在投资方式上会更看重投资标的的价值和质量，更倾向于选择那些低估值或长期盈利能力强的标的。

在估值较低时介入，向下空间小，只要基本面不发生大幅变化，那么低估的指数终有一天会回归正常，只是时间早晚的问题，而盈利能力强的指数，即使估值不涨，也可以靠盈利收获不错的回报。以中证消费指数为例，2015年4月10日，中证消费的PE为31.22，2019年4月30日的PE为30.22，估值略有下降，但是在这段时间内，中证消费全收益指数上涨了89.45%，这种上涨就来自业绩的推动。

2.“非牛思维”对投资指数基金的意义

带着“非牛思维”，我们在投资中会更青睐基本面优秀的指数。长期持有业绩优秀的指数基金，即使没有牛市的估值泡沫，也可以通过业绩增长来获得不错的收益。这种投资方式安全性更高，确定性更强，退一步讲，即使没有及时止盈，业绩的增长也可以不断消化估值。还以中证消费全收益指数为例，自2004年12月31日的基点1000点到2020年6月23日的23411点，指数走势长期向上，即使一直持有不动，也可以获得年化约22.5%的收益。

带着“非牛思维”做投资，我们会对周期性强、高弹性的品种，如券商、TMT等保持谨慎。所谓的高弹性指数通常是指，这些板块在市场上涨时，进攻性很强，但是盈亏同源，涨得快，跌得也急，在泡沫破灭前，如果没有及时退出，那么随着大跌，前面的盈利会很快回吐甚至亏及本金。这些板块最好在低估时买入，达到高估区间时，即使市场再热炒，也不追涨，并且随着上涨逐步减仓。这里以“周期之王”证券公司指数为例，自2007年6月29日的1000点，到2020点6月

23日，指数点位为914.08点，走势犹如“过山车”。对于此类指数，在估值低位时开始埋伏，在估值高位时见好就收、及时撤出显得尤为重要，对择时要求较高。

业绩和估值应该相匹配，如果业绩和估值不能同步增长，那么估值的提升无异于“无本之木，无源之水”。当估值被炒高，一旦业绩不达预期，就会遭遇业绩和估值双杀。因此，在投资这些指数时，要保持谨慎，对指数的周期和未来的成长性有一定的认知。

此外，带着“非牛思维”会让投资更倾向于长期，因为企业经营、创造利润有一个过程，估值的修复也需要时间。在持有过程中，我们陪伴着业绩优良的指数走出估值底部，陪伴着指数中成分股公司的成长，不断创造利润，推升股价。

四、过度自信，投资的大敌

自信是一种优良品质，“相信自己”是在鼓励别人时最常说的话。然而，凡事过犹不及，尤其对投资而言，过度自信经常是亏损的源头。

投资中的“过度自信”是指人们在投资中习惯于高估自己的能力，高估了获取的信息的有效性，而低估了所面临的风险。

瑞典斯德哥尔摩大学的斯文森教授做过一个心理学实验，他让实验对象评价自己的驾驶技术，属于一般、较好还是较差。在正常情况下，这3组的人数应该各占三分之一，而实际结果是，有近七成人认为自己属于较好的那组。大部分人认为自己的驾驶技术超过其他人，这显然不符合逻辑，很多人其实高估了自己的驾驶技术。

大量的研究表明，过度自信在各个领域都普遍存在，这与人类的进化历程有关。进化心理学研究认为，在人类漫长的原始时代，生活环境恶劣，自信有利于人们在黑暗中、在未知中克服恐惧，保持乐观心态。自信的人能够在一定程度上获得生存上的优势，于是，自信这种倾向被保留在人的基因中，过度自信几乎是天生的，没有人能逃得开。

那么，在证券投资过程中，有哪些因素会导致投资者过度自信呢？

一是信息量的增加。随着所掌握的信息量的增加，人们对自己判断准确性的自信程度会急剧增加。尤其在当今互联网时代，说信息爆炸亦不为过。投资者唾手可得大量信息，宏观经济预测、券商研报、公司财报、股票的历史K线走势等，各种消息、各种数据充斥在我们的周围。然而，在海量信息面前，一个未经训练的投资者并不能有效地进行分析，从中提取出对决策有意义的内容，进而提高决策的正确性。即便如此，大量的信息还是给了投资者一种错觉，让他们自信心膨胀。

二是控制幻觉。人们常常会相信自己对某些无法控制的事情有影响力。比如，买彩票时，多数人喜欢自己精选一组号码而不是随机生成，因为他们相信自己选的号码有更高的中奖概率。现在人们可以很方便地在手机上买卖股票，这给了人们更强的控制感。人们普遍相信自己选的股票要比随便买的强，而实际上，研究表明，大部分普通投资者的选股能力并不比猴子扔飞镖选出的结果更好。更悲剧的是，从成交量来看，很多投资者还都是从牛市后期开始扔飞镖。

三是事后聪明偏差。人们很容易把过去的事情看作明显和必然发生的，自己早就预料到了或早有感觉。比如，看到一只股票大涨了，有些人会说当初早就很看好它，差点就买了；股市崩盘后，很多人事后能说出预示下跌的诸多蛛丝马迹，这些事后诸葛亮式的复盘无形中又增加了投资者的自信心。然而，任何投资一定投的是未来，这种“后视镜”式的心理暗示，除了让自信心膨胀，对投资并无益处。

过度自信会给投资带来许多不良后果，主要包括频繁交易和高风险投资。

投资决策来自获取的信息以及对信息的处理、分析和判断，过度自信会导致其高估所获取信息的有效性，高估自己对信息的分析能力，更加确信自己的判断，从而更加频繁地做出买卖决策。频繁交易除了给券商贡献交易佣金，对投资毫无裨益。有研究表明，频繁交易者回报率要低于长线持股者，交易频率越高、收益率越低。道理很简单，好比下棋，如果两个人水平差不多，你每10秒就下一步，对手考虑10分钟才下一步，那么谁赢谁输不用下也知道。此外，经济不断向前发展，企业销售产品、提供服务不断创造利润，这是从长期的视角来看是“正和博弈”，短期频繁买卖只是投机，玩“互摸口袋”的游戏。

过度自信的第二个危害是高风险投资。理性的投资者在最大化收益的同时尽可能最小化其承担的风险。过度自信的投资者往往对自身判断能力过于乐观，只看到收益，忽视或低估潜在风险。因此，他们更乐于买入高波动股票，过度集中地投资于少数股票，还容易过度放大仓位甚至杠杆交易，这无形中会提高投资的风险，最终导致较低的投资回报。例如，很多投资者热衷于追逐各种热门股、概念股，以及LED、太阳能光伏、虚拟现实、工业大麻等，哪个板块热就投哪个，希望赚快钱，无视决定股价涨跌的背后是公司的经营业绩和估值。

上述介绍了过度自信的原因和危害，那么我们该如何避免呢？

在交易过程中，买卖双方皆有理由。如果不能对一个行业、一个企业有深刻的认知，没有对财务报表进行深入研究，那么凭什么强于交易对手？每次交易之前不妨换位思考一下，交易对手为什么会卖给你？

作为普通中小投资者，在信息获取、理解深度、时间、精力、情绪控制、资金多少等方面都处于劣势，我们不妨保守一点，时刻提醒自己对市场保持谦卑的态度，用一种“弱者思维”来思考投资。具体实践上，我们可以用指数化投资来分散个股风险，用估值为投资留有一定的安全边际，用长期持有来避免短期频繁交易。

很多人说“股市就是赌场”。笔者认为，如果带着赌徒心态投资，那么任何投资场所都有可能是赌场。如果总想通过追涨杀跌，抓住超短线的机会，以此实现快速致富，那么恐怕很难在市场中长期存活下去。

五、防守是最好的进攻

关于防守和进攻的关系，从身边一个例子谈起。老李是朋友圈里的乒乓球高手，别人和他对局总是输多赢少。球友小张常试图用旋转球、扣球、边角球等技巧来出奇制胜，结果总是自己失误更多，而老李没用任何的花式招数，只是把每个球稳稳地挡过去，直到对方失误。不需要什么“秘籍”“绝招”，只要稳稳地把球挡回去，胜利就是你的。很多时候，防守就是最好的进攻，能力不够时贸然进攻往往就是送分。

投资又何尝不是如此？如果老想着短期暴富，希望一招制敌，选择进攻性很强的策略，追概念、追热门，在激进的品种上重仓甚至上杠杆，就会很容易把自己置于危险的境地。

在2015年的大牛市，流传着很多一夜暴富、财富自由的故事，这些故事几乎都离不开中小创、高杠杆、配资等字眼，然而，除非运气特别好或者能力超群，高位能及时离场并耐得住寂寞，后续不再入场，否则，面对的不仅是熔断，还有未来几年中小创的估值回归，赌来的财富大概率也是哪里来、哪里去。

投资能力超群的人凤毛麟角，普通人也学不来，靠运气得来的财富更是不可持续。能在市场中长期活下去并且还活得不错的投资者大多是像老李那样的防守型选手。那么，对普通人而言，该如何践行防守型投资呢？

首先，树立对市场的敬畏之心。市场是无数投资者交易出来的，受宏观经济、政策面、资金面、公司基本面、投资者情绪等诸多因素的影响，其中任何一个因素的变化都可能带来价格的涨跌。可以说，它是一个不断变化、难以预测的混沌系统。

巴菲特是经济学硕士科班出身，师从投资大师格雷厄姆，理论功底深厚，他11岁开始买股票，研究并实践了几十年，实战经验极为丰富，尽管如此，他依然会犯错，更何况我们。投资看似简单，就是“低买高卖”，实际上却涉及经济学、心理学、概率统计、财务管理、金融学等多门学科。普通投资者应始终保持谦卑的态度，不要试图通过预测市场来取胜，在市场面前要承认自己的无知，放低姿态。

其次，认清自己的能力圈。“认识你自己”是苏格拉底的至理名言。在投资中要做到3个认识：认识你自己、认识市场、认识投资标的。明白自己的能力圈边界，知道哪些品种是自己可以把握的，哪些是自己不懂的领域，只做自己看得懂的标的。

投资者都学习投资大师的方法，但真正能做到深耕几家公司的少之又少，有的股民甚至连公司是做什么的都不知道，就贸然买入，到菜市场买菜还要货比三家，对大笔资金投资却毫不上心，怎么能赚钱呢？

对指数基金投资而言，在投资之前，认真研究指数的编制方式、风格特点、重仓成分股的基本面、历史表现、估值水平的投资者，同样少之又少。

知人者智、自知者明。在投资一个标的前先问问自己懂不懂，是否清楚其中的涨跌逻辑，只做自己看得懂、有把握的投资。

最后，选择防守型的投资标的。

回顾投资生涯，笔者发现真正容易赚钱的大都是防守型品种。这里的防守型品种并非通常所说的低风险品种，如银行理财、国债等，而是指那些自己能够看懂的、依靠业绩推动的品种。在日常投资过程中，通常有如下几种防守型的投资方式。

（1）价值股比成长股更易防守。从长期视角来看，市盈率低的股票组合走势要远好于高市盈率组合。人们习惯把公司近期的表现线性外推，即对于近期高增长的公司，人们预期它未来继续保持高增长。成长股往往寄予着投资者对未来高增长的期望，被市场赋予了高估值，一旦成长不达预期，将面对业绩下降和估值下调的双重打击，风险较大，而价值股的增长率低，估值也低，市场关注度低，价格中已经包含了悲观预期，反而具有一定的安全边际，业绩略有起色，估值就得以提升。

（2）业绩股比概念股更易防守。即使大市不好，市场整体估值下跌，有业绩支撑的股票依然可以凭借其盈利增长来提升股价。另外，业绩优秀的公司抗风险能力相对更强，即使遇到经济下行周期，这类公司也更容易生存。即使不小心买贵了，只要耐心持有，靠着业绩推动，那么盈利的概率依然很大。概念股通常是市场炒作的热点，炒作时鸡犬升天，过后经常一地鸡毛，追高被埋的事时有发生。尤其在大牛市顶部区域追热门就像是在玩击鼓传花的游戏，不知道什么时候鼓声会戛然而止，而当鼓声停止的时候，花在谁手里，谁就是那个“接盘侠”。

（3）股票组合比投资个股更易防守。在A股市场，几乎每年都会遇到各种暴雷的公司，如康美药业、康得新、暴风科技、长生生物、乐视网等。投资者一旦重仓这些股票，通常损失惨重。即使重仓的不是暴雷股，遇到一只大盘上涨，而它就是停滞不前的股票，也会影响投资收益。股票组合分散了个股黑天鹅的风险，让投资者可以安心地长期持有，也在一定程度上避免了“赚了指数不赚钱”的尴尬。

此外，还可以关注折价的封闭式基金、可转债等防守型品种。封闭基金的折价是指封闭式基金在二级市场上的交易价格低于基金实际净值，封闭式基金折溢价包含了对未来的预期，市场越是悲观，折价的比例越高，而这种折价也给长期投资者提供了一定的安全垫。可转债既有股性也有债性，上涨不封顶，下跌有债底，是进可攻、退可守的品种。

在投资中，永远把风险放在第一位，时刻想着保住本金，步步为营、稳扎稳打，这才是投资的长胜之道。

六、慢即是快，做时间的朋友

时间具有最强大的力量，做投资，应顺大势而为之，以时间为朋友。本节围绕“长线还是短线”“做不做波段”以及“上不上杠杆”等问题来讲解投资中的快与慢。

1.长线还是短线

投资长线还是短线，是所有投资者都要面对的问题。市场中有不少短线高手的传说，大师们通过各种渠道传授短线交易秘籍。渴望一夜暴富是人的天性，尤其是对股市认知尚不成熟的新入市的股民往往他们抑制不住交易的冲动，今天买明天卖，希望通过短线或快进快出迅速发家致富。试想，如果初始投资1万元，每天能有1%的盈利，1年（假设按250个交易日）下来，本金和盈利合计约为12万元，获利11倍，多么诱人的回报。然而，现实总是事与愿违，希望赚快钱的人大多以亏损出场。

为此，笔者做了一个统计，假设2007年7月到2018年7月的11年间，每个交易日分别买入并持有某股票组合1个月、2个月、3个月、6个月、1年、2年，并且假设该股票组合在持有期间的收益率等于同期A股收益率的中位数，可以得到各个持有期的平均年化收益率，如图10—1所示。

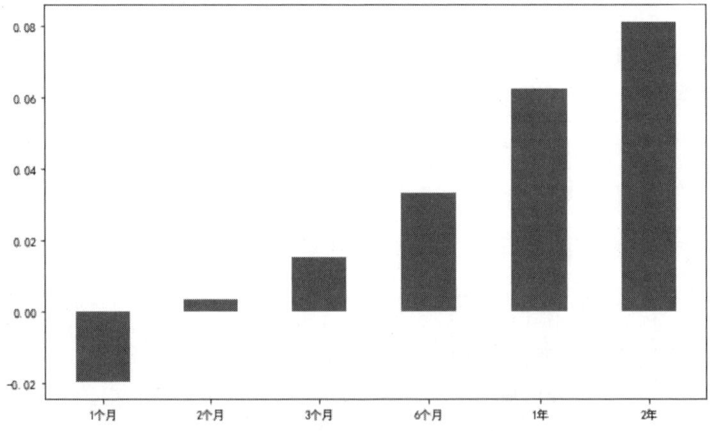

图10—1　各持有期的平均年化收益率

该图中横轴从左到右表示持有时间从短到长，即从1个月到2年；纵轴表示各持有期的平均年化收益率。很明显，持有期越长，平均年化收益率越高，即长线持有的年化收益率明显好于短线。因此，从统计数据来看，长线投资者站在大概率赚钱的一方。

买股票就是买上市公司股权，其根本收益来源是上市公司的盈利。长期来看，经济是向上发展的，上市公司盈利总体是不断增加的。因此，长线投资的收益确定性强，属于“躺赚”。当然，这里针对的是整个市场，个股之间存在非常大的差异性。而短线投资，讲求的是短平快，是一种“互摸口袋”的游戏，属于零和博弈，除了少数运气特别好或能力特别强的人，大都亏损收场。

需要说明的是，长线投资者在买入时做好了长持的准备，但并不代表一定要拿许多年，如果短期内就实现了目标，达到了卖出条件，就应该卖出。长线投资可能因目标达成而短线卖出，但短线做成了长线，大多是被套之后的无奈之举。

2.做不做波段

股市起起落落，证券账户中的资产上上下下，投资者的心随之跌宕起伏。涨起来后悔买少了，跌下去又后悔没有提早卖掉。要是能涨到高点卖了，跌到低点再买回来该多好？这是很正常的想法，于是就有了波段操作。

笔者在初入股市之时，曾读过很多技术分析著作，投入大量时间和精力研究技术形态理论，如艾略特波浪理论、通道理论、箱体理论、各种顶和底等，试图把握股票的每一个波动，快速实现财务自由。然而，真金白银地操练后才发现，要抓住市场中的小波段真的比接飞刀还难。

做波段成功的前提是，能够预知股价未来的中短期走向，预知价格转折点何时出现。股市影响因素众多，市场每天都充斥着各种消息，无数投资者在其中博弈，短期走势随机游走，难以预测。哪怕是同样的事件发生，给市场带来的影响也未必相同，甚至可能截然相反。比如，同样是股票定增，在牛市中被理解为利好，在熊市中则被解读为利空。

预测波段拐点是一项非常困难的任务。即使是一个很有经验的投资者，10次波段操作能做对6次，其付出的显性成本包括10次交易费用和4次错误波段操作带来的损失，最终未必能盈利，而最大的隐性成本是踏空风险，做波段的投资者可能因一次波段卖飞而错过一波大行情。

股市的涨跌幅分布很不均匀，大部分涨幅集中在少数日子里，这意味着投资者必须长期留在市场中，一旦离场就有可能错过大部分收益。常言道“闪电在时，你要在场”，如果回避下跌，那么很可能也避开了上涨。

图10—2所示为沪深300指数从2010年到2020年5月的走势，上方的实线表示原始的沪深300指数，下方的虚线表示踏空十年间涨幅最大的10天后的沪深300指数，错过这10天，收益少了将近一半，十年的持有收益也由盈利变成了亏损。

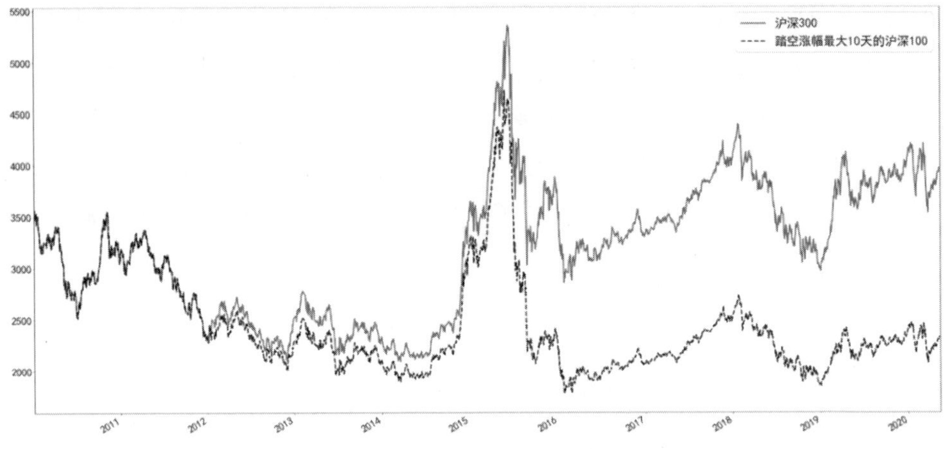

图10—2　错过涨幅最大10天的沪深300指数与沪深300指数走势

3.上不上杠杆

投入10万元，在没有杠杆的情况下，投资标的从1元涨到1.1元，获得1万元收益，投资收益率是10%。同样的资金，如果上10倍杠杆，投资标的还是从1元涨到1.1元，获得的盈利是10万元，投资收益率将是100%。试想，如果一段时间市场持续上涨，身边炒股的朋友都在融资配资，赚得盆满钵满，而你没有上杠杆，赚的钱只有人家的零头，在这种落差和暴利诱惑下，你还能不能忍得住？

杠杆作为一种工具，本来无所谓好坏之分，但杠杆在放大亏损收益的同时，也放大了人性的贪婪和恐惧。当做对了方向，杠杆放大盈利时，人性中的贪婪便开始作祟，既然能加一倍杠杆，那么为何不能加更大杠杆，赚更多钱？于是，风险随杠杆越加越大；一旦做错了方向，杠杆又带给人成倍的恐惧，令人心态失衡、惶惶不可终日，甚至难以承受正常的价格震荡。所谓“常在河边走，哪有不湿鞋”，现实中使用杠杆的人很难在高波动的市场中长期存活下来。杠杆更像一把双刃剑，用好了如虎添翼，用不好则倾家荡产。

未来行情无法预测，在投资中使用杠杆相当于用确定的杠杆成本在赌一个不确定的未来。持有时间越久，付出的杠杆成本越高，有时候即使看对了大方向，也可能因为扛不过漫长的盘整，倒在了黎明前。

无论是投资股票还是投资股票基金，都是投资背后的一家上市公司，长期来看，赚的钱主要来自公司盈利。盈利能力强、业绩良好的公司，可以长期持续地为股东创造利润，不断推升股价；经营能力弱、业绩持续性差的公司，不但不会给投资者带来收益，反而会不断侵蚀投资者的本金。我们投资，就是要拥抱好公司，陪伴企业共同成长，长期持有，做时间的朋友。

七、警惕幸存者偏差

幸存者偏差是指仅看到筛选后的结果，从有偏向的子集中得出面向全集的结论。幸存者偏差如同盲人摸象，以偏概全。比如，人们看到很多艺人收入丰厚，就得出演艺圈收入很高的结论，忽略了大部分演员可能就是跑跑龙套、赚点小钱；看到一些没考上大学或从大学退学的人当了老板，就认为学历不重要，殊不知高学历人群的成功比例远高于低学历人群。媒体只会报道那些少见的、吸引眼球的事件，人们看多了，就会形成某些错误印象。

反映幸存者偏差最经典的例子是二战时的一个故事。盟军的飞机在空战中损失严重，统计了幸存飞机的机身各部位中弹密度后，很多人认为应该对机身上弹孔多的部位加强防护，而统计学家沃德却提出了相反的意见，他认为应该对机身上弹孔少的部位加强防护，理由是机身各部位中弹概率是一样的，有些部位中弹密度低，是因为那些部位被击中后，飞机坠毁回不来了。仅仅统计能回来的飞机的中弹特征，未考虑没有回来的飞机，就属于幸存者偏差。沃德的意见被采纳后大大降低了盟军飞机被击毁的概率。

投资是认知的变现，错误的观点会直接带来金钱上的损失，而幸存者偏差就是投资者很容易犯的一个错误。下面从技术分析和基本面分析两个方面来看投资中的幸存者偏差问题。

技术分析中的幸存者偏差

笔者在初入股市时，技术分析大行其道，与股市相关的电视节目、网络和书籍中大量充斥着各种技术分析的论断。常见的套路是这样的：专家先抛出一个论断，例如“横盘放量向上突破，后市看涨，横有多长，竖有多高”，然后列举一些K线图示例，以证明其观点的正确性，如图10—3所示，该股票横盘放量突破后，走出了一波大行情。

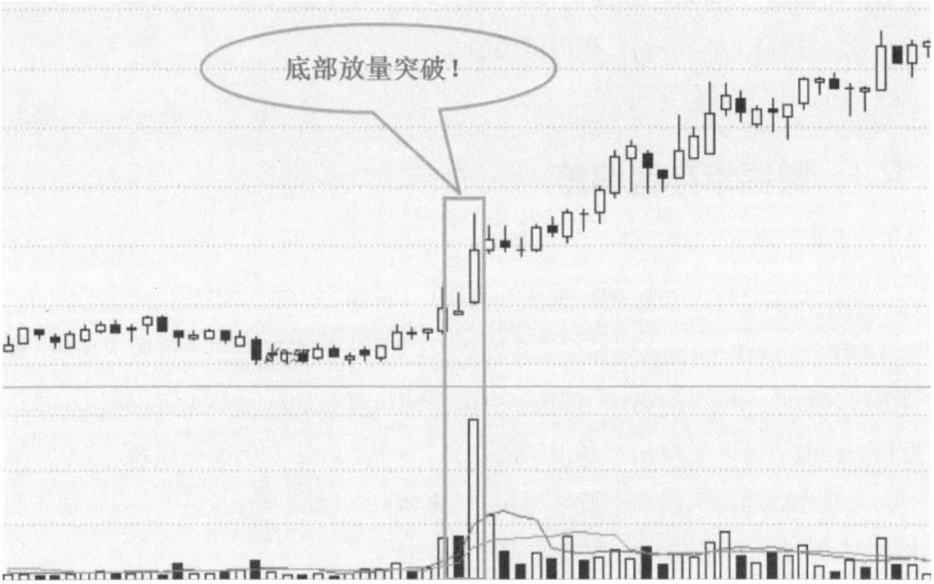

图10—3　底部放量突破后行情走势（一）

这种案例看多了，你会觉得很有道理，于是把它当作一种规律付诸实践。经过细心寻找，发现了一个完美底部横盘放量突破形态，于是果断买入待涨，心中充满期待，如图10—4所示。

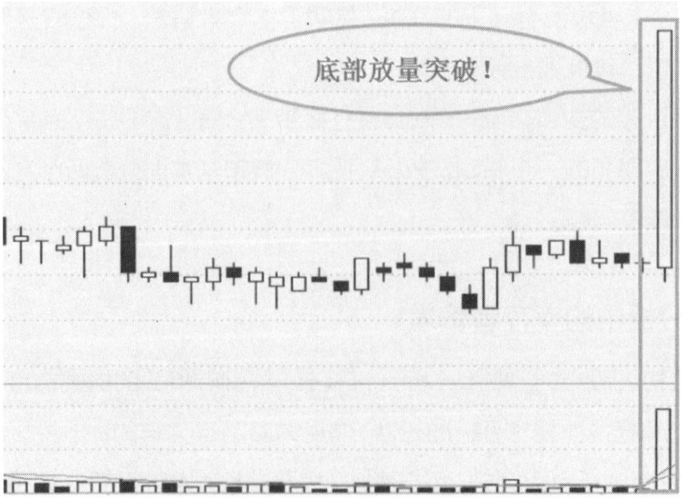

图10—4　底部放量突破后行情走势（二）

然而，你只猜中了开头，却没猜到结尾。该股票放量突破后，股价又慢慢跌了回去，买入后就被套在了山岗上，如图10—5所示。

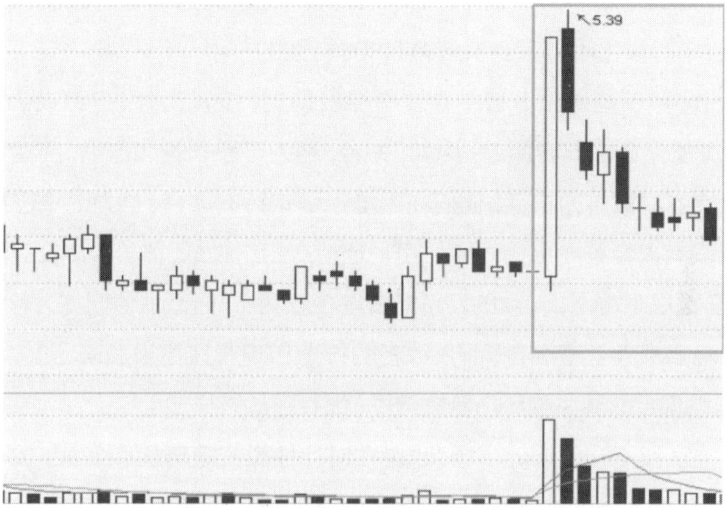

图10—5　底部放量突破后行情走势（三）

专家只会举横盘突破后成功上涨的例子，而有意或无意忽略了横盘突破后下跌的股票，这是典型的幸存者偏差。类似的陷阱还有很多。股市中充满了随机性，从几千只股票中找出几只能够印证某个观点的图形太容易了，而那些失败的案例，没有人会专门挑出来说，多数投资者也注意不到，自然被排除在了投资决策考虑之外。

基本面分析中的幸存者偏差

除了技术分析，基本面分析中也存在幸存者偏差。投资者都希望能抓住大牛股，他们从现有的牛股中总结出一些特征，然后去市场中寻找符合这些特征的股票，希望找到下一只牛股，这种行为很常见，貌似也很有道理，但仔细想想就会发现，其中也可能存在幸存者偏差。

比如，贵州茅台由于其优秀业绩，吸引了全市场的注意力，很多投资者都想找到下一个茅台。通过分析茅台的财务特征，他们得出高净资产收益率、高现金流的股票很有希望成为大牛股，并以此作为选股原则来进行投资，但事实真的如此吗？

根据笔者的测算，按照净资产收益率大于20%、经营活动现金流净额大于净利润两个条件进行选股，选出其中净资产收益率最高的20只股票持有，每半年调仓一次，如此轮动下来，在历史上的表现并不好。经过笔者的回测，2013年到2019年近7年的年化收益率还不到沪深300指数的一半。

实际上，不仅是股票分析中存在幸存者偏差，投资大师、各路大V的经验和观点中也可能存在幸存者偏差。比如，茅台、格力等股票长线走牛，那些长线持股的投资者就容易被传为神话，他们在困境中坚定持有茅台、格力的事迹被广为传颂，然而，没有人会关注那些同样长期坚定持有四川长虹、张裕A却收益惨淡的投资者。成王败寇是常态，大众的目光都聚焦在成功者身上，从他们身上总结经验，把他们的观点奉为至理名言，而失败者的行为和声音往往被忽略，沦为“沉默的大多数”，就像自然界生物经历自然选择、优胜劣汰一样。

不同国家和不同时期的市场，也是在对各种投资策略优胜劣汰，成功的策略受到追捧，失败的则被摒弃。因此，成功的投资者、有效的投资策略是特定市场环境筛选后的结果，也是一种幸存者。

同样是价值投资，格雷厄姆经历了美国的大萧条时代，发展出了“捡烟蒂”的策略，要求股票足够低估，对股票的安全边际尤为看重，其学生巴菲特的投资时代处于美国经济上升期，在注重估值的同时，更加注重股票的质地。没有哪一种策略放之四海而皆准，学习投资思想、投资策略应注意结合当时的时代背景，切忌生搬硬套。

意识到幸存者偏差的存在，我们不妨将目光适度分一些给那些“沉默的大多数”，分析其失败的原因。在面对一个新的观点时保持怀疑的态度，建立批判性的思维方式，主动寻找反例，多思考观点和策略背后的逻辑是什么，逻辑是否可靠，市场条件是否发生了变化，等等。此外，还要建立概率和统计的思维，通过历史数据进行验证，得出某种策略的成功是偶然的、短期的还是长期必然规律。

八、什么样的交易能赚钱

笔者在市场中勤学不辍、上下求索多年，见过一时暴富的人，也见过倾家荡产的人，唯独长期持续盈利的人凤毛麟角。都说交易既是一门科学，也是一门艺术，但科学的一面门槛较高，更多的人喜欢在艺术上发挥。然而，在这充满不确定性的世界里，理性思维、概率思维往往更重要。

我们说，任何一笔交易要获利，都应该具有正期望值的回报。这里简单复习一下数学期望的概念：在试验中可能出现结果的概率乘以其结果的总和。比如抛硬币，如果正面朝上结果为1，反面朝上结果为−1，正面朝上和负面朝上的概率都是0.5，那么抛硬币结果的数学期望就是：0.5×1+0.5×(−1)=0。

回到交易上，每一笔交易都有一个期望的回报，或者叫期望盈利。比如，有一个交易机会是下注投硬币，投入1元，正面朝上得2元，反面朝上得0元，正面朝上的概率为0.5，该交易的期望回报就是：(0.5×2+0.5×0)−1=0。因此，这个交易机会的期望回报为0，没有参与的价值。

如果有另一笔交易，投入1元，正面朝上得3元，反面朝上得0元，正面朝上的概率还是0.5，那么该交易的期望回报就是：(0.5×3+0.5×0)−1=0.5，这就是一个正期望回报的机会，值得参与。

在交易或赌博中，获胜的概率被称为胜率，即盈利的可能性有多大，前面两次投硬币中的胜率就是正面朝上的概率，都为0.5；获胜的结果对应的是赔率，即赢了能获得本金几倍的钱，比如，第二次投硬币的赔率为3。

一笔交易是否值得参与，首先要看期望回报是否为正，如果为0或者负，那么就是赌博，也被称为零和游戏或负和游戏，不值得参与。期望回报由胜率和赔率共同决定，交易时应该尽量提高这两个因素。

除了期望回报，还有一个重要问题是交易的频率。期望是统计的概念，期望回报不是真实的回报，期望回报为正的交易，实际回报也可能是赔钱的。为了获取实际的盈利，我们应当尽量多做期望回报为正的交易，提高正期望回报交易的频率，依靠大数定律来获取可靠的盈利。比如，对于前面扔硬币的正期望交易，分为如下两种情形参与。

第一种情形：投入1000元赌一把，有50%的概率获得3000元，50%的概率赔光，总的期望回报为500元，一锤子买卖，风险很大；

第二种情形：还是投入1000元，但这次分1000次下注，每次投入1元，赢了获得3元，输了获得0元，胜率还是50%。

第二种情形总的期望回报和第一种情形一样，还是500元，但由于参与的次数够多，第二种情形将大概率赚到500元，风险很低。因此，即便是正期望的交易，也不能一把全压上。事实上，为了长期营业，就连赌场对最大的下注金额也有限制。

最理想的交易当然是高赔率、高胜率、高频率的交易，然而，现实不可能这么完美，赔率、胜率和频率往往此消彼长。按照不同的赔率、胜率和频率可以把盈利的交易分为如下4种类型：

1.高赔率、高胜率、低频率：价值投资

价值投资是指买入市场价格低于内在价值的、有安全边际的股票，等待价格回归到内在价值。价值投资者对个股进行深度研究，熟悉公司的基本面，而且买入前通常要求有较大获利空间，体现了高赔率和高胜率，但其研究深度决定了价值投资不可能涉及太多股票，一旦选定股票后，持仓较为集中，持有时间较长，不会频繁换股，属于低频率投资。这种投资方式符合高赔率、高胜率、低频率的特征。买入处于低估区域的指数基金并长期持有也是类似道理。

2.高赔率、低胜率、中频率：趋势投资

趋势投资是指跟随价格趋势的变化进行投资，比如海龟策略，在价格有效向上突破后买入，趋势保持向上时持有，趋势破坏后卖出。由于价格走势的随机性很强，大量的突破都是假突破，没能形成真正的趋势，趋势投资买入后往往是止损卖出，胜率通常较低，但一旦成功捕捉到真正的趋势，就往往获利颇丰。趋势投资赚钱靠的是“截断亏损，让利润奔跑”，通常交易机会不会太多，属于典型的高赔率、低胜率、中频交易。

3.低赔率、中高胜率、高频率：中高频量化交易

中高频量化交易通过捕捉市场中短时出现的某种模式来获利，量化交易通常基于历史统计，每次交易的胜率通常大于50%，交易次数多，但持有时间短，每次交易期望的获利较低。通过大量正期望回报的交易，长期累积稳定的利润，属于低赔率、中高胜率和高频率的交易，这类交易中最典型的有日内交易、高频交易。

4.低赔率、高胜率、中低频率：套利交易

股市中的套利机会包括股指期货期现套利、跨期套利、基金折溢价套利、停

牌套利、要约收购套利等，期货市场的套利机会包括商品期货期现套利、跨期套利、产业链套利等，除此之外还有配对交易套利等统计套利，这些套利交易机会来自市场的无效，通常可遇不可求，属于中低频率的交易，套利交易的获利空间通常不会太大，但确定性比较强，属于低赔率、高胜率的中低频交易。

上述每种交易策略都不乏成功的实践者，我们在做每一笔交易之前，不妨先想想这笔交易的胜率是多少，赔率是多少，投资回报的期望是否为正，以此来决定是否要参与这笔投资。

九、跳舞的鸽子

著名心理学家斯金纳曾做过一个实验，他把8只鸽子各自关在箱子里，定时进行投食，几天后减少投食量，令其处于饥饿状态。后来，其中6只鸽子出现了有规律的行为：第一只鸽子不断地在笼子里转圈，第二只反复将头撞向一个角落，第三只反复做出头部抬举的动作，有两只鸽子总是有规律地摇摆，还有一只鸽子形成了反复啄击的动作。鸽子们发展出了自己独有的祈食“舞蹈”，认为自己做出某个特定的舞蹈动作就能得到食物，迷信的鸽子产生了。

鸽子通过对随机投食的观察，摸索和总结出了各自的获取食物的动作模式，在它们看来这些模式是有效的，跳这些“舞蹈”就能够获取食物，即使有时无效，也可能是因为动作不到位。

不仅是鸽子，人在面对无法理解、无法掌握的现象时也会产生同样的反应。古人无法理解惊天动地的雷声和照白天地的闪电，便产生了雷公电母的传说；古人通过祭天、祭海、祭河、祭山等各种活动祈祷风调雨顺，也是相信通过这些活动能够影响自然的变化。

回到投资中，中短期市场虽然充满随机、变化难测，但无数投资者依然孜孜不倦地总结归纳，摸索出各种规律和模式，并应用到交易中，试图以此盈利。为了寻找投资的圣杯，他们从充满随机的股票价格走势中总结出了种种规律：K线形态、波浪理论、缺口理论、金叉、死叉等，回看历史，每一个理论都能找到很多成功的案例，也确实有人通过这些理论赚到了钱，这让人更加坚信这些理论的正确性，就算有时不灵，也是因为掌握得不透彻，使用的姿势不正确，鲜有人扪心自问：我到底是真的摸到了客观规律，还是成为一只跳舞的鸽子？

看看下面的4张股票价格走势图（见图10—6），该图中隐去了股票代码、日期等信息。

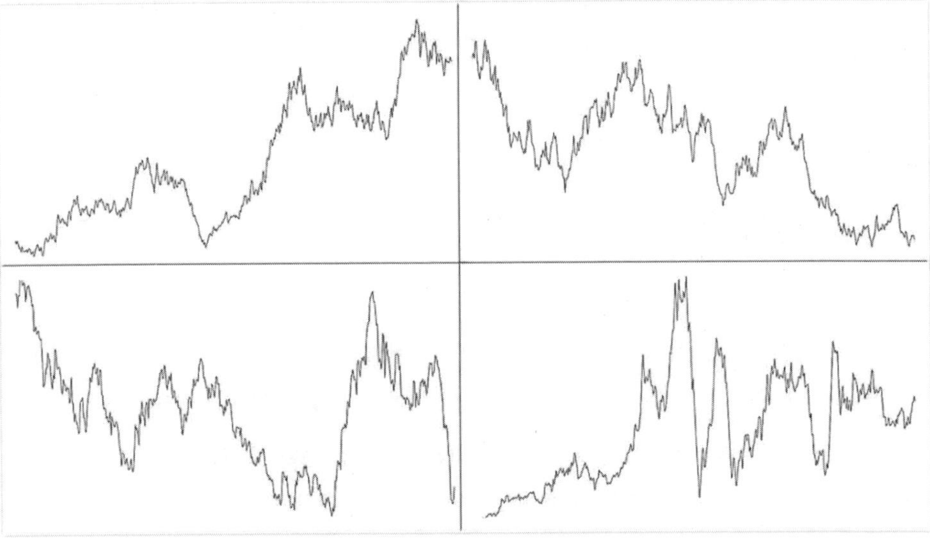

图10—6　股价走势

上述4张股票走势图都包括了500个交易日，你分得清哪些是真的股价走势，哪些只是计算机随机生成的数据吗？（本节末揭晓答案）在这些图中，有心人都可以画出趋势线，找到支撑和压力。哪怕是随机生成的股价走势，也可以找到不少有效的模式，这算不算幻觉？

不仅是技术形态，从基本面、财务指标归纳出的结论中，同样也可能是“鸽子的舞蹈”。随着交易数据的增加和计算机运算能力的增强，人们从股市中挖掘出成千上万的影响股票价格的变量，也称为“因子”，每个因子都代表一种规律、一种模式，这里面有多少是真实有效的，又有多少属于“鸽子的舞蹈”呢？在这充满随机性的市场中，又有多少人游走于“迷信”的边缘？

在中短期随机性主导的市场中，盈利还是亏损不再是衡量一种方法、策略是否有效的唯一标准，盈利不代表方法正确，亏损也不代表策略不对，就好比斯金纳的鸽子，吃到了食物不是因为它跳的舞蹈姿势正确。投资者应该保持慎之又慎、如履薄冰的态度，观察到某种规律、听见某个论断时，不要轻易接受，哪怕其广为流传或出于投资大师之口。那么，如何区分某个规律或结论是真实规律还是幻觉，是偶然还是必然呢？

在统计学中有一个非常重要的概念：显著性。显著性用来衡量某个结论的可靠性。说某个结论显著，意思就是该结论不是偶然导致的，而是某种规律的体现；不显著，就表示无法确定该结论是偶然所致还是必然因素导致。

这里不细究显著性统计量的计算，只谈谈其逻辑：如果观察到某种现象出现的频率远高于随机状态下应该出现的频率，这种现象背后通常有某种规律在起作用，就说它是显著的。

举两个小例子。例一，抛10次硬币，6次向上4次向下，或者7次向上3次向下，都不能说明这枚硬币有问题，但如果9次向上、1次向下，或10次都向上，我们就有比较大的把握说该硬币显著不平衡。例二，还是抛硬币，这回抛10000次，如果其中6000次或者更多次向上，那么我们也可以认为该硬币显著不平衡。

从上述例子中看出，硬币是否显著不平衡与两个因素有关，一是硬币正面向上出现的概率，二是抛硬币的次数。抛的次数越少，正面概率越高才能说明其显著。反之，抛的次数越多，显著性所要求的正面概率越低。

回到投资决策中，先说技术分析，比如我们经常听到的头肩顶、双重底、红三兵、放量突破等K线形态，真的能预示股价后期的走势吗？我们不妨多留个心眼，本着对自己的钱负责的态度，在投资前做一下统计，看看是否显著。比如，某股票放量突破了，要不要跟？可以统计一下全市场历史上放量突破的K线形态有多少，后面走出的趋势行情占多少，突破完又跌回去的占多少，如果历史上放量突破的样本够多，而且走出趋势行情的概率够大，就可以认为有规律存在，即显著，反之则不然。事实上，根据笔者做过的统计，绝大多数经典的价格形态盈利概率并不高，谈不上显著。

那么，对于基本面投资需要考虑显著性吗？比如，2019年高净资产收益率股票涨得好，这是普遍持久的规律吗？可以统计一下过往历史上高净资产收益率股票的表现，看看表现好的股票占比为多少，是否显著高于其他类股票。实际上，从A股的历史数据来看，选股时如果单纯只考虑高净资产收益率，那么后期收益并不好。

在市场中充斥着种种似是而非的观点、论断，很多专家会用鲜活的例子告诉你出现某种形态后股票大涨，对那些失败的案例往往避而不谈，投资者很容易被个案所蒙蔽。市场是复杂的、混沌的、不断演化的，没有人能准确预测未来，敬畏市场才是投资应有的态度。

最后，为读者揭晓答案：图10—6中的4张价格走势图中，下方两张是实际股价走势图，上方两张是随机生成的数据。

读者意见反馈表

亲爱的读者：

感谢您对中国铁道出版社有限公司的支持，您的建议是我们不断改进工作的信息来源，您的需求是我们不断开拓创新的基础。为了更好地服务读者，出版更多的精品图书，希望您能在百忙之中抽出时间填写这份意见反馈表发给我们。随书纸制表格请在填好后剪下寄到：北京市西城区右安门西街8号中国铁道出版社有限公司大众出版中心 张亚慧收（邮编：100054）。或者采用传真（010-63549458）方式发送。此外，读者也可以直接通过电子邮件把意见反馈给我们，E-mail地址是：lampard@vip.163.com 。我们将选出意见中肯的热心读者，赠送本社的其他图书作为奖励。同时，我们将充分考虑您的意见和建议，并尽可能地给您满意的答复。谢谢！

所购书名： ____________________

个人资料：

姓名：__________ 性别：__________ 年龄：__________ 文化程度：__________

职业：__________ 电话：__________ E-mail：__________

通信地址：____________________ 邮编：__________

您是如何得知本书的：

□书店宣传 □网络宣传 □展会促销 □出版社图书目录 □老师指定 □杂志、报纸等的介绍 □别人推荐

□其他（请指明）____________________

您从何处得到本书的：

□书店 □邮购 □商场、超市等卖场 □图书销售的网站 □培训学校 □其他

影响您购买本书的因素（可多选）：

□内容实用 □价格合理 □装帧设计精美 □带多媒体教学光盘 □优惠促销 □书评广告 □出版社知名度

□作者名气 □工作、生活和学习的需要 □其他

您对本书封面设计的满意程度：

□很满意 □比较满意 □一般 □不满意 □改进建议

您对本书的总体满意程度：

从文字的角度 □很满意 □比较满意 □一般 □不满意

从技术的角度 □很满意 □比较满意 □一般 □不满意

您希望书中图的比例是多少：

□少量的图片辅以大量的文字 □图文比例相当 □大量的图片辅以少量的文字

您希望本书的定价是多少：

本书最令您满意的是：

1.

2.

您在使用本书时遇到哪些困难：

1.

2.

您希望本书在哪些方面进行改进：

1.

2.

您需要购买哪些方面的图书？对我社现有图书有什么好的建议？

您更喜欢阅读哪些类型和层次的书籍（可多选）？

□入门类 □精通类 □综合类 □问答类 □图解类 □查询手册类 □实例教程类

您在学习计算机的过程中有什么困难？

您的其他要求：